기초편

1분에 끝내는 완벽독해법

1분에 끝내는 완벽 독해법 [기초편]

초판 1쇄 발행 · 1993년 3월 20일
초판10쇄발행 · 2008년 6월 23일

편저 스기노 다카시 · 구와하라 노부요시 | **감수** 홍현경
펴낸곳 동도원 | **펴낸이** 백운철

편집 박종연, 김현숙 | **디자인** 손은숙
영업 안원호 | **관리** 이화정

등록번호 제21 - 493호 | **등록일자** 1993년 10월 6일
주소 서울시 서초구 서초3동 1550-6번지 태림빌딩 6층(137-873)
전화 (02)3472-2040 | **팩스** (02)3472-2041 | **이메일** dongdowon@hanmir.com
ISBN 89-8152-023-2 (53740) ⓒ도서출판 동도원 1999, Printed in Korea

· 잘못 만들어진 책은 바꾸어 드립니다.

▶「1분에 끝내는 완벽 독해법(기초편)」은 「영문독해 기법100」의 중 · 고등학생 수험서용입니다.

1분에 끝내는 완벽 독해법

[기 초 편]

도서출판 동도원

책머리에

　본서는 호평받은 '영문 독해 기술 100'의 기초편으로 쓰여진 책이다. 이미 간행된 '영문 독해 기술 100'은 일선 선생님과 수험생 여러분이 높은 평가와 많은 격려를 보내 준 영문 독해 지침서로서, 이 책이 호평받을 수 있었던 장점에 대해 설명하고자 한다.

　영문을 독해하는 데 단어력과 숙어력이 필요하다는 것은 부정할 수 없지만, 뭐니뭐니 해도 가장 중요한 것은 문장의 구조를 파악하는 것, 즉 문법이라는 '과학'을 무기 삼아 복잡한 영문 구조를 해체하고 재구성해서 이해하는 것이다. 그러기 위해서는 주어(S)와 술어동사(V)를 찾아내는 기술과, 그 SV를 중심으로 짜여진 절과 구를 파악하는 기술에 치중하면서 그 위에 다져질 다양한 독해 기술을 습득해야 한다는 것이 이 책이 목적하는 바였다.

　'영문 독해 기술 100'에는 탄탄한 구조로 이루어진 예문만을 선별해 놓았는데, 그 이유는 아무리 복잡한 문장이라도 여기에서 학습한 기술을 적용하면 능히 해결할 수 있다는 것을 여러분들이 직접 체험할 수 있도록 하기 위해서였다. 그 결과 앞에서 언급한 대로 예상 외의 높은 평가와 많은 성원을 받았다. 다만 그 가운데에는 '문법에 약한 사람들과 문형을 제대로 파악하지 못하는 사람들도 재미있게 이해할 수 있는 기초적인 내용이 필요하다'는 바람도 적잖이 접할 수 있었다.

　이런 목소리에 부응하기 위하여 쓰여진 책이 바로 이 '기초 영문 독해 기술 100'이다. 본서는 문법에 자신이 없는 사람들도 쉽게 학습할 수 있도록 배려하였다. 다시 말해서, 문법에 관한 기초적인 내용을 설명한 다음 곧바로 독해에 적용, 확인하는 방법을 채택하고 있기 때문에 읽어 나가는 동안 독해는 물론 문법까지도 이해할 수 있게 된다. 또 '영문 독해 기술 100'에 비해 영문의 기초적인 형태에 대해서도 자세히 설명해 놓았다.

　영문을 해부하는 순서와 도해를 활용한 점은 '영문 독해 기술 100'과 같다. 종속절은 [ ]로, 구는 ( )로 묶은 다음 문장의 골격을 파악하는 방법을 제시하고, 이를 토대로 다양한 기술을 전수한다. 예문과 연습 문제가 혼자 힘으로 이해하기 힘들 때에는 해설을 보면서 재도전하기 바란다. 본서의 100가지 기술을 습득하면, 여러분의 영어 실력은 비약적으로 향상될 것이다. 여러분의 건투를 빈다.

편저자

' There is no royal road in learning.'

무슨 뜻인가?

위의 속담을 응용해, 영어를 터득하는 데도 다양한 길이 있다 할 수 있겠다.

어렵고 지겹기만 한 영어를 쉽고 재미있게 만들 수 있는 길은 분명 있으며 자연스럽게 영어와 친숙해지는 것이 영어에 자신감을 붙이는 방법이라 생각한다.

독해란 두 문장 이상으로 된 글을 읽고 사실 그대로의 의미를 파악하는 능력으로, 얼마나 빠른 시간에 얼마나 많은 글을 얼마나 정확하게 이해할 있느냐 하는 속도 능력 신장에 학습 목표가 있다.

이 책에서는 정확한 속도 능력을 갖추기 위한 직독 직해의 요령을 각 구문별로 자세한 설명과 더불어 이해하기 쉽게 정리하였다.

종래의 영어 해석 방법과는 달리 글의 골격이 되는 중요 구문의 구조를 파악하는 요령을 알기 쉽게 제시했다.

이 책의 특징은 과거의 문법 지향적이고 해석 위주이던 영어 학습의 틀에서 벗어나 복잡하고 까다로운 영어 문법의 지식을 자연스럽게 터득할 수 있도록 한 것이다.

보기만 해도 질리는 두툼한 영어 문법서에 수록된 내용을 아무런 부담없이 이 책을 공부하는 과정에서 자연스레 익힐 수 있다. 이 책을 읽는 동안 자신도 모르는 사이에 영문법에 대한 이해가 각 중요 구문별로 일목 요연하게 정리된 것에 놀라게 될 것이다.

이 책을 시작으로 해서 분명한 속독 속해 요령을 터득하고 꾸준한 독해 훈련으로 영어에 대한 자신감을 키우기 바란다.

홍현경
(예일여고 영어 교사)

Contents 차 례

본문에 쓰인 약속

S	주어	(관부)	관계부사
V	동사 또는 술어동사	(대)	대명사
Vi	자동사	(동명)	동명사
Vt	타동사	(등접)	등위접속사
C	보어	(명)	명사
O	목적어	(수)	수동태
IO	간접목적어	(수여)	수여동사
DO	직접목적어	(완)	완료형
P	서술어	(의)	의문사
X	SV이외의 문형요소	(인·대·소)	인칭대명사 소유격
M	수식어구	(전)	전치사
S.S.	의미상의 주어	(접)	종속접속사
S(진)	진주어	(조)	조동사
S(가)	가주어·형식주어	(지대)	지시대명사
O(진)	진목적어	(진목)	진목적어
O(가)	가목적어·형식목적어	(추·명)	추상명사
(가)	가정법	(현분)	현재분사
(가과)	가정법 과거	(현완)	현재완료
(가과완)	가정법 과거완료	(형)	형용사
(가목)	가목적어	→	참조
(과분)	과거분사	〜〜	숙어·구문 등 (완료형·수동태·
(과완)	과거완료		부정사에도 일부 사용)
(관대)	관계대명사	( )	생략 가능

S와 V를 찾아내는 기술

1~2

문장의 골격 **SV**를 시제로 찾는다!

[S와 V를 찾아내는 기술]

□ 다음 글을 해석하시오.

> Words *are* not the only means of communication. Gestures also *communicate*. Some gestures *are used* in more than one culture. Others *differ* from culture to culture.

어구

means[miːnz] 수단　communication 의사 전달　gesture 몸짓　culture[kʌltʃər] 문화　differ from *A* to *A* A에 따라서 다르다.

사람의 몸을 지탱하는 것은 골격으로 골격이 없으면 사람 자체가 존재할 수 없다. 이와 마찬가지로 문장에도 그것을 지탱해 주는 골격이 있다. 주어(S)와 술어동사(V)가 바로 그것으로, 이 S와 V를 찾아내면 놀랄 정도로 간단히 문장의 구조를 이해할 수 있게 된다.

그러면, 먼저 'S와 V를 찾아내는 기술'에 대해 알아보자.

그런데 S가 될 수 있는 것은 '～을'과 '～이'에 해당하는 (대)명사의 주격이고, V는 '～이다'와 '～하다'를 나타내는 동사(조동사)라는 것은 이미 알고 있을 것이다. 여기에서 (조)동사는 항상 "때(時)"를 나타내며, 대부분의 문장들이 이 시제와는 뗄레야 뗄 수 없는 관계에 있다는 사실을 염두에 두어야 한다. 따라서 아무리 복잡한 문장이라도 전후에 있는 (조)동사의 시제(현재, 과거, 미래)에 주목하면, V는 쉽게 찾을 수 있다.

그러면 먼저 첫번째 문장에서 S와 V를 찾아보자.

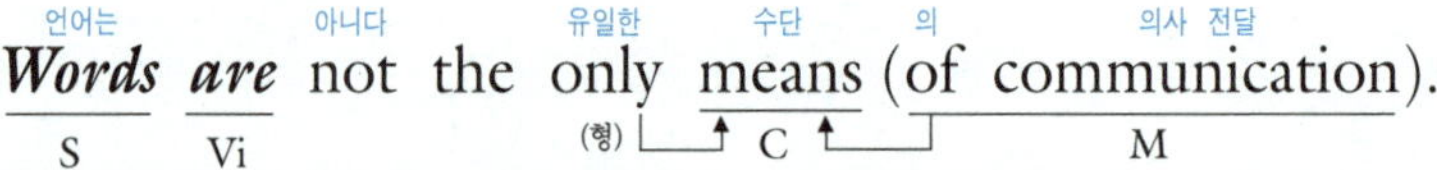

S는 Words, V는 are, 시제는 현재형이다. 왜냐하면 영문에는 S 다음에 V, 그리고 다른 주요소(보어·목적어)들이 놓이기 때문이다. 여기에서 '전치사 + 명사'와 형용사, 관사를 빼면,

　　Words are not means.(언어는 수단이 아니다.)

가 남는데, 이것이 첫번째 문장의 골격이다. 명사 means는 보어(C).

두 번째 문장은 간결한 표현이다. 여기에서도 V는 communication이고 시제는 현재형이다.

몸짓   또한   의사를 전달한다.

Gestures also ***communicate.***

S   (부사)   Vi

다음은 세 번째 문장. S는 Gestures인데 V는? used라는 동사가 보이고, 그 앞에는 시제를 명확히 나타내는 be동사의 현재형 are가 있다. 따라서 V는 are와 used가 결합해서 함께 쓰인 것임을 알 수 있다.

(것도 있다) 몸짓에는 사용되고 있다 에서   여러 문화

Some ***gestures are used*** (in more than one culture).

S   V (수)   M

이 문장은 'be동사 + (타동사의) 과거분사', 다시 말해서 수동태이므로 '사용되고 있다' 라고 해석한다. 여기에서는 현재형 are가 시제를 나타낸다.

네 번째 문장은, Others가 S이고 현재형 differ가 V이다.

것도 있다 다르다   문화에 따라서

Others differ (from culture to culture).

S   Vi   M

Some과 Others를 하나의 구문으로 간주하면, '여러 문화에서 사용되고 있는 몸짓도 있고 또 문화에 따라 다른 것도 있다' 가 된다.

이와 같이 문장을 해석할 때에는 제일 먼저 S와 V를 찾아내는 것이 가장 중요한데, 이 때 (조)동사의 시제에 주목하는 것이 V를 찾아내는 대원칙이다. 예문은 비교적 간단한 문장이었지만, 복잡한 문장이라 하더라도 이 원칙이 통용되므로 잊지 않도록 하자.

해 석

언어가 의사를 전달하는 유일한 수단은 아니다. 몸짓 또한 의사를 전달한다. 몸짓에는 여러 문화에서 사용되고 있는 것도 있고, 문화에 따라 다른 것도 있다.

연습 1. 다음 글을 해석하시오.

> Sally had lived abroad most of her life, but at last she came back to England to live. She had always loved trees and flowers, and now she aimed to buy a small house in the country with a garden.

어구

abroad[əbrɔ́ːd] 외국에(으로) at last 마침내 aim to do ~하고자 하다

힌트

술어동사는 had lived(과거완료) come(과거시제) had loved(과거완료) aimed(과거시제). (for) most of her life (그녀 인생의 상당 기간)은 had lived를 수식. to live는 부사적 용법(목적) '살기 위해서'로서, came back '돌아왔다'를 수식. 두 번째 문장의 후반부에 있는 now는 이야기 속에서 '지금 곧, 그래서' 라는 의미. with a garden은 house를 수식한다. '정원이 있는 집' 이라는 뜻.

문장의 골격 SV를 시제로 찾는다 !

② 전치사구는 ( )에 넣어서 의미를 파악한다

[S와 V를 찾아내는 기술]

> In the development of civilization the use of tools grew and
> multiplied. Later the use of steam power revolutionized the whole
> industrial organization and transportation.

development 발달　civilization[sìvəlzéiʃən] 문명　multiply 늘어나다
steam power 스팀 동력　revolutionize[rèvəlúːʃənàiz] ~을 근본적으로 바꾸
다　transportation 수송 기관

S와 V, 특히 시제에 주목해서 V를 찾는 요령은 앞서 설명한 바와 같다. 계속해서
또 하나의 'S와 V를 찾아내는 기술'에 대해 알아 보자. 예문을 보니 in과 of가 보
이는 등 약간은 복잡한 문장이다.

전치사(前置詞)란 '명사 前(앞)에 置(놓인) 詞(품사)'라는 의미로, (대)명사와 함
께 '전치사구'를 이루어 형용사나 부사 역할을 한다. 다시 말해서 수식어구(M)의
역할을 하게 되는데, 사실 이 '전치사 + 명사 = 전치사구'가 문장을 복잡하게 만
드는 주범이다.

전치사구는 수식어구이기 때문에 문장의 골격에 해당하지 않는다. 오히려 S와 V
를 둘러싸고 있는 단어라고 하는 편이 이해하기 쉬울 것이다. 따라서 이 전치사구
를 ( )로 묶어서 없애 버리면, 문장의 골격(S + V...)을 명확히 파악할 수 있게 된다.
자, 첫번째 문장에 도전해 보자.

$$
\begin{array}{llll}
\text{~에 따라서} & \text{발달(하다)} & \text{이} & \text{문명} \\
\text{(In the development)} & & \text{(of civilization)} \\
\text{M} & & \text{M}
\end{array}
$$

$$
\begin{array}{llll}
\text{사용하는 것이} & \text{을 도구} & \text{늘어나다} & \text{많아졌다} \\
\textit{the use} & \text{(of tools)} & \textit{grew} \text{ and } & \textit{multiplied.} \\
\text{S} & \text{M} & \text{Vi ①} & \text{Vi ②}
\end{array}
$$

'전치사 + 명사'를 ( )로 묶은 다음, 나머지 부분만을 따로 떼어 내면,

the use ⎰ grew
　　　and ⎱ multiplied

가 되어 S + V를 쉽게 발견할 수 있다. '사용하는 것이 늘어나고 많아졌다'라는
의미가 간단히 파악된다. 이어서 두 번째 문장. 마찬가지로 전치사구 이외의 부분을
정리하면,

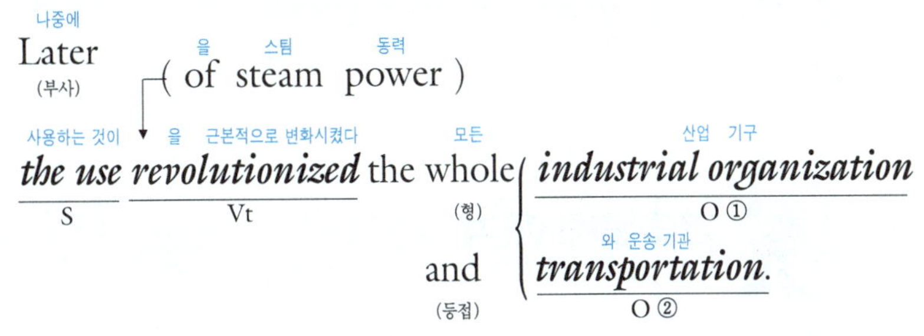

이 문장의 골격은 S + V + O의 3형식이라는 것을 알 수 있다. 여기에서는 사람 이외의 단어(the use)가 주어이기 때문에 '사용이 ~을 근본적으로 변화시켰다' → '사용하게 되자, ~이 근본적으로 달라졌다' 라고 해석해야 한다.

'전치사 + (대)명사' 에서 (대)명사는 전치사의 목적어 역할을 한다. 타동사가 목적어(O)를 수반하듯이 전치사도 O를 수반한다. 따라서 of steam power의 steam power는 of의 목적어가 되는 것이다.

해 석

문명이 발달함에 따라 도구를 사용하는 일이 늘어나고 많아졌다. 이후에 스팀 동력을 사용하게 되자, 모든 산업 기구 및 운송 기관이 근본적으로 달라졌다.

연습 2. 다음 글에서 밑줄 친 부분을 해석하시오.

> The motive for the voyages of Christopher Columbus in 1492 and of John Cabot in 1497 was to find a shorter route. However, their journeys across the Atlantic Ocean brought the Europeans knowledge of the American continents, not spices. Their discoveries affected the history of the world.

어구

motive 동기   voyage[vɔ́iidʒ] 항해   route[ruːt] 항로   Atlantic Ocean 대서양   affect[əfékt] ~에 영향을 미치다

힌트

첫번째 문장에서는 전치사구를 ( )로 묶은 다음 and로 연결되는 공통관계를 파악한다(→37과). The motive (for the voyages)   (of Christopher Columbus) (in 1492)

and   (of John Cabot) (in 1497)

for the voyages (항해의)는 motive를 수식하고, 다른 전치사구가 voyages를 수식한다.

문장의 골격은 motive was to find (동기는 ~를 발견하는 것이었다)이다. 두 번째 문장은 journeys brought Europeans knowledge가 골격. "knowledge, not spices"는 "not
S   V   C

spices but knowledge" (→8과) '향신료가 아니라 지식'. 세 번째 문장의 of the
S   V   IO   DO
(여행은   을 가져오다   유럽인에게   지식)

world (세계의)는 history를 수식.

문제 1

Sally는 인생의 대부분을 외국에서 보냈지만, 마침내 영국에서 살기 위해 돌아왔다. 그녀는 항상 나무와 꽃들을 사랑해 왔고, 그래서 시골에 정원이 있는 작은 집을 사고자 했다.

문제 2

1492년 크리스토퍼 콜럼부스의 항해와 1497년 존 카벗의 항해 동기는 더 가까운 항로를 찾는 것이었다. 그러나, 대서양을 건너는 여행을 통해서 유럽인들은 향신료가 아닌 미대륙을 발견하게 되었다. 그들의 발견은 세계 역사에 영향을 미쳤다.

S와 V를 찾아내는 기술

문장의 주요소를 파악하는 기술

3~20

3 동사를 발견하면 타동사인지 자동사인지부터 판단한다

[문장의 주요소를 파악하는 기술]

> Korea has a problem. Korean girls don't **want** to **marry** Korean farmers any more and by the end of the century over half the villages in Korea could be ghost towns.

어구 problem[prábləm] 문제   marry ~와 결혼하다   by the end of ~ 말경까지 는   ghost town 유령 마을

지금까지 설명한 내용을 통해서, 문장의 골격인 S와 V를 찾아내는 것이 얼마나 중요한지 깨달았을 것이다. 하지만 이것만으로는 부족하다. 첫번째 문장을 보자.

Korea has a problem.

S는 Korea, V는 has이다. '한국은 가지고 있다' 인데, Korea has, Korea has라고 몇 번이고 반복해서 읽어보아도 '무엇(을), 누구(를)' 이 없으니 의미를 정확히 파악할 수가 없다. 이 has라는 '동작, 행위' 의 대상(= 목적어)이 되는 a problem (문제)를 목적어(O)라고 하는데, 이 O는 '~을…하다' 에서 '~' 에 해당한다.

목적어가 없으면 의미가 불분명해지는 동사를 타동사(Vt)라고 하고, 목적어가 필요없는 동사를 자동사(Vi)라고 한다.

SVOC, 이 네 가지가 문장의 주요소로서, 다음 과에서 설명할 보어(C)와 함께 목적어(O)도 문장의 의미를 완성시키는 골격의 일부분을 이룬다.

전치사구와 같은 수식어구는 ( )으로 묶어 버리면 되지만 목적어는 그렇게 할 수 없다. 따라서 V를 발견하면, 그 V가 O를 필요로 하는지 그렇지 않은지부터 판단해야 한다.

두 번째 문장을 살펴보자. want라는 동사가 있는데, 이 want는 '~을 원하다. 희망하다' 라는 의미로, '무엇(을)' 이라는 O를 수반하기 때문에 타동사라 할 수 있다.

명사와 대명사뿐만이 아니라 (대)명사에 해당하는 어(구)와 절도 목적어가 될 수 있다.

이 문장에서는 to + 동사원형 (to marry)이 want의 목적어이다.

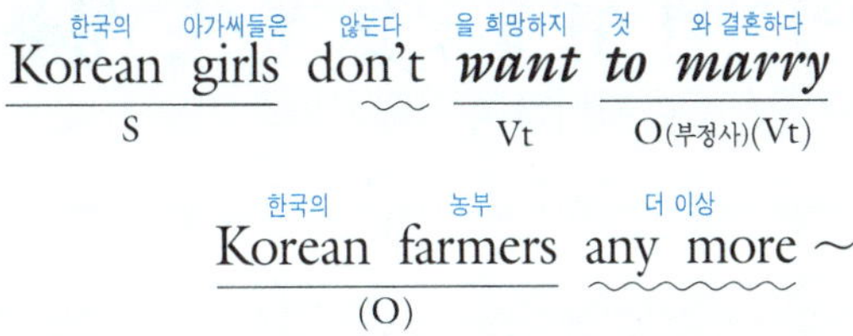

그럼, marry는 어떨까? marry는 자동사로도 쓰이지만, 여기에서는 farmers를 목적어로 취하는 타동사로 쓰였다. '동작'과 '마음의 움직임'을 나타내는 동사가 전치사를 수반하지 않은 채 명사를 거느리는 경우, 이 동사는 타동사이다. 이제 and 이하로 넘어가 보자. 같은 방법으로 '전치사＋명사'를 떼어 내면,

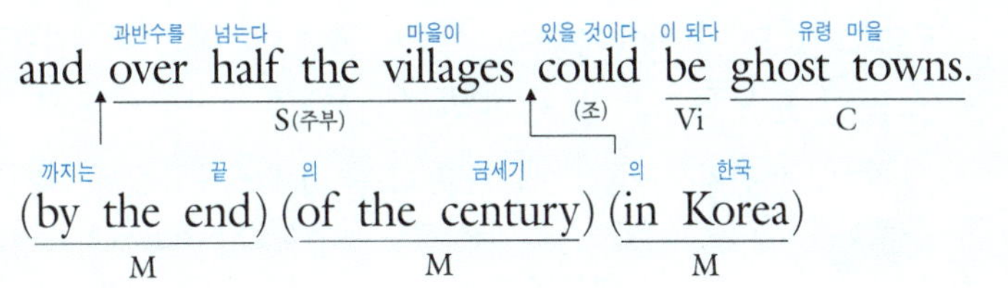

라는 문장의 골격이 드러난다. ghost town은 the villages라는 S가 '무엇일까'를 설명해 주는 보어(C)이지, O가 아니다. be(~이다, ~이 되다)는 자동사로서, 여기에서는 towns라는 명사와 결합하고 있다. 조동사 can의 과거형 could는 소극적인 추측을 나타내므로, '~의 가능성이 있을 것이다'라고 해석한다. 이처럼 동일한 동사라도 일단 동사를 발견하면 목적어가 있는지 없는지, 필요한지 그렇지 않은지부터 가늠해 보고 나서 문장의 골격을 파악하는 것이 중요하다.

한국은 하나의 문제점을 안고 있다. 한국의 여성들이 한국 농부와는 더 이상 결혼하고 싶어하지 않기 때문에, 20세기말까지 한국 대부분의 마을들은 유령 마을들이 될 가능성이 있다.

연습 3. 다음 글을 해석하시오.

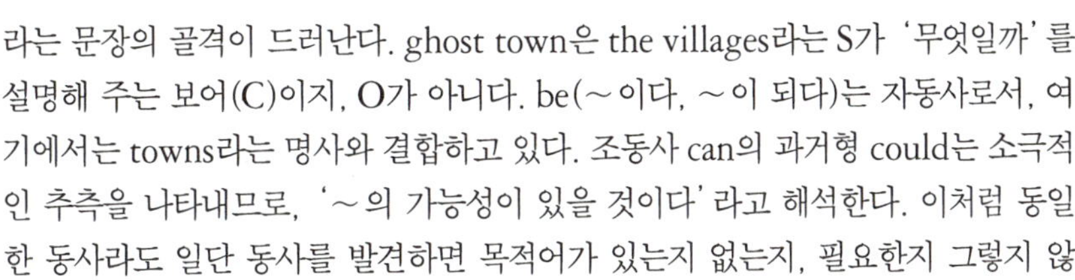

    According to official statistics, 58,000 Korean visited Britain last year. At that rate, Britain will be welcoming a 60,000 Korean tourists by 2000.

어구

according to ~에 따르면   official[əfíʃəl] 공식의   statistics[stətístiks] 통계
at that rate   이 상태로라면

힌트 

첫번째 문장의 visited(과거시제)와 두 번째 문장의 welcoming은 타동사로서, 각각 Britain과 tourists를 목적어로 수반하고 있다. 두 번째 문장의 At that rate를 직역하면 '그 비율로'이지만, 술어동사가 미래진행형이므로 '그 상태로 가면'이라고 해석한다.

4 be동사의 뒤에 오는 명사, 형용사는 보어

[문장의 주요소를 파악하는 기술]

□ 다음 글에서 밑줄 친 부분을 해석하시오.

> Seoul produces more than 24,000 tons of garbage per day—an average of about 2.4 kilograms per person per day—and getting rid of it all **has become** a major **headache** for the authorities. A large proportion of Seoul's trash **is waste paper**.

어구

garbage[ɡáːrbidʒ] 쓰레기   get rid of ~을 제거하다   authorities[əθɔ́ːritis] 당국   a large proportion 대부분   trash 쓰레기

전치사구를 ( )로 묶은 다음, 시제에 주목해서 S와 V를 찾는 것이 독해 기술이다. 예문에 있는 V를 순서대로 나열하면 produces, has become 그리고 is. 현재 완료형도 현재를 포함하고 있으므로 현재시제의 일종이라 할 수 있다. 그리고 앞에서 설명한 대로, V가 자동사인지 타동사인지부터 판단하고 나서 문형을 풀어 나가면 문장의 골격을 정확히 파악할 수 있을 것이다. 먼저, 첫번째 문장에서 삽입 부분 전까지를 살펴보자.

$$\underset{S}{\underline{\underset{서울은}{Seoul}}}\ \underset{Vt}{\underline{\underset{\sim을\ 배출한다}{produces}}}\ \underset{}{\underline{\underset{을\ 넘는다}{more\ than}}}\ \underset{O}{\underline{\underset{2만\ 4천}{24,000}\ tons\ \underset{의\ \ 쓰레기}{(of\ garbage)}}}$$

$$\underset{M}{\underline{\underset{마다\ \ 매일}{(per\ day)}}}\ ---$$

produces는 타동사이다. 즉, 정리하면 Seoul produces tons.라는 S + V + O 문형이 되는데, 이것이 이 문장의 골격이다. of garbage는 원래 '쓰레기의'라는 수식어구이지만, ton이 중량을 나타내기 때문에 of garbage까지를 O로 간주해서 '2만 4천 톤이 넘는 쓰레기'라고 해석한다. 삽입부분은 '2만 4천 톤이 넘는 쓰레기'에 대해 설명하는 부분이다. 다음으로 and 이하인데, 여기서부터가 이 과의 주제이다.

V는 has become, S는 V 앞에 있기 마련이므로 getting rid of it all.(여기에서의 중심 단어는 동명사 getting).

$$\underset{(동명)}{\underset{그리고}{and}}\ \underset{S(주부)}{\underline{\underset{을\ 처리하는\ 것이}{getting\ rid}\ of\ \underset{그\ \ 모든}{it\ all}}}\ \underset{Vi\ (완)}{\underline{\underset{이\ 되고\ 있다}{\textbf{\textit{has\ become}}}}}$$

$$\underset{C}{\underline{\underset{중요한}{a\ major}\ \underset{골칫거리}{\textbf{\textit{headache}}}}}\ \underset{M}{\underline{\underset{\sim에\ 있어서\ \ \ \ 당국}{(for\ the\ authorities)}}}.$$

become(~이 되다)은 seem(~ 같다) 등과 함께 be동사류의 대표적인 동사로서 자동사이다. 자동사 중에서도 be동사는 명사와 함께 쓰이면 주어가 '무엇'인가를, 형용사와 함께 쓰이면 주어가 '어떤 상태'인가를 설명해 주는 동사이다. 즉, be동사 다음에 오는 명사, 형용사는 '의미를 보완하고 문장을 완전하게 만들어 주는 단어'로서 보어(C)라고 한다.

이 문장에서 has become의 C는 headache이다. 따라서 '모든 쓰레기를 처리하는 것'이 '골칫거리'이다.

A large proportion (of Seoul trash) *is waste paper*.
         S   Vi   C

자, 두 번째 문장. 여기에서도 be동사 is에 주목해 보면 is 뒤에 오는 명사구 waste paper가 C이다.

또 be나 become 이외의 동사라 하더라도, 다음 예문과 같이 S + V + X에서 V를 be로 바꾸어도 의미가 성립하는 경우, X는 C에 해당한다.

The story <u>sounds</u> interesting. → The story <u>is</u> interesting.

여기에서는 형용사 interesting이 보어이다.

해 석

서울은 매일 2만 4천 톤이 넘는 — 1인 1일 평균 약 2.4Kg — 쓰레기를 배출하고 있고, 당국은 그 (쓰레기의) 모든 것을 처리하기 위해 골치를 썩고 있다. 서울 쓰레기의 대부분은 헌 종이이다.

연습4. 다음 글에서 밑줄 친 부분을 해석하시오.

> A human language is a signalling system. As its materials, it uses vocal sounds. <u>It is important to remember that basically a language is something which is spoken</u> : <u>the written language is secondary and derivative.</u>

어 구

signal 신호를 하다　　system 체계　　materials 도구　　vocal 음성의　　basically 본질적으로　　secondary 이차적　　derivative[dirívətiv] 파생적

힌트 ☞

be동사와 결합하는 문장의 주요소는 첫번째 문장의 system(명사), 세 번째 문장의 important(형용사)와 something(대명사), 콜론 뒤에 이어지는 secondary와 derivative(둘 다 형용사)이다. 첫번째 문장의 signalling은 동명사로서, 의미 관계를 파악하면 for signalling '신호를 하기 위한'이 된다. 두 번째 문장의 서두에 있는 As는 materials을 목적어로 수반하는 전치사이고, its와 it은 앞 문장의 A human language '인간의 언어'를 가리킨다. uses는 타동사로서, sounds가 목적어. 세 번째 문장의 It은 형식주어(→48과)이고, to remember … spoken이 진주어(= 구체적 내용). remember 직후에 있는 that은 접속사이고 that … spoken까지의 명사절이 remember의 목적어이다. 해석하면 '~ 라는 것을 상기하다(는 것)'(→11과). which는 관계대명사의 주격(→22과)이고, 선행사는 something. 세 번째 문장의 과거분사 written은 language를 수식해서, '쓰여진 (말)' → '문어'라는 뜻이 된다.

be동사의 뒤에 오는 명사, 형용사는 보어

for/as 뒤에 오는 S+V가 실마리

[문장의 주요소를 파악하는 기술]

❑ 다음 글에서 밑줄 친 부분을 해석하시오.

> The significance of malaria in colonial history can scarcely be overrated, *for* it was a major hurdle in the development of the American colonies. To the newly arrived settlers or "fresh Europeans," it frequently proved fatal.

어구 significance 중대성   colonial[kəlóuniəl] 식민지의   overrate ~을 과대 평가하다   settler(초기의) 개척자   frequently 빈번히   fatal 치명적인

문장의 골격을 파악하기 위한 첫 단계는 '전치사 + 명사'를 ( )로 묶는 것이다. 우선, 첫번째 문장의 콤마 앞부분을 살펴보자.

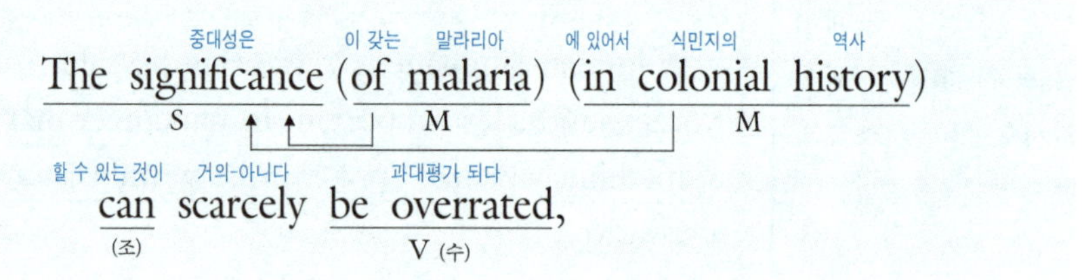

The significance can scarcely be overrated라는 S + V의 문형이 선명하게 떠오른다. be overrated가 수동태이므로 조동사 can과 함께 하나의 V로 간주한 것이다. scarcely는 약한 부정을 나타내는 단어이므로 해석하면 '~이 과대 평가되는 일은 거의 불가능하다' → '~에 있어서 과대 평가되는 일은 거의 없다'가 된다. 첫번째 콤마 뒤에 있는 for가 이 과의 주제이다. for를 '~위해서'라는 전치사로 생각하고 for it을 ( )로 묶어 버리면, was의 주어가 사라져 버린다. was의 주어는 당연히 앞에 있는 it. 따라서 "for + S + V"의 형태가 이루어지기 때문에 이 for는 전치사가 아니라, '라는 것은 ~'이라는 의미의 접속사인 것이다.

be동사와 결합하는 명사는 보어이므로, 'hurdle은 보어'라고 할 수 있다. 따라서 for의 뒷부분을 정리하면 S + V + C의 문형이 된다.

이처럼 for 뒤에 S + V가 연결되느냐 그렇지 않느냐에 따라서 의미가 완전히 달라진다. 전치사와 접속사의 두 가지 용법으로 쓰이는 단어에는 for 외에도 as, after, before 등이 있으며, 품사를 결정할 때는,

  "for/as + 명사"이면 전치사, "for/as + S + V"면 접속사

라고 생각하면 된다. 다시 말해서, 어떤 경우든지 V가 있느냐 없느냐에 따라 그 단어의 품사와 역할이 결정된다고 할 수 있다. 문장을 해석할 때 곧바로 알고 있는 의미만을 끼워 맞추는 사람이 있는데, 해석하기 전에 반드시 그 단어의 품사와 문장 속에서의 역할을 판단해야만 한다. 접속사 for는 구어에서는 그다지 쓰이지 않지만, 보충 설명의 형태로 사용되기 때문에 접속사 because와 같이 뒤에서부터 해석해서 '～이기 때문에'라고 하지 않고 앞에서부터 '라는 것은 ～이기 때문이다'라고 해석한다.

자, 마지막 문장. 전치사구를 ( )로 묶은 다음 정리하면,

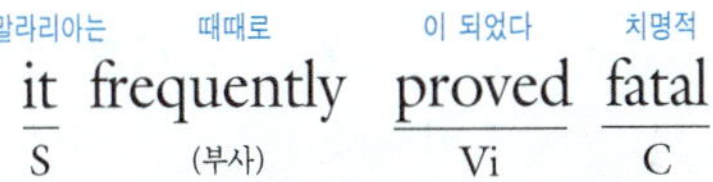

라는 문장의 골격만이 남는다. proved를 was로 바꾸면 형용사 fatal이 보어라는 것을 확인할 수 있을 것이다.

식민지 역사에 있어서 말라리아가 갖는 중대성이 과대 평가되는 일은 거의 없다. 왜냐하면 미국 식민지의 발달에 주요한 장해물이었기 때문이다. 막 도착한 개척자, 즉 '신참 유럽인'에게 말라리아는 때때로 치명적이었다.

연습 5. 다음 글에서 밑줄 친 부분을 해석하시오.

> European sailors were afraid to sail straight westward into this vast unknown. That way to Asia seemed too many miles. <u>For you had to be able to go there *and back*.</u>

어구
westward 서쪽으로 unknown[the ～] 미지의 세계

힌트
be afraid to *do* '무서워서 ～할 수 없다', 두 번째 문장에서 to Asia는 way를 수식하는 전치사구. (many) miles는 seemed의 보어. For는 뒤에 you had to be able to go가 뒤따르기 때문에 접속사로서 '～이라는 것은…'이라고 해석한다.

⑥ O와 C 사이에 존재하는 또 하나의 SV관계

[문장의 주요소를 파악하는 기술]

❏ 다음 글에서 밑줄 친 부분을 해석하시오.

> A temple like that of Olympia was surrounded by statues of victorious athletes dedicated to the gods. To us this may seem a strange custom for, however popular our champions may be, we do not **expect them to have** their **portraits made** and **presented** to a church in thanksgiving for a victory achieved in the latest match.

어구

statue (조각)像   victorious 승리를 거둔   athlete 경기자   dedicate ~에게 바치다   in thanksgiving for ~에 감사해서   achieve ~을 달성하다

분석

S + V + C의 문형을 만드는 보어(C)는 주어를 설명하는 역할을 하기 때문에 특히 "주격보어"라 한다. 이에 비해서,

$$S + V + O + X. \quad O \text{ is } X. \ (OX \rightarrow SV)$$

와 같이, S + V + O + X의 문형에서 OX를 따로 떼어내어 O를 주격으로 바꾸었을 때 〈O is X〉가 한 문장으로서 성립하는 경우(X가 부정사라면 시제를 갖는 문장이 성립할 때), X를 "O에 대한 C = 목적격 보어"라고 한다.

첫번째 문장의 골격은 A temple was surrounded.(한 사원이 둘러싸여 있다.)이다. that은 the temple의 반복을 피하기 위해 쓰인 대명사이다.

두 번째 문장에서 for는, 콤마 사이에 있는 however ~ be를 [ ]로 묶으면 for we do not expect가 되어 for 바로 뒤에 SV가 뒤따르기 때문에 접속사라는 것을 알 수 있다 (→5과). this는 첫번째 문장의 내용 전체를 받는다.

<pre>
        에게 있어서는 우리   이것은 일지도 모른다 으로 보이다   이상한   관습
      (To us)   this   may   seem   a strange   custom (,)
                  S   (조)   Vi   C

        왜냐하면   아무리 ~해도 인기가 있다   현대의   우승자가   이다
      for, [however popular our champions may be],
      (접)   (C)   (S)   (Vi)
</pre>

$$\underset{S}{\text{we}} \ \text{do} \ \text{not} \ \underset{Vt}{\textit{expect}} \ \underset{O}{\textit{them}} \ \underset{C(부정사)(Vt)}{\textit{to have}} \ \text{their} \ \underset{(O)}{\textit{portraits}}$$

않다   을 기대하지   그들이   을   가지는   초상화(를)

$$\underset{(C①)}{\textit{made}} \ \text{and} \ \underset{(C②)}{\textit{presented}} \ \underset{M}{\text{(to a church)}} \sim$$

만들어(서)   헌납하다   에   교회

핵심 사항은 expect의 O인 them과 to have 사이에, 그리고 have의 O인 portraits와 과거분사 made, presented 사이에 성립하는 SV의 관계를 간파하는 것이다. 쉽게 이해할 수 있도록 하기 위해 부정사를 현재시제로 바꾸어서 설명하면,

$$\underset{O}{\text{expect}} \ \underset{X}{\text{them}} \ \text{to have} \ \underset{O}{\text{their portraits}} \ \underset{(X①)}{\text{made}} \ \text{and} \ \underset{(X②)}{\text{presented}}$$

$$\downarrow \qquad\qquad \downarrow \qquad\qquad \downarrow \qquad\qquad \downarrow$$

$$\underset{S}{\text{They}} \ \underset{V}{\text{have}} / \underset{S}{\text{Their portraits}} \ \underset{V①}{\text{are made}} \ \text{and} \ \underset{V②}{\text{presented}}$$

가 된다. 이와 같이 O를 중심으로 해서 의미를 고려할 때는 O와 의미상의 SV관계를 이루는 단어, 구, 절(X)을 O에 대한 C로 파악하면 된다. "have + O + 과거분사"는 "O를 ~시키다"라는 의미의 중요한 구문이다.

해 석

올림피아(사원)와 같은 사원은 경기에서 승리한 우승자들이 신들에게 바친 조각들에 둘러싸여 있다. 우리는 이것을 이상한 관습으로 여길지도 모른다. 왜냐하면 현대의 우승자들이 아무리 인기가 있다고 해도, 우리는 그들이 가장 최근에 열린 시합에서 우승한 것에 감사해서 초상화를 만들어 교회에 헌납하기를 기대하지 않기 때문이다.

연습 6. 다음 글을 해석하시오.

> In two thousand years all our generals and politicians may be forgotten, but Einstein and Madame Curie and Bernard Shaw and Stravinsky will keep the memory of our age alive.

어구

general 장군   politician[pàlətíʃən] 정치가   Einstein 아인슈타인(이론물리학자)   Madame Curie 퀴리 부인(물리학자, 화학자)   alive 살아 있는

힌트 ☞

may ~ but … 에서 may는 원래 '~일지 모른다'라는 뜻이지만, but과 함께 쓰이면 '~일 테지만'(그러나) '확실히 ~이지만 …'이 된다. In ~은 '(지금부터) ~경과하면' '(지금부터) ~이후'. 문장 구조의 포인트는 "will keep the memory alive" (기억이 살아남게 만들 것이다). alive는 '살아 있다'라는 뜻의 형용사. of our age는 memory를 수식하는 전치사구로, '우리 시대의 현대에 관한'이라는 뜻. O와 C 사이에 SV의 관계가 성립하기 때문에 "The memory will be alive."가 된다.

O와 C 사이에 존재하는 또 하나의 SV관계

7 "V it C to 부정사"를 파악하는 방법
[문장의 주요소를 파악하는 기술]

> Older people usually ***find it more difficult to acquire*** the new skills required by technological changes, and they do not enjoy the same educational opportunities as young workers.

어구 acquire (지식 등을) 얻다 require ~을 요구하다 technological change 과학 기술의 변화 educational opportunity 교육을 받을 기회

앞서 S + V + O + C의 문형에서는 O와 C 사이에 의미상의 SV관계가 성립한다는 것을 알 수 있었다. 사실 이 문형에는 O 부분에 조그마한 소도구를 사용하기도 하는데 그럴 경우 이 소도구의 사용법을 모르면 문장을 해석하기가 매우 어려워진다. 예문을 통해서 살펴보자.

먼저 콤마 앞부분, 특히 it에 주목하자. find it more difficult라고 되어 있는데, 부사인 more를 뺀 다음 it과 difficult를 be동사로 연결하면 It is difficult.가 되어 문장이 성립하므로, it과 difficult 사이에 의미상의 SV관계가 성립하는 것을 알 수 있다. 다시 말해서, find it difficult는 V + O + C 문형인 것이다. 해석하면 '그것이 어렵다고 생각되다' 가 되는데, 그렇다면 이 it이 가리키는 것은 무엇일까? 뒷부분을 보니 to acquire ~가 있다. 이것이 바로 it이 가리키는 내용이다.

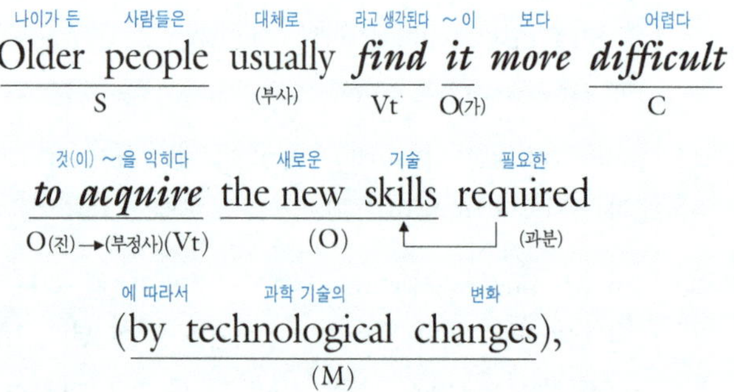

이처럼 구체적인 내용(to부정사 이하)을 대신해서 쓰이는 it을 형식목적어(또는 가목적어)라고 하고, to부정사 이하를 진목적어라고 한다. 서두에서 설명한 소도구란 바로

이 형식목적어를 말하는 것이다. 해석할 때에는 it 부분에 to부정사 이하를 대입해서 해석한다.

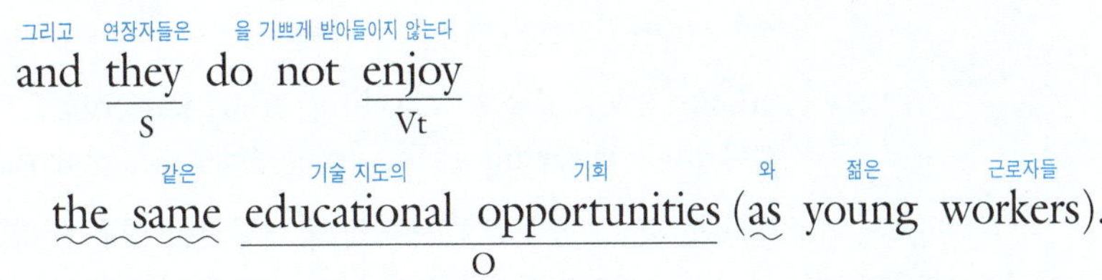

more difficult의 비교 대상은 young workers이다. required는 바로 뒤에 by ~ 가 연결되어 있는 것으로 보아 과거분사이다.

이제, 콤마 이하의 문장으로 가 보자.

그리고   연장자들은   을 기쁘게 받아들이지 않는다
and they do not enjoy
S   Vt

같은   기술 지도의   기회   와   젊은   근로자들
the same educational opportunities (as young workers).
O

"the same ~ as ..." (…과 같은 ~)라는 구문을 이해하면 간단히 파악할 수 있는 문장이다. 형식목적어를 취하는 동사는 find 외에도 think, feel, make 등이 있다. 전부 "V it C to부정사" 구문으로 정리해서 외워 두자.

Even advanced nations of Western background, if they happen to be small, frequently find it necessary to utilize foreign languages for many purposes. A Danish scholar, for instance, will find it more sensible to publish in English for a world audience than in Danish for a limited number of fellow Danes.

어구   happen to *do* 마침 ~하다   frequently 빈번히   utilize ~을 사용하다   for instance 예를 들어   sensible[sénsəbəl] 현명한   Dane 덴마크인

힌트   첫번째 문장의 골격은 nations find it necessary to utilize로서, 그 의미상의 관계를 파악하면 it is necessary to utilize. if절은 주어와 술부 사이에 삽입된 부사절(→10과). 두 번째 문장도 마찬가지로 형식목적어 구문으로 will find it more sensible to publish이기 때문에 내용상 it is more sensible to publish의 관계가 성립한다.

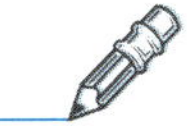

"V it C to 부정사"를 파악하는 방법

나이가 든 사람들은 대체로 과학 기술의 변화에 따라 요구되는 새로운 기술을 익히는 것이 보다 어렵다고 생각하며, 젊은 근로자들과 같은 기술 지도의 기회를 자진해서 기꺼이 이용하려 하지 않는다.

연습 7. 다음 글에서 밑줄 친 부분을 해석하시오.

8 not~ but을 놓치지 말 것!

[문장의 주요소를 파악하는 기술]

> Much has been spoken and written about the past experiences of war and we all know the effects of war too well, yet in the name of peace the stockpiling of armaments is going on, and we are told that safety lies **not** in disarming **but** in rearming.

effects 결과   the stockpiling of armaments 무기의 비축   lies in ~에 놓여 있다   disarming[disáːrmiŋ] 군비 축소   rearming 재군비

이렇게 긴 문장의 골격은 어떻게 이루어져 있을까. 빨리 전치사구를 ( )로 묶고 시제에 유의하면서 SV를 찾아보자. 먼저 서두부터.

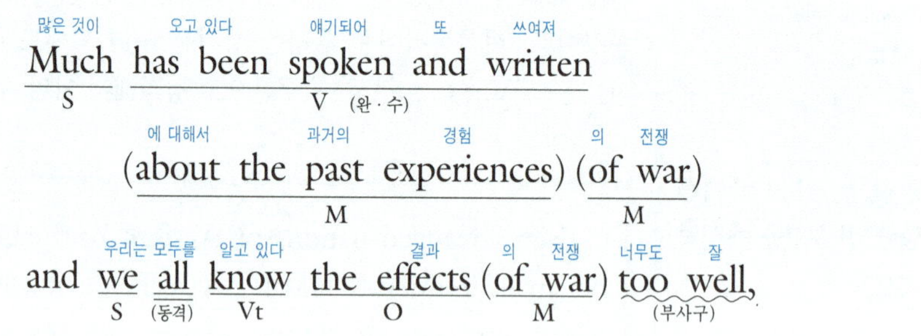

두 번째 and를 경계로 Much has been spoken and written과 we all know the effects 라는 두 개의 골격이 보인다. 현재(완료)시제이므로 이후에 있는 V는 현재(완료)형에 주목해서 찾아낸다.

다음은 yet에서 콤마까지. 이것도 간단하다. 전치사구를 ( )에 넣어서 정리하면, 다음과 같은 골격만이 남는다.

the stockpiling is going on,

자, 밑줄 부분, 이 과에서의 하이라이트이다. 특히 not in disarming but in rearming 부분이다. 이 등위 접속사 but은 형태가 비슷한 in disarming과 in rearming을 연결하고 있다. 이런 경우, but은 not과 함께 짝을 이루어 "not A but B"(A가 아니라 B)라는 구문을 만들며, rather(오히려)라는 의미가 된다. 그리고 A와 B는 의미상의 연관이 없거나 대립적인 관계에 있다.

$$\text{and } \underset{S}{\text{we}} \ \underset{V(\text{수})}{\text{are told}} \ [\underset{(\text{접})}{\text{that}} \ \underset{(S)}{\text{safety}} \ \underset{(Vi)}{\text{lies}} \ \begin{cases} \boldsymbol{not} \underset{(M①)}{\underline{(\text{in disarming})}} \\ \underset{(\text{등접})}{\boldsymbol{but}} \underset{(M②)}{\underline{(\text{in reaming})}}] \end{cases}$$

과거의 전쟁 경험에 대해서 많은 것이 지금까지 얘기되고 쓰여져 왔다. 때문에 우리들 모두는 전쟁의 결과에 대해서 지나칠 정도로 잘 알고 있다. 그럼에도 불구하고 평화의 이름으로 군사력 비축이 진행되고 있다. 그리고 또 우리는 국가의 안전은 군비 축소에 의해서가 아니라 재군비에 있다고 듣는다.

여기에서의 but이 '그러나'라는 의미가 아니라는 것은 알겠는지? 그런데, "not A but B"가 "B (and) not A"의 형태를 취하는 경우가 있다.

He is <u>not</u> a carpenter <u>but</u> a thatcher.
= He is a thatcher, <u>(and) not</u> a carpenter.

양 쪽 다 "그는 목수가 아니라 개초장이이다."라는 의미다.
단, "not A but B"와 같은 형태일지라도 A와 B 사이에 의미상의 연관이 있을 때에는 주의해야 한다. 예를 들어 He is not <u>young</u>, but (he is) <u>energetic</u>. 과 같은 경우이다. '젊기(때문에) 정열적'이므로 서로 연관이 있다. 이럴 때는 '그는 젊지 않지만, 그러나 정열적이다'가 된다.

연습 8. 다음 글에서 밑줄 친 부분을 해석하시오.

> Thin, salted, crisp potato chips are Americans' favorite snack food. They originated in New England as one man's variation on the French-fried potato, and <u>their production was the result, not of a sudden stroke of cooking invention, but of a fit of anger.</u>

어 구

salt ~에 소금을 가미하다   crisp 파삭파삭한   snack food 가벼운 음식
originate 발생하다   variation 변형(물)   stroke 발생   fit (감정의) 폭

힌트 ☞ 첫번째 문장의 salted는 salt의 과거분사로 chips를 수식한다. 두 번째 문장의 전반부에서 as는 전치사로서 as one man's variation(어떤 남자가 변종시킨 것으로). on the French fried potato는 variation을 수식하는 형용사적인 전치사구로서 '프렌치 프라이드 포테이토에 대한 (변형물)' '프렌치 프라이드 포테이토의 (변종)'. 후반부의 their production 은 '그것들의 생산' '그것들이 만들어진 것'이며, 문장의 골격은

production was the result, not ⎰ of a sudden stroke ~,(돌연한 발생의 ~)
　　　　　　　　　　　　but ⎱ of a fit ~.   (감정의) 폭발의 ~

not ~ but을 놓치지 말 것!

27

상관 표현에 주의해서 문장의 골격을 파악한다

[문장의 주요소를 파악하는 기술]

□ 다음 글을 해석하시오.

> Dogs communicate in many ways. They ***not only*** bark, ***but*** they howl, growl, snarl, and whine. Animals communicate with each other ***not only*** with sounds and movements, ***but*** with smell.

어구

bark 짖다   howl[haul] 멀리서 짖다   growl[groul] 으르렁대다   snarl[snɑːrl] 이를 드러내고 으르렁대다   whine[ʰwain] 낑낑거리다

 분석

어구와 어떤 어구가 짝을 이루어서 접속사의 역할을 하는 것을 '서로 관련이 있는 접속사' 라는 의미에서 '상관접속사' 라고 한다. 앞서 등장한 "not A but B"가 "A가 아니라 B"라는 의미일 경우에는 상관접속사에 해당하는데, 이러한 어구들은 문장의 골격과 의미를 파악하는 데 장애가 되기 때문에 주의해야 한다.

예문에서는 서두인 "개는 여러 가지 방법으로 의사를 전달한다."라는 문장 뒤에 있는 두 번째 문장과 세 번째 문장에 상관접속사가 등장한다. 먼저 두 번째 문장부터 확인해 보자.

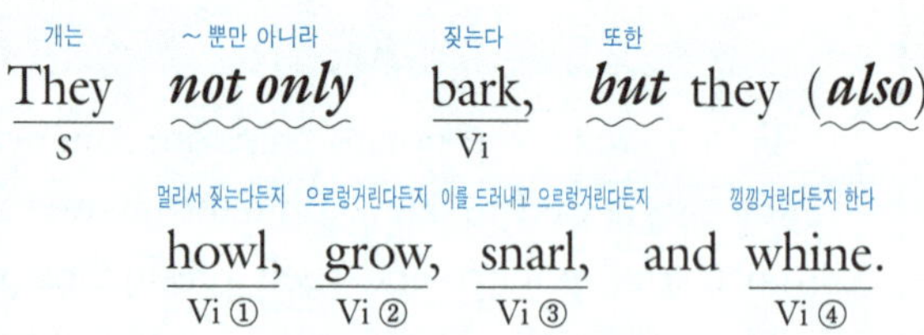

but을 not only와 따로 떨어뜨려서 '그러나' 라고 해석하면 의미가 매끄럽게 이어지지 않으므로 not only와 but을 연결해서 '짖을 뿐만 아니라' 라고 해석한다. 이러한 표현들은 서로 연관지어서 외워 두는 것이 좋다. 상관접속사는 이외에도

"**not only** A **but (also)** B"   (A뿐만 아니라 B도)

"**both** A **and** B"   (A도 B도)

"**either** A **or** B"   (A나 B 어느 것으로)

"**neither** A **nor** B"   (A도 B도 아니다)

등이 있다. 해석할 때 not only가 나오면 but (also)이구나, 하고 의식적으로 표시해 두면 혼동하지 않고 끝마칠 수 있다. but also에서 also는 생략될 때가 많다.

그리고 여기에서 반드시 알아두어야 할 점은 상관 표현에 표시를 해두면 SVOC라는 문장의 골격이 명확해진다는 것이다. 두 번째 문장에서도 "not only ~ but…"에 표시를 해두면, S + V라는 단순한 골격을 쉽게 파악할 수 있을 것이다. 두 번째 문장과 똑같은 표현이 세 번째 문장에도 등장한다. 밑줄 부분이긴 하지만, 앞부분과 동일한 방법으로 풀어 나가면 눈 깜짝할 사이에 해결할 수 있을 것이다.

동물들은   서로 의사를 전달한다   에   서로
Animals   **communicate**   (with each other)
S   Vi   M

뿐만이 아니라   에서   소리   와   몸짓
not only   (with sounds and movements),
          M ①

또한   에서   냄새
but (***also***)   (with smell).
          M ②

이것도 S + V라는 골격을 찾아낸 다음 상관표현에 유의하면서 해석하면, 문의를 간단히 파악할 수 있다. "not only A but B"와 같은 의미의 상관접속사로는 "B as well as A"(A뿐만 아니라 B도)가 있는데, A와 B의 위치가 서로 뒤바뀌므로 주의해야 한다.

개는 다양한 방법으로 의사를 전달한다. 그들은 짖을 뿐만 아니라 멀리서 짖어대거나 으르렁거린다든지 이를 드러내고 으르렁거린다든지 낑낑거린다. 동물들은 서로 소리와 몸짓뿐만 아니라 그 냄새(채취)를 통해서도 의사를 주고받는다.

연습 9. 다음 글에서 밑줄 친 부분을 해석하시오.

> <u>Reading aloud is an educational tool as well as an instrument of culture.</u> As an educational tool, reading aloud is an aid to greater accuracy and better understanding of the written word.

어구   tool 도구   instrument 도구, 수단   culture 문화   aid[eid] 도움(이 되는 사물)   accuracy[ǽkjurə ~] 정확성

힌트 ☞   B as well as A (A뿐만 아니라 B도)라는 상관표현에 유의한다. 문장의 구조는

Reading aloud is { an educational tool (교육의 수단)
S   V   C
(as well as) { an instrument of culture. (문화(를 전달하는) 수단)

두 번째 문장의 As는 '~로서'라는 전치사. 공통 관계(→39과)에 착안해서 문장의 구조를 분석하면,

Reading (aloud) is (an) aid to { (greater) accuracy (명) / (better) understanding (명) } of (the)(written) word.
S   V   C (전)   M

상관 표현에 주의해서 문장의 골격을 파악한다

종속절은 [ ]에 넣어서 구조를 파악한다
[문장의 주요소를 파악하는 기술]

□ 다음 글에서 밑줄 친 부분을 해석하시오.

> The Western way of thinking analytical. ***If a Westerner has a problem, or wishes to discuss a complex subject,*** he tries to analyse it. He tries to break the problem or the subject down into separate parts.

어구 analytical[ǽnəlítikəl] 분석적인   a complex subject 복잡한 주제   analyse ~을 분석하다   break ...down into …을 ~로 분해하다

'절'. 자주 듣는 단어 중의 하나인 절은 문장의 일부분으로서 하나로 정리된 의미를 나타내며 그 자체에 'SV'를 포함하는 단위를 말한다. and, but, or, nor, for, so 등을 등위접속사라고 하고 그 전후의 절 (S V X)을 '등위절'이라고 한다.

S + V + X (등위절) / and S + V + X (등위절)

등위접속사 앞에 마침표를 찍으면 그 자체가 독립된 하나의 문장이 된다. 이에 비해서 when, if, as, because, though 등 대부분의 접속사를 종속접속사라고 하는데 왜 '종속'이라고 하는지, 예문의 밑줄 부분인 두 번째 문장에서 생각해 보자.

만약 ~라면   서양인이   을 지니다   어떤   문제
[*If*   *a Westerner*   { *has*   *a problem,*
(접)   (S)   (Vt ①)   (O)
                                바란다   에 대해서   토론하다   복잡한   주제
            or   *wishes to discuss a complex subject,*]
                  (Vt ②) (O)(부정사)(Vt)   (O)

서양인은   ~하고자   하다   ~을 분석하다   그것
he   *tries* *to analyse* *it.*
 S   Vt   (O)(부정사)(Vt) (O)

[If ~]부분에서 if를 빼 보자.

A Westerner has ~ subject. ①

가 되어 SV를 갖춘 독립된 문장이 된다. 한편 콤마 이하의,

He tries to analyse it. ②

도 독립된 문장이다. 그러나 ①에 if를 붙인 다음 ②에 연결해서 원래의 문장으로 되돌리면, [if ~]부분은 '만약 ~ 라면'이라는 조건을 나타내는 부사(주로 동사를

수식)의 성격을 지니게 된다. 이처럼 부사와 같은 역할을 하는 절을 '부사절'이라고 하는데 if가 붙어 있기 때문에 그 자체로는 독립된 문장이라고 할 수 없다. 이른바 부사로 격하되는 절이기 때문에 '종속절'이라고 하고, ②는 하나의 문장으로 독립할 수 있으므로 '주절'이라고 한다. 이 '주절'과 '종속절'의 관계에는,

$$(1)\ [접속사 + S + V + X],\ S + \underline{V + X}.\ (예문)$$

$$(2)\ S + \underline{V + X}\ [접속사 + S + V + X].$$

$$(3)\ S + \underline{V}.\ [접속사 + S + V + X],\ X.$$

$$S,\ [접속사 + S + V + X],\ \underline{V + X}.$$

의 3가지 형태가 있다. 종속절이 '부사'의 성격을 지니기 때문에 (3)과 같이 주절 속에 삽입되기도 한다. 이 과의 주제는 이 부사절을 [ ]로 묶은 다음, 주절과 구분해서 수식 관계를 파악하는 것이다.

두 번째 문장에서, 종속절 If ~ subjects를 [ ]로 묶으면 문장의 일부분인 부사가 되어 주절의 술부를 수식하는 것을 알 수 있다. 첫번째 문장과 세 번째 문장은 종전대로 전치사구를 ( )로 묶은 다음 SV를 찾아 나가면, 간단히 문장의 골격을 파악할 수 있을 것이다.

해 석

서양의 사고방식은 분석적이다. 만약 서양인이 어떤 문제를 안고 있다든지 복잡한 주제를 놓고 토론하고 싶어질 때에는 (서양인은) 그것을 분석하려고 든다. 그 문제와 과제를 개개의 부분으로 분해하고자 노력한다.

연습 10. 다음 글에서 밑줄 친 부분을 해석하시오.

> When I speak of internationalization, I do not mean the changing of external life styles but the development of internal new attitudes. Our motivations must be in step with the conditions of the time.

어 구

internationalization 국제화   external 외면상의   internal 내면적인   attitude[ǽtitjùːd] 태도   motivation 동기 부여   in step with ~에 맞추어서

힌트 ☞

첫번째 문장의 주절에 있는 not A but B 'A가 아니라 (오히려) B'에 주목한다. do not mean을 '의미하지 않는다'라고 해석하지 않도록. not이 부정하는 것은 the changing '(~을) 바꾸는 것'이다. 골격만 표시하면,

나는 ~을 의미한다

I mean not the changing (바꾸는 것이 아니라)
S   V   but the development ((오히려) 개발하는 것)

when은 부사(적 종속)절의 선두에 나오는 접속사이고, when절은 mean을 수식한다. 두 번째 문장의 in step ~은 형용사적 전치사로서, be의 보어. of the time(현대의)은 conditions를 수식하는 전치사구.

종속절은 [ ]에 넣어서 구조를 파악한다

31

동사 뒤에 오는 **that**은 명사절을 유도한다

[문장의 주요소를 파악하는 기술]

□ 다음 글에서 밑줄 친 부분을 해석하시오.

> Although some well-to-do people objected to free schools because they would have to pay taxes to educate the children of others, most Americans realized **that** public education was important in a democracy.

어구
well-to-do 유복한   object to + (대)명사 ~에 반대하다   pay taxes 세금을 내다   a democracy 민주주의 국가

부사 역할을 하는 종속절(＝부사절)을 [ ]로 묶은 다음 문장 구조를 파악하는 기술에 대해 알아보았다. 예문을 보니 although와 because라는 두 종속접속사가 제일 먼저 눈에 띄는데, 이것이 바로 부사절이라는 것을 알려 주는 신호이다.

그러면 이 부사절을 [ ]로 묶어 보자.

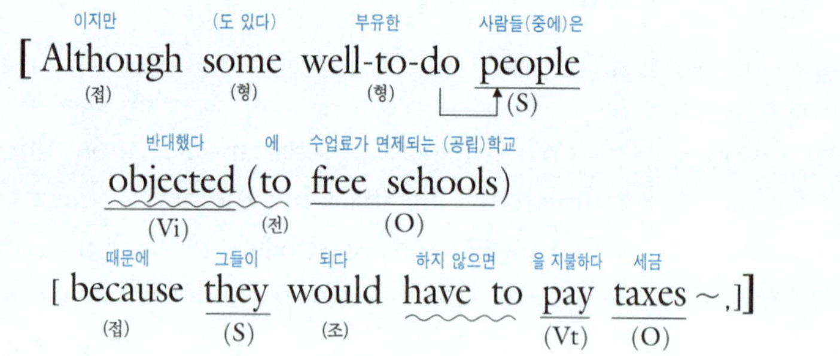

because절은 [because ~ others]까지로, although 이하인 SVX의 '이유'를 설명하고 있다. 따라서 although절을 정리하면 다음과 같은 구도가 된다.

$$[\text{Although ... people objected ...} \quad [\text{because ~ others}],]$$

자, 이 부사절을 제외하고 남은 부분인 주절을 검토해 보자. realize는 '~을 깨닫다'라는 뜻의 타동사로서 목적어(O)를 수반한다. 그렇다면 이 목적어에 해당하는 것은 무엇일까? 뒷부분을 보니 that 뒤에 S ＋ V ＋ X가 연결되어 있다. 따라서 이 that은 realized에 public education 이하의 절을 이어주는 접속사이고, that절 전체가 realized의 목적어 역할을 하는 것이다.

$$\underset{\underset{S}{\text{대다수의}}}{\text{most}}\ \underset{\underset{S}{\text{미국인들은}}}{\text{Americans}}\ \underset{\underset{Vt}{\text{을 깨달았다}}}{\text{realized}}$$

$$\underset{O \rightarrow (접)}{[\textit{\textbf{that}}}\ \underset{\text{(S)}}{\underset{\text{공 교육이}}{\text{public education}}}\ \underset{\text{(Vi)}}{\underset{\text{이다}}{\text{was}}}\ \underset{\text{(C)}}{\underset{\text{중요}}{\text{important}}}$$

$$\underset{\text{(M)}}{\underset{\text{에서는 민주주의 국가}}{(\text{in a democracy})]}}.$$

이처럼 목적어 역할을 하는 절을 명사절이라고 하는데, 이 명사절은 명사와 마찬가지로 주어와 보어 또는 앞으로 설명할 동격의 역할을 한다. 따라서 이 **that**(이라는것)은 명사절의 선두에 서는 접속사, 다시 말해서 '명사절을 유도하는 역할'을 하는 것이다. 명사절도 종속절이므로 [ ]로 묶으면 문장의 구도를 명확히 파악할 수 있다.

$$\underset{S}{\text{Americans}}\ \underset{Vt}{\text{realized}}\ \underset{O}{[\ \underline{\textbf{that}\ S + V + X}\ ]}.$$

타동사 뒤에 오는 **that**절은 명사와 같은 역할을 하는 종속절이다. 단, 종속절이라고 해도 명사절은 부사절과는 달리 문장의 주요소 즉, S, O, C의 역할을 하기 때문에 이 명사절을 떼어내면 문장이 불완전해진다.

연습 11. 다음 글에서 밑줄 친 부분을 해석하시오.

> The stranger in London, especially if he has come, say, from Paris, finds London at first a little drab, but <u>later on as he explores the city and begins to make friends he finds that it has its own special intimacy and charm.</u>

어구

stranger 생소한 사람 especially 특히 say 예를 들어 drab[dræb] 시시하다
later on 이후에 explore ~을 답사하다 intimacy[íntəməsi] 친밀함

힌트

전반부에는 주절의 주어와 술부 사이에 부사의 성격을 지닌 if절이 삽입되어 있는데, at first (처음에는)을 ( )로 묶고 a little을 떼어내면, $\underset{S}{\text{stranger}}$ $\underset{S}{\text{finds}}$ $\underset{O}{\text{London}}$ $\underset{C}{\text{drab}}$ '처음 온 사람은 런던을 시시하다고 생각한다'가 된다. but 이후는 [as…friends]와 같이 묶는다. 먼저 as는 '~하면서, ~하는 동안에'라는 뜻의 종속접속사. 이 과의 포인트는 finds 다음에 있는 that을 놓치지 않는 것이다. finds that $\underset{S}{\text{it}}$ $\underset{V}{\text{has}}$ …의 형태에서 that을 $\underset{S}{\text{it}}$ $\underset{V}{\text{has}}$ $\underset{O}{…}$ 와 하나로 묶은 다음 that절이 finds의 목적어라는 것을 확인한다. '그것(런던)이 ~을 가지고 있는 것을 깨닫다.'

동사 뒤에 오는 that은 명사절을 유도한다

타동사의 뒤에 오는 [S+V+X]는 목적어

[문장의 주요소를 파악하는 기술]

□ 다음 글에서 밑줄 친 부분을 해석하시오.

> We are creatures of the visible and the perceivable. If something cannot be seen or felt, we imagine *it does not exist*. We feel pity for the physical cripple, because we can see his twisted limbs ; but we are indifferent to the emotionally troubled, because their troubles are buried inside their head.

어구

the + 형용사/분사 ~한 것(사람)　　perceivable[pərsíːvəbəl] 감지할 수 있는
pity 연민　be indifferent to ~에 무관심하다　emotionally 정서적으로

분석

조금은 복잡한 문장이다. of, for, to 등의 전치사와 if, because라는 종속접속사가 보이는데, 빨리 ( )와 [ ]로 묶은 다음 문장의 구조를 살펴보자.

첫번째 문장의 골격은 '우리들은 ~생물이다' 라는 S + V + C의 문형이다.

이어서 두 번째 문장. if절은 [ ]로 묶어서 떼어 낸 다음, 남은 주절 부분을 파악하는 것이 이 과의 핵심이다. 그런데 이상하게도 we imagine이라는 S + V 뒤에 곧바로 it does not exist라는 S + V가 연결되어 있다. imagine은 '~ 라고 생각하다' 라는 뜻의 타동사이기 때문에 목적어가 필요할 텐데……. 문장을 통해서 살펴보자.

$$[\text{If something cannot be} \begin{cases} \text{seen} \\ \text{or} & \text{felt} \end{cases}]$$

we imagine *it does not exist.*

O는 어디에 있을까? 다음과 같이 생각하면 의문이 풀릴 것이다.

We imagine [S + V (= it does not exist)].

이것은 이미 설명한 " Vt + [that S + V + X] "에서 접속사 that이 생략된 형태이다. 여기에서

Vt + [S + V + X] = Vt [(that) + S + V + X]

우리는 눈에 보이는 것, 감지할 수 있는 것에 제약을 받는 생물이다. 만약 무엇인가가 보이지도 않고 느낄 수도 없다면 우리는 그것이 존재하지 않는다고 생각한다. 우리에게는 핸디캡이 있는 사람들의 손발이 보이기 때문에 신체 장애자들을 불쌍하게 여기지만 정신적으로 괴로워하는 사람들에 대해서는 그 괴로움이 머릿속에 묻혀 있기 때문에 무관심하다.

의 구조를 명확히 파악해 두기 바란다.

세 번째 문장에는 because가 두 개나 있다. [ ]로 묶으면,

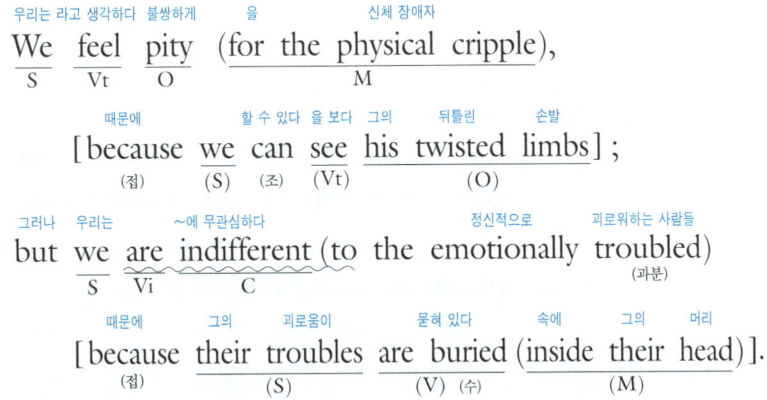

가 되어, 문장의 골격은 We feel pity, but we are indifferent.라는 것을 알 수 있다. 영문을 해석하는 데 필요한 문형과 문장의 구조를 파악하는 열쇠는 SV를 찾아내는 것과 절의 종류를 파악하는 것이다.

연습 12. 다음 글을 읽고 밑줄 친 부분을 해석하시오.

> Typical American teenagers are in fact very ordinary. They think their teachers make them work too hard, they love their parents but are sure they don't understand anything, and their friendships are the most important things in their lives.

어 구

typical 전형적인 in fact 사실상 ordinary 평범한 friendship 우정

힌트

첫번째 문장은 (in fact)와 같이 묶으면, teenagers are ordinary가 된다. 두 번째 문장에서는 등위접속사인 but, and에 착안한다. 먼저 but은 are sure와 love를 연결하고 있다고 보면 무리가 없다. and는 their friends are … things와 다른 SVX를 연결한다. think와 are sure 뒤에는 SVX가 이어지므로 명사절을 유도하는 접속사 that절을 보완한다. 문장 구조는

They think (that) their teachers make them work too hard, (make는 '~에게 시키다'의 사역동사)

they ⎰ love their parents
but ⎱ are sure (that) they don't understand anything,
and their friendships are … things …

의문사는 명사절을 찾아내는 결정적인 단서 !

[문장의 주요소를 파악하는 기술]

□ 다음 글에서 밑줄 친 부분을 해석하시오.

> Advertisers use many methods to get us to buy their products. One of their most successful methods is to make us feel dissatisfied with ourselves and our imperfect lives. Advertisements show us *who* we aren't and *what* we don't have.

advertiser 광고주   method[méθəd] 방법   product 제품   feel dissat-isfied with ~을 불만스럽게 생각하다   imperfect life 불완전한 생활

that이 이끄는 명사절은 평서문 앞에 that을 붙인 형태로서, 타동사의 목적어 역할을 한다. 이 과의 핵심은 타동사의 목적어 역할을 하는 의문사가 있는 의문문. 예를 들어,

> Who is he? (그가 누구지?)

가 명사절로서 문장의 일부분을 이루고 있는 문형을 파악하는 기술이다. 이를테면

> I know who he is. (나는 그가 누구인지 알고 있다)

등과 같은 경우인데, 이 때 접속사 역할을 하는 것은 의문사 자신이다. 따라서 의문사를 파악하는 것도 명사절을 발견하는 데 꼭 필요한 기술이라고 할 수 있다. 타동사 뒤에 오는 " 의문사 + SVX "는 [ ]로 묶어서 명사절로 규정한다. that과 의문사 외에 ' ~일까 아닐까 '라는 의문을 나타내는 접속사(if, whether)도 명사절을 유도한다.

이제 예문을 살펴보자. 세 번째 문장에 who와 what이라는 의문사가 있는데, 앞에는 show라는 타동사가 있고 뒤에는 각각 SV가 이어지므로 둘 다 명사절이라는 것을 알 수 있다.

광고는　　　　　　　~에게 ~을 보여주다　우리(에게)
Advertisements　show　us
　　　S　　　　　　　　Vt　　IO

누구　자신이　아닐까
[*who*　we　aren't]
DO①→(의문)(C)　(S)　　(Vi)

무엇　　자신이　을 가지고 있지 않을까(를)
and [*what*　we　don't have].
　　　DO②→(의문)(O)　(S)　　　(Vt)

show는 '～에게 …을 보여주다' 라는 의미로, 2개의 목적어를 수반하는 수여동사이다. 여기에서는 us가 간접목적어(IO)이고 직접목적어(DO)에 해당하는 것은 의문사가 이끄는 두 명사절이다. 따라서 [who we aren't], [what we don't have]와 같이 묶으면, S + V + IO + DO 문형이라는 것을 알 수 있다.

who we aren't는 '자신 이외의 인물, 자신과는 다른 인물'을, what we don't have는 '자신에게 없는 것'을 의미한다. 첫번째 문장의 구조도 분석해 보자.

광고주는　을 사용한다 여러 가지　방법
Advertisers use many methods
S　　　　　Vt　　　　　O

위해서 ～에게 …시키다 우리(에게)　을 살　그들의　제품
(to get us to buy their products).
(부)　(Vt)　(O)　(C)(부정사)(Vt)　　(O)

여기에서 핵심은 "get + O + to부정사" (O에게 ～시키다)의 형태인데, 목적격 보어가 원형부정사가 아닌 to부정사인 점에 주의해야 한다. 이 사역동사 get과 두 번째 문장에 등장하는 사역동사 make의 용법을 비교해 보자.

make us 뒤에 feel이 와서 "make + O + 원형부정사"(O로 하여금 ～하도록 만들다, O에게 ～시키다)의 형태를 이루는데, 이때 목적격 보어에 해당하는 것이 원형부정사이다. 바로 이 점이 get이 이끄는 형태와 다른 점이므로 주의해야 한다.

연습 13. 다음 글에서 밑줄 친 부분을 해석하시오.

> How the water is used affects the supply.　In some dry areas, groundwater is used for irrigation. Most of this water changes into vapor and disappears from the surfaces of plants or the land.

어구　affect ～에게 영향을 미치다　supply 공급　groundwater 지하수　irrigation[ìrəgéiʃən] 관개　vapor[véipər] 수증기　surface[sə́ːrfis] 표면

힌트　How는 의문사로서 명사절의 선두에 나오지만 명사절의 역할(S, O, C)은 술어동사 affects와의 관계에서 결정되기 때문에, How...used가 affects의 주어라는 것을 파악할 수 있다. 두 번째 문장의 some은 '몇 개의'라고 해석하지 않고 '…부분의' 또는 앞서 해석한 바와 같이 '(…의 지역 중에는 ～의 곳)이 있다'라고 한다. 세 번째 문장의 changes와 disappears의 주어는 (of this water)와 같이 묶으면, Most라는 것을 알 수 있다. change into ～ '～으로 변하다' '변해서 ～이 되다' 라는 뜻.

의문사는 명사절을 찾아내는 결정적인 단서!

다음 글에서 밑줄 친 부분을 해석하 시오.

> Reading and learning ability depend on something more definite than broad, general knowledge. To a significant degree, learning and reading depend on specific broad knowledge. ***The reason for this is that*** reading is not just a technical skill but also an act of communication.

reading ability 독해력   depend on ~에 달려 있다   definite 명확한   to a significant degree 상당한 정도까지   specific[spisífik] 특정의

타동사의 목적어 역할을 하는 명사절에 대해 살펴보았는데, 종속절이 명사절인지 아닌지는 그 절이 문장 속에서 명사가 할 수 있는 역할(S, O, C 등)을 하는지 아닌지에 따라 결정된다. 따라서 명사절 역시 명사와 마찬가지로 be동사의 의미를 보완하는 보어(C)의 역할을 하는 경우가 있다. 여기에서는 이와 같이 보어에 해당하는 명사절을 파악하는 방법에 대해 알아본다.

그 전에 먼저 첫번째 문장을 살펴보자. 전치사 + 명사를 ( )로 묶으면, S + V (+ M) 문형이라는 것을 알 수 있다.

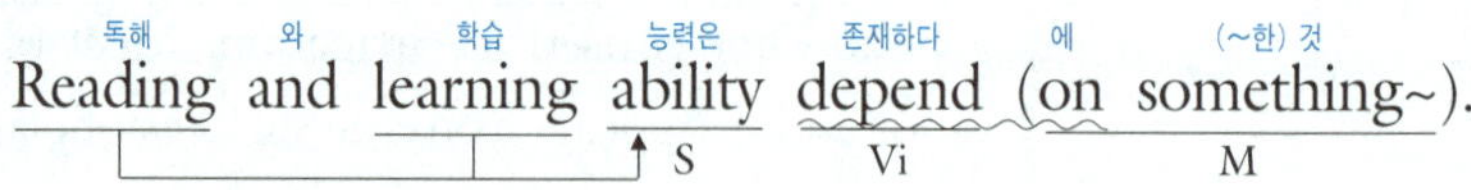

두 번째 문장도 동일한 구조를 이루고 있다.

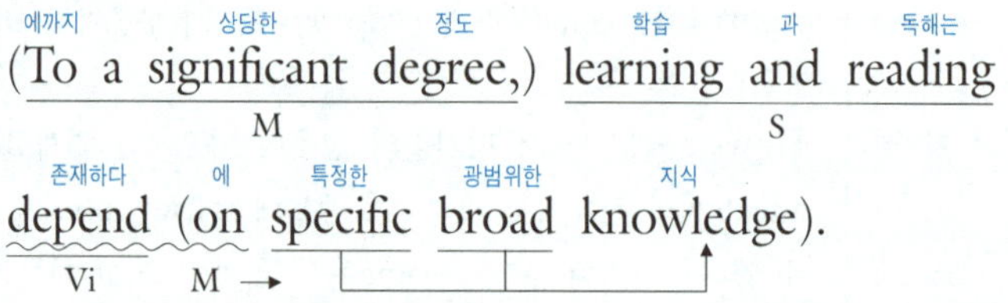

첫번째 문장과 두 번째 문장의 의미를 합쳐서 요약하면, ‘독해력과 학습 능력은 일반적인 지식(general knowledge)이 아니라 정해진 범위(definite), 특정 (specific) 지식에 의해서 결정된다’ 가 된다.

이제 이 과의 핵심인 세 번째 문장! 보어 역할을 하는 명사절에 관한 것인데, 그 전에 종속접속사 whether부터 살펴보자.

$$\underline{\text{The}\quad\text{question}}_{S}\ \underline{\text{is}}_{Vi}\ \overline{[\textbf{whether}\ \text{we}\ \text{should}\ \text{say}\ \text{yes}]}_{C}.$$

whether 이하의 절을 보어가 필요한 be동사 is에 연결하면 "문제는 우리가 '예'라고 대답해야 하는지 아닌지이다"라는 의미의 완전한 문장이 된다. 따라서 보어 역할을 하는 명사절을 가능하는 단서는 be동사 + that[wh-]라는 것을 알 수 있다. 이제, 세 번째 문장을 분석해 보자.

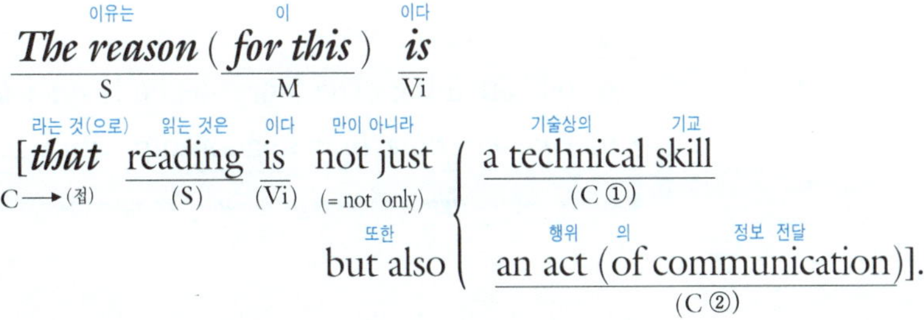

be동사 is 뒤에 있는 that이, 뒤따르는 긴 종속절을 유도하는 접속사이기 대문에 이 절은 명사절이다. "not just ～ but also …"는 "not only ～ but also …"와 같은 의미로, 약간의 변화를 준 형태에 지나지 않는다.

연습 14. 다음 글에서 밑줄 친 부분을 해석하시오.

> All the classic works for children are written in adult language, often of a very high standard of literary style. They are sometimes difficult to read. <u>The reason for this is that children's books were not written just for children.</u>

어구   classic 고전적인   work 작품   standard 수준   literary style 문어체

힌트 ☞ 세 번째 문장의 주어 reason에 붙어 있는 for this에서 this는 앞문장을 가리킨다. 문장 구조는 The reason (for this) is [that children's books were not written …].
that은 명사절을 이끄는 접속사이고, that절 전체는 is의 보어이다. were not written just for children에서 not은 just for children과 결합하여 의미를 이룬다. '단순히 어린이를 위해서 쓰여진 것은 아니다' 라는 의미. 말 속에 숨어 있는 not just…but (also) for adults '어른을 위해서도 (쓰여졌다)' 를 파악할 것.

전치사의 목적어 역할을 하는 절을 찾는다
[문장의 주요소를 파악하는 기술]

다음 글에서 밑줄 친 부분을 해석하시오.

> The novelist presents us with people. He tells us what kind of people they are, whether they are good, bad, or indifferent. Within the limits of a book he tells us what happens to the people brought to our attention. The story depends **on what they do**, and particularly **what they do** in relationship with each other.

어구 novelist 소설가   present + O(사람) + with + (사물) 사람에게 사물을 선물하다
indifferent[indífərənt] 치우치지 않다, 좋지도 나쁘지도 않다

전치사와 결합하는 (대)명사를 '전치사의 목적어'라고 한다. 따라서 문장 속에서 명사와 같은 역할을 하는 명사절도 전치사의 목적어가 될 수 있는데, 이것이 이 과의 핵심이다.

첫번째 문장은 간단하다. '소설가는 우리에게 인간이라는 것을 제공해 준다'라는 의미. 다음은 두 번째 문장과 세 번째 문장인데, 두 문장 모두에 의문사 또는 의문을 표시하는 접속사가 등장한다. tell(~을 …에게 말하다)이 두 개의 목적어(O)를 취하는 타동사이므로, 타동사 뒤에서 의문을 표시하는 절을 [ ]로 묶어 명사절로 규명하는 기술(→13과)을 활용하면 두 번째 문장은 해결할 수 있을 것이다.

소설가는　～에게 ～을 말해주다　우리(에게)
He　　tells　　us
S　　　Vt　　　IO

어떤　종류　의　인간　　사람들이　일까
[what kind (of people) they are],
DO①→　　　　　C　　　(S)　(Vi)

일까 아닐까　　　이다　선량　나쁨　또는　　　모호함
[whether they are good, bad, or indifferent].
DO②→　　(S)　(Vi)　(C①)　(C②)　　　(C③)

[what ~]절과 [whether ~]절이 tell의 직접목적어 역할을 하는 명사절이다. 세 번째 문장도 마찬가지로 what절이 tells의 직접목적어이다. bring ~ to one's attention '~을 눈여겨보다'에서 bring의 과거분사 brought는 people을 형용

사적으로 수식하고 있다.

드디어 이 과의 포인트인 네 번째 문장! 여기에도 what이라는 의문사가 이끄는 두 개의 절이 있는데, 앞에 전치사 on이 있어서 두 번째 문장과 세 번째 문장과는 조금 다르다. 이 on에 주목하자.

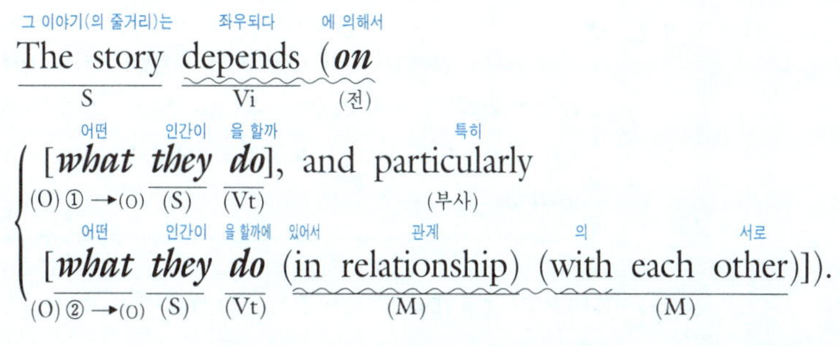

on의 목적어는 and 앞에 있는 [what they do] 전체인데, 이 절은 and 뒤에 있는 [what they do ~]절과 동일한 구조를 이루고 있다. 따라서 전치사 on이 and 전후에 있는 두 명사절을 목적어로 수반하고 있는 것이 된다. 이처럼 전치사에 연결되는 절 "S + V +"를 [ ]에 넣어서 전치사와의 관계를 분석하면 문장의 구조를 정확히 파악할 수 있다.

연습 15. 다음 글에서 밑줄 친 부분을 해석하시오.

> The difficulty when strangers from two countries meet is not a lack of appreciation of friendship, but <u>different expectations about what constitutes friendship and how it comes into being.</u>

어 구

lack 부족　appreciation[əpriːʃiéiʃən] 진가를 인정하는 것　expectation 기대　constitute[kάnstətjùːt] ~을 구성하다　come into being 발생하다

힌트 ☞

첫번째 문장에서 when절은 difficulty [when … meet] is not a lack이라는 형태로 difficulty를 수식한다. 여기에서 when은 절의 시작을 알리는 단어이고, meet과 is는 의미상, 형태상으로도 결합하지 않는 것을 알 수 있다. (from two countries)는 strangers를 수식하며, '두 나라 출신의'라는 의미. a lack of ~ '~의 결여' '~이 없는 것'. is 뒤에 있는 not과 but을 연관지으면 '~이 아니라 (오히려)'가 된다. 이 과의 포인트는 전치사 about이 두 개의 명사절 what … friends와 how … being을 목적어로 수반해서 전치사구를 형성하고 있다는 점이다. 여기에선 expectations를 수식한다. '각각의 기대' → '기대가 가지각색인 것'.

전치사의 목적어 역할을 하는 절을 찾는다

41

16 "전치사 + 명사"가 수식하는 부분을 찾는다

[문장의 주요소를 파악하는 기술]

> ***To the people of ancient Egypt***, life ***on earth*** was short. Life ***after death***, however, was eternal. Therefore they built their tombs ***of stone*** and they took their possessions ***with them into another world***.

어구

ancient Egypt 고대 이집트   eternal[itə́ːrnəl] 영원한   therefore 때문에
tomb[tuːm] 묘 possession 소유물

분석

'전치사 + 명사', 즉 전치사구를 ( )로 묶은 다음 문장의 골격을 파악해 보자. 이런 단어들을 떼어 내면, 예를 들어 첫번째 문장의 경우 Life was short.가 되어 아주 단순한 구조로 되어 있다는 것을 금방 알 수 있다.

전치사 + 명사 =전치사구는 이미 2과에서 설명한 대로 부사의 역할을 한다. 즉, 문장 속에서 수식어구(M)의 역할을 하는 것이다. 따라서 SVOC라는 문장의 골격을 파악한 다음에는 일단 ( )로 묶어 놓은 전치사구가 수식하는 부분이 어디인지를 찾아야 한다.

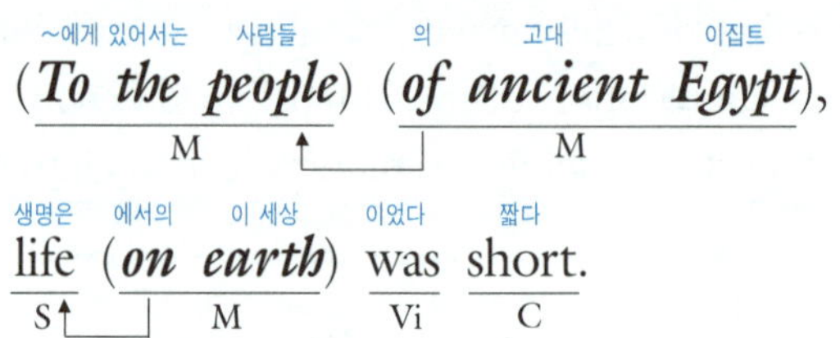

세 개의 전치사구가 있는데, 각각이 수식하는 부분을 찾아보자.

people of ancient Egypt ／ life on earth   ①

To the poeple of ancient Egypt, ~ was short.(②)

①은 바로 앞쪽에 있는 people과 life를 수식하는 형용사의 역할을 한다. 이처럼 전치사구 중에는 명사를 뒤에서 수식하는 형용사 역할을 하는 것이 있다. 또, 수식어로서가 아니라 I am in good health.와 같이 보어로서 형용사의 역할을 하는 것도 있다.

②는 부사. To에서 Egypt까지인 M은 술부를 수식한다. 이처럼 전치사구는 동사, 형용사, 부사 그리고 무엇인가를 수식하는 부사의 역할을 한다.

두 번째 문장의 (after death)는 바로 앞에 있는 life를 수식하기 때문에 ①과 같이 수식어로서 형용사의 역할을 한다고 할 수 있다.

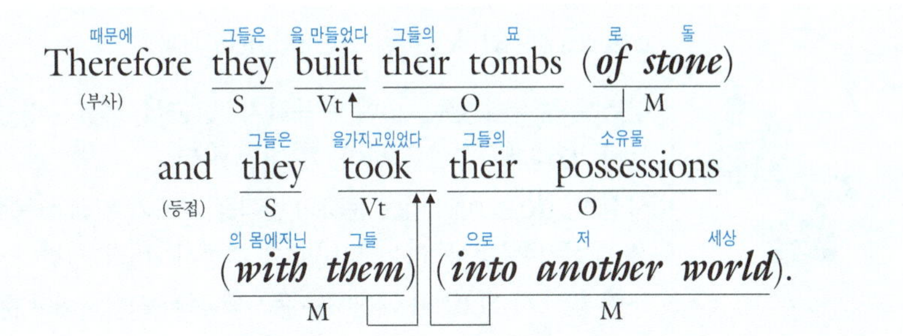

의역하면, life on earth는 '현세', life after death는 '내세'가 된다.

세 번째 문장에 쓰인 전치사구의 역할을 살펴보자.

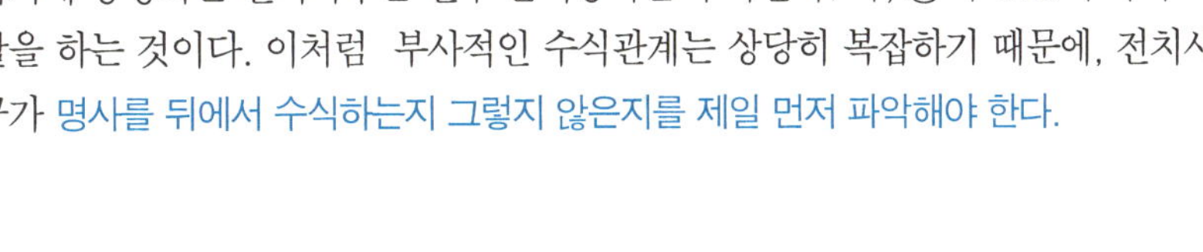

여기에 등장하는 전치사구는 전부 술어동사를 수식한다. 즉, ②와 같은 부사의 역할을 하는 것이다. 이처럼 부사적인 수식관계는 상당히 복잡하기 때문에, 전치사구가 명사를 뒤에서 수식하는지 그렇지 않은지를 제일 먼저 파악해야 한다.

해 석

고대 이집트 사람들에게 있어서 현세는 짧지만 내세는 영원한 것이었다. 때문에 그들은 돌로 자신들의 무덤을 만들고, (자신들의) 소유물을 저 세상으로 가지고 갔다.

연습 16. 다음 글에서 밑줄 친 부분을 해석하시오.

> Much has been written in the past few years about the bond between people and their pets. Pets help keep us young : they decrease loneliness, and they give us the opportunity to be needed.

어구

bond 유대, 관계   between *A* and *B* A와 B 사이에(에서, 의, 에)   decrease [diːkriːs] ~을 줄이다   loneliness 외로움

힌트 ☞

첫번째 문장의 전치사구를 ( )로 묶으면, Much has been written (in the past few years) (about the bond) (between people and their pets). ①은 술어동사를 수식한다. ②가 years에 걸리면 논리적으로 통하지 않으므로 ①과 마찬가지로 술어동사에 걸리는 것으로 파악한다. ③은 bond를 수식한다. '~ 사이의 (유대관계)'라는 의미. 두 번째 문장은 keep us young '우리를 젊게 하다'이지만, 해석할 때에는 목적어 us를 주어로 하는 것이 좋다. to be needed는 opportunity를 수식하는 형용사적인 to부정사.

"전치사 + 명사"가 수식하는 부분을 찾는다

대동사 **do**의 정체를 밝혀라 !

[문장의 주요소를 파악하는 기술]

□ 다음 글에서 밑줄 친 부분을 해석하시오.

> <u>Cultures vary, as individuals *do*</u>. The French and Chinese are noted for their cuisine, the variety of their dishes, and their interest in food, whereas English cooking has a low reputation.

어구

individual 개인   be noted for ~으로 유명하다   cuisine[kwizín] 요리법
whereas(=while) 반면   reputation 평판

분석

첫번째 문장에 있는 do에 주목하자. 단순히 '하다'라는 의미로는 뜻이 통하지 않는다. 도대체 '무엇을 한다'는 것일까?

사실 이 do는 이미 나온 동사의 반복을 피하기 위해 사용된 것으로, '이미 나온 동사를 대신하는 동사'라는 의미에서 대동사 do라고 한다. 따라서 대동사 do를 발견하면 반드시 그 **do**가 대신하는 동사의 정체를 밝혀내야 한다. 이런 경우에는,

$$
\begin{array}{c}
\text{Cultures} \quad \underline{\text{vary,}} \\
\text{S} \qquad \quad \text{V} \\
\uparrow \\
\text{as individuals} \quad \underline{\text{do.}} \\
\text{S} \qquad \qquad \text{V}
\end{array}
$$

위와 같이 세로로 나열하면 do의 정체를 쉽게 파악할 수 있다.

$$
\underset{\text{S}}{\underline{\underset{\text{문화는}}{\text{Cultures}}}} \quad \underset{\text{Vi}}{\underline{\underset{\text{다양하다}}{\text{vary,}}}} \quad [\underset{(접)}{\underset{\text{같이}}{\text{as}}} \quad \underset{\text{(S)}}{\underline{\underset{\text{개인들이}}{\text{individuals}}}} \quad \underset{\text{(V)(대동사)}}{\underline{\underset{\text{다르다}}{\textbf{\textit{do}}}}}].
$$

즉, do는 동사 vary(다양하다)의 반복을 피하기 위해서 사용된 것이다. 대체로 접속사 as와 than의 뒤에서 대동사 do의 모습을 자주 볼 수 있는데, 이 as, than 등이 대동사 do라는 것을 알려주는 신호이다.

대동사 do는 be동사 이외의 동사를 대신해서 쓰이며, 선행하는 동사 또는 동사를 포함하는 어군을 대신한다.

다음 문장도 살펴보자.

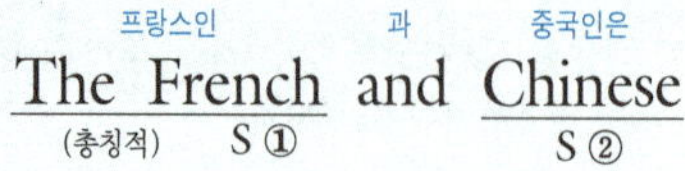

$$
\underset{(\text{총칭적}) \; \text{S} \, \textcircled{1}}{\underline{\underset{\text{프랑스인}}{\text{The French}}}} \quad \underset{}{\underset{\text{과}}{\text{and}}} \quad \underset{\text{S} \, \textcircled{2}}{\underline{\underset{\text{중국인은}}{\text{Chinese}}}}
$$

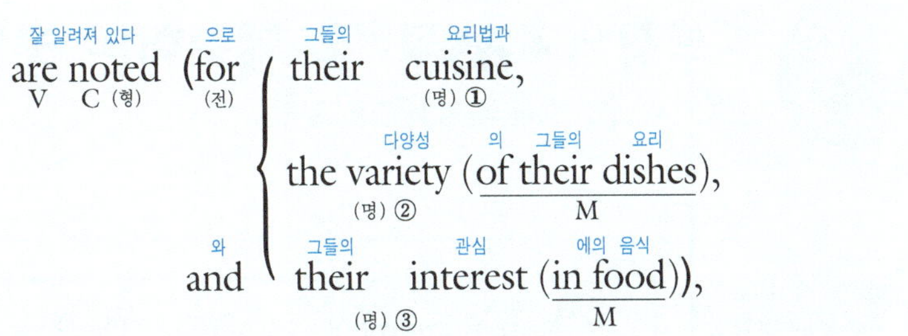

위와 같이 문법상 동일한 자격을 갖는 단어(구)를 입체적으로 나열하면, 문장의 구조를 명확히 파악할 수 있다. 어느 한 단어에 의해서 연결되는 동등한 단어(구)들 사이의 관계를 공통 관계라고 하는데, 이에 대해서는 나중에 자세히 설명하기로 하고 여기에서는 이런 방법도 있구나 하는 것만 기억해 두기 바란다.

[whereas English cooking has a low reputation].

low는 여기에서는 '나쁘다(= poor)'라는 뜻이다. '좋다(= good)'라면 high가 될 것이다.

해 석

개인에 따라 차이가 있는 것처럼 문화에도 차이가 있다. 프랑스인과 중국인은 그들의 요리법, 요리 가짓수, 음식에 대해 관심이 있는 것으로 알려진 반면, 영국 요리는 낮은 평가를 받고 있다.

연습 17. 다음 글에서 밑줄 친 부분을 해석하시오.

> Whatever the professionals tell us, pure necessity will force more men to get to know their children. In 1950 only about 10 per cent of mothers with small infants worked. Today more than half do. It is becoming harder for their husbands to avoid taking care of the children during their free time.

어구

professional 전문가   pure[pjuər] 단순한   infant 유아   avoid ~을 피하다

힌트 ☞

첫번째 문장의 whatever ... 는 양보의 부사절로서 절의 문형을 파악하면 Whatever the professionals tell us가 되므로, '뭐라고 할지라도'라고 해석한다. Whatever = no matter what. force O to *do* 'O를 ~하도록 억지로 시키다'와 get to know ~ '~을 알게 되다'가 결합해 있지만, 해석할 때에는 more men을 주어로 하는 것이 좋다. 두 번째 문장에서 with는 '~을 지니고 있다, ~이 있다'라는 의미의 전치사이고, (with small infants)는 mothers를 수식한다. 세 번째 문장의 do는 대동사이므로 앞문장으로 되돌아가서 do가 대신하는 원래의 동사를 찾는다. worked가 있는 것으로 보아 do = work. 네 번째 문장은 형식주어구문으로, It is ...for A to *do* 'A가 ~하는 것은 … 이다'의 형태로 바꿀 수 있다. avoid는 (동)명사를 목적어로 취하는 동사.

대동사 do의 정체를 밝혀라!

18 "부정어+*as*절"을 해석하는 방법

[문장의 주요소를 파악하는 기술]

In Korea argument is impolite. The Korean way enables every-one in a discussion to avoid all conflict. <u>A discussion need **never** become an argument, **as** it s often does in the West.</u> Because the point being discussed is never 'important', argument is unlikely.

어구

argument[á:rgjumənt] 논쟁   impolite[ìmpəláit] 무례한   discussion 토론
conflict[kánflikt] 충돌   be unlikely 일어날 것 같지 않다

분석

굉장히 손대기 어려운 문장이 나왔다. 특히 밑줄 부분은 정직하게 해석해서는 안 되는 전형적인 예이다. 하지만 어떠한 문장이든 S와 V를 찾아낸 다음 문장의 주요소를 파악해 나가면 길은 열리기 마련이다. 먼저 첫번째 문장부터 보자.

에서 | 한국 | 논쟁하는 것은 | 이다 | 무례한
(In Korea), argument is impolite.
M | S | Vi | C

이 문장은 간단하니까 건너뛰고, 두 번째 문장으로 넘어가자.

한국 | 방법 | ~이 ~할 수 있다
The Korean way enables
(무생물) S → 부사적으로 해석 | Vt

모든 사람(이) | 중의 | 토론 | 도록 | ~을 피하다 | 모든 | 충돌
everyone (in a discussion) to avoid all conflict.
O → S 로 해석 | M | C(부정사)(Vt) | (O)

주어가 사람과 같은 생물이 아닐 경우, 그 주어를 무생물주어라고 한다. 이럴 때에는 주어를 부사로 해석하고 문장 속에 있는 목적어를 주어로 해석하면 자연스러운 문장이 된다. 위의 문장이 그 예로, "S(무생물주어) + enable + O + to부정사"의 구조로 이루어져 있다. 이는 원래 'S는 O가 ～하는 것을 가능하게 하다'라는 구문인데, 'S 때문에 O는 ～ 할 수 있다'라고 해석한다.

드디어 밑줄 부분. 이 과의 핵심인 "부정사 + 양태의 as절"을 해석하는 방법인데, 이 양태의 as를 '～같이'라고만 알고 있다면 낭패를 당하기 십상이다. 이 문장에 등장하는 as도 그런 식으로 해석하면 이해하기 어려워지는 전형적인 예이다.

토론은 | 필요가 ~없다 | 결코 | 되다 | 논쟁
A discussion need ***never*** become an argument,
S | (조) | (부정부사) | Vi | C

같이는 〔토론이〕　　　자주　　되다　에서　　　　서양
[as it so often does (in the West)].
　(접)　(S)　　(부사구)　　(V)(대동사)　　(M)

"부정어 + [as + S + V]"에서 as를 '~ 같이'라고 해석하면 '서양에서는 논의가 된다'인지 '서양에서는 논의가 되지 않는다'인지 애매해진다. 대단한 것은 아니지만, '~과는 달리'라든지 '~같이는'이라고 하면 이해하기 쉬울 것이다.

그리고 V인 does는 이미 설명한 바 있는 대동사로서, becomes an argument(Vi + C)를 대신하고 있다.

　　　　　　때문에　　　　　요점이　　　　있다　　　토론되고
[Because the point being discussed
　　(접)　　　　(S)　(명)　　　(현분)　(과분)

이다 결코 ~않다　　　　중대　　　　　논쟁은　　　일어날 것 같지 않다
is never 'important',] argument is unlikely.
(Vi)　(부정부사)　　　(C)　　　　S　　　Vi　　　C

because절을 [ ]에 넣으면, 남는 argument is unlikely가 주어라는 것을 알 수 있다.

 다음 글에서 밑줄 친 부분을 해석하시오.

> "That is easy to understand, Dad," said the daughter. "Anything that can be handled, even if softer than butter, is called solid. <u>So water is not solid, for I can't take up a pinch of it in my fingers as I can with sand.</u>"

어구
handle ~을 손으로 다루다　even if 비록 ~라고 해도　solid 고체(의)　take up ~을 집어 올리다　a pinch of 소량의

힌트
to uderstnd '이해하는 데'의 의미로, easy를 수식하는 부사적 용법의 to 부정사. Anything 다음의 that은 관계대명사의 주격(→22과)이며, Anything that... '…인 것은 뭐든지'. even if 뒤에 it is가 생략되어 있다(→43과). Anything ... is called solid.의 call은 call OC의 형태를 취하며, 'O를 C라고 말하다(생각하다)'라는 의미. solid가 명사인 경우에는 가산명사로서 a solid와 같이 사용되지만, 본문에서는 a가 없기 때문에 형용사로 판단한다. for는 접속사(→5과)로 '왜냐하면'. 포인트는 can't~ as I can ... 로서 as 앞에 not이 있는 것에 유의해서 '~와는 달리' '~는데' 정도로 해석한다. 조동사 can 뒤에 동사의 원형을 보완해 넣으면(→42과), I can = I can take up (a pinch of sand in my fingers)라는 의미가 된다. with sand '모래에 대해서는' '모래의 경우에는'.

19 과거완료의 '기준이 되는 기준시'를 찾아라 !

[문장의 주요소를 파악하는 기술]

> Although the world *was* known by educated people to be a sphere, nobody ***had been*** all the way around it, and in Columbus's time nobody knew how big it was.

educated 교육을 받은   be all the way around ~을 일주하다

문장의 골격인 술부동사(V)를 '시제'에 주목해서 찾는 기술에 대해서는 이미 잘 알고 있을 것이다. 영어는 '시제' 개념이 매우 중요하다. 특히 현재완료와 과거완료는 우리 나라에 없는 개념이기 때문에 상당히 이해하기 어려운 용법이다. 그러나 영어에는 항상 '시제'가 나타나 있기 때문에 '시간'의 흐름을 파악하면서 읽어 나가면 문장의 흐름을 쉽게 이해할 수 있다.

현재완료는 '현재를 기준'으로 과거의 한 시점에서 현재까지의 모든 시간을 포함한다. 이것과 마찬가지로 과거완료에도 '기준이 되는 기준시'가 있다. '과거의 한 시점을 기준'으로 그때까지 완료된 것, 경험한 것, 계속되고 있는 것을 나타내는 것이 과거완료이다.

예문에서 과거완료형(had + 과거분사)이 사용되어 있는 부분에 주목하자.

누구도　　한 사람은 없었다　　　을 일주해서　　　　세계
~, <u>nobody</u> ***had been*** <u>all the way</u> (around it), ~
　　　　S　　　　V　(과완)

'누구도 지구를 일주한 사람은 없었다'는 의미인데, 왜 had been이라는 과거완료형이 쓰였을까? 이것은 '과거의 한 시점'까지 '누구도 지구를 일주한 사람은 없었다'는 것을 의미한다. 따라서 기준이 되는 '과거의 한 시점'이 반드시 있을 것이다. 과거완료시제가 발생하기 위해서는 반드시 기준이 되는 '과거의 기준시'가 조건으로 제시되어야 하며, 대개의 경우 동일 문장 속에 과거동사나 과거를 나타내는 부사(then 등) 또는 과거를 나타내는 어떤 암시가 들어 있다.

그렇다면 위의 문장 속에 제시되어 있는 과거의 '기준시'는 무엇일까?

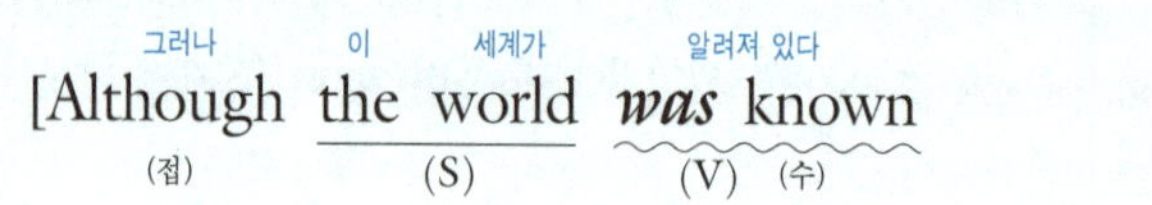

에 의해서　교육을 받은　　사람들　　　이라는　　　구

(by educated people) to be a sphere,] ~

(M)　　　　　　(C) (부정사)

was known(과거 수동태) '알려져 있다' 가 '기준시' 이다. 즉, '지구가 둥글다는 것은 알려져 있었다(was known)' 인데, '그 때까지 지구를 일주한 경험이 있는 사람은 아무도 없었다(had been)' 는 것이다. 이것을 그림으로 표시하면,

(had been)　　　　　　　　(was known)

기준시보다 이전 시점　　　　과거의 한 시점(기준시)

이와 같이 과거완료가 쓰인 경우에는 의식적으로 '기준시' 로 돌아가서 시간 관계와 전후 관계를 확인해야 한다. and 이하도 살펴보자.

에는　　　콜롬부스의　　　　시대　　아무도 알지 못했다 어느

and (in Columbus's time) nobody knew

M　　　　　　　　　S　　　Vt

정도로　　큰　　세계가　일까

[how big it was].

O

knew와 was가 과거형이다. 이것은 시간적으로 '동시' 라는 것을 나타내므로 '(어느 정도) 큰지를 알지 못했다' 라고 해석한다.

It happened so quickly, so unexpectedly, that Little Jon's cry was almost instantly cut short as the blackness closed over him. <u>No one knew the hole was there. It hadn't been there the day before and in the twilight no one had noticed it.</u>

교육을 받은 사람들은 이 세계(지구)가 구(球)라는 것을 알고 있었지만, 그 때까지 어느 누구도 세계를 일주한 사람이 없었고 콜롬부스 시대에는 세계가 어느 정도로 큰지 아무도 알지 못했다.

연습 19. 다음 글에서 밑줄 친 부분을 해석하시오.

어구

unexpectedly[ʌ̀nikspéktidli] 돌연　　cut＋O＋C　O를 C의 상태로 만들다　close over 엄습하다　the day before (그) 전 날　twilight[twáiláit] 저물녘

힌트 ☞

서두의 It은 문장을 읽어 나가면 알 수 있는 종류의 it이다. blackness, hole이 있는 것으로 보아 리틀 존이 구멍에 빠진 모양이다. so ~ that ... '매우 ~ 해서 …' (→52과), short은 보어로 쓰인 형용사. cry was cut short '비명이 차단되었다'. 접속사 as는 이 경우 '(그 때 동시에) ~ 이 발생하다' 와 같이 쓰였다. knew 뒤에 that을 보완해서 No one knew [(that) the hole was there].로 파악한다(→12과). 포인트는 두 개의 과거완료인데, knew, was, hadn't been, had noticed의 술어동사와 그 시제에 유의한다. knew, was 가 과거완료의 기준시가 된다.

과거완료의 '기준이 되는 기준시' 를 찾아라 !

대부정사 **to**에 숨겨진 원형의 정체를 밝혀라 !
[문장의 주요소를 파악하는 기술]

> The important thing is to make sure each child has a chance to join in the fun if he wants *to*. It is a waste of time to try to force him to play.

어구

make sure + S + V　S가 반드시 ～하도록 하다　join in ～에 참가하다　a waste of time 시간 낭비　force + O + to *do*　O에게 억지로 시키다

대동사 do는 앞서 설명한 바와 같이 동사의 반복을 피하기 위해서 사용하는 용법이다. 이 과에는 이미 사용한 동사가 to부정사 속에서 중복되는 것을 피하기 위해서 사용하는 대부정사가 등장한다.
첫번째 문장 if절에 이 대부정사가 나타난다.

　　　if he wants to

이 절 속에 있는 문장의 골격은 '그는 원하다' 이다. 그러면 무엇을 원한다는 것일까? want 뒤에는 "want + to부정사"의 to만 있고 동사가 없는데, 이것이 바로 동사원형은 생략하고 to만 남기는 대부정사의 용법이다. 그렇다면 이 to 속에 숨겨진 동사원형은 어디에 있는 것일까?
그런데 중복을 피해서 생략할 수 있다는 것은 생략해도 의미가 통한다는 뜻일 것이다. 즉, 정확히 이것이로구나 하고 알 수 있는 동사가 가까이에 존재한다는 것이다. 결국 중복을 싫어하는 영어의 특성 때문이므로 앞부분을 살펴보면 그 정체를 파악할 수 있다.

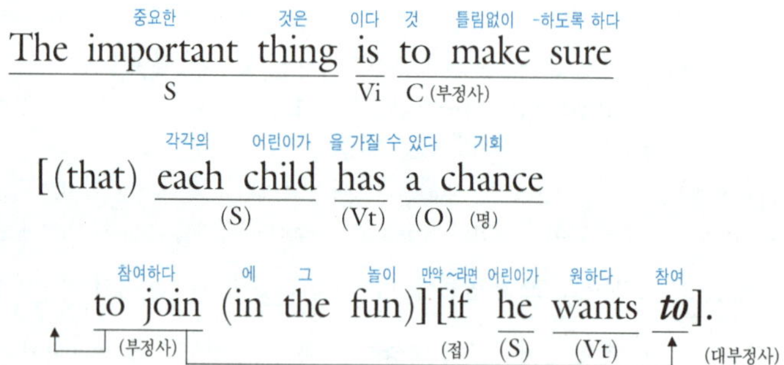

앞에 join이 있다. 대부정사 to가 to join을 대신하는 것이라면, if절의 의미는 '만약 어린이가 참여하고 싶어한다면' 이 되어 문장의 흐름이 매끄러워진다. 따

라서 to가 to join을 대신한다는 것을 알 수 있다. 이처럼 대부정사 to를 발견하면 반드시 숨어 버린 원래의 동사원형을 찾아내는 것이 중요하다.

다음으로 넘어가 보자.

은 이다　　　 낭비　 의　 시간
It is a waste (of time)
S (가) Vi　　 C　　　 M

것(은)　 억지로 시키려고 하다 어린이가 하도록　　　 놀다
(to try to force him to play).
S(진)→(부정사)　 (Vt)　 (O)　 (C)(부정사)

이것은 나중에 자세히 설명할 "It ~ to부정사"의 형식주어구문이다. 여기에서는 일단 It은 형식적인 주어이고 구체적인 내용을 가리키는 진짜 주어는 to부정사 이하에 있다는 것만 기억해 두자.

"force + O + to부정사"는 'O에게 강제로 ~ 하도록 시키다' 라는 의미의 중요한 관용구이다.

해 석

중요한 것은 개개인의 어린이들이 놀이에 참여하고 싶어하면 참여할 수 있는 기회를 틀림없이 가질 수 있도록 해두는 것이다. 어린이를 강제로 놀게 하는 것은 시간 낭비이다.

연습 20. 다음 글에서 밑줄 친 부분을 해석하시오.

It is necessary in America to go out and search for interesting things, and to arrange for them. They do not happen, as they seem to in other places, of their own accord. People do not come in uninvited for a talk, and there are not many places where people gather without previously making plans because Americans live privately.

어 구

search for ~을 찾다　 arrange for ~의 준비를 갖추다　 of one's own accord 자연히　 previously[prí:viəsli] 사전에　 privately 타인과 관계없이 (내밀히)

힌트

첫번째 문장은 형식주어구문 It is ~ to *do*이다. to부정사가 to go out and search for ~ '나가서 ~을 찾다' '~을 찾기 위해서 나가다' 와 to arrnge… 의 두 to부정사가 It의 진주어이다. 두 번째 문장의 of their own accord는

They do not happen,
as they seem to (happen) …,　 } of their own accord. 로 동사(happen)와

대부정사 to에 연결된다. to는 바로 앞에 happen이 있는 것으로 보아 to happen으로 바꿀 수 있다. 형용사 uninvited (초대받지 않고서)는 do not come에 해당하는 (주격)보어이다. where는 places를 선행사로 하는 관계부사이고, where 이하는 형용사절이 되어 places를 수식한다. without은 전치사로서 동명사 making을 목적어로 취하고 있다. previously는 making을 수식하는 부사.

대부정사 to에 숨겨진 원형의 정체를 밝혀라!

51

연습문제 해석

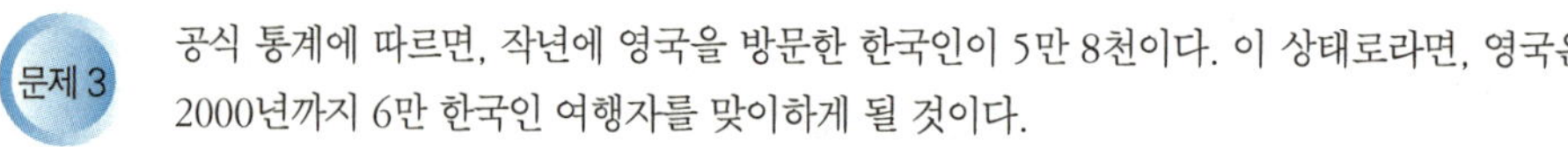

문제 3 공식 통계에 따르면, 작년에 영국을 방문한 한국인이 5만 8천이다. 이 상태로라면, 영국은 2000년까지 6만 한국인 여행자를 맞이하게 될 것이다.

문제 4 인간의 언어는 신호를 하기 위한 체계이다. 그것은 음성을 도구로 사용한다. 본질적으로 언어는 입에서 나오는 말이라는 것을 상기해야 한다. 문어체는 이차적이고 파생적이다.

문제 5 유럽 항해자들은 무서웠던 탓에 곧장 서쪽으로 항해해서 이 광대한 미지의 세계로 들어갈 수 없었다. 아시아로 향하는 그 길은 너무 멀게 느껴졌다. 왜냐하면 그곳으로 갔다가 다시 돌아와야 했기 때문이다.

문제 6 2천년 후 모든 장군들과 정치인들이 잊혀지는 일은 있어도, 아인슈타인, 퀴리 부인, 버나드쇼 그리고 스트라빈스키 덕택에 우리 사회가 잊혀지는 일은 없을 것이다.

문제 7 서구의 배경을 지닌 선진국조차, 마침 소국이라면, 많은 목적에서 외국어를 사용하는 것이 필요하다고 생각하는 경우가 자주 있다.예를 들어 덴마크의 학자는 한정된 수의 내국인을 위해서 덴마크어로 출판하기보다는 세계의 독자를 위해서 영어로 출판하는 것이 상책이라고 생각할 것이다.

문제 8 연하게 소금을 가미한 파삭파삭한 감자칩은 미국인들이 아주 좋아하는 스낵이다. 그것은 어떤 남자가 (프렌치)프라이드 포테이토를 가공해서 만들어낸 변종으로 뉴잉글랜드에서 시작되었다. 그리고 그것이 만들어진 계기는 갑자기 나타난 요리법 발명의 결과가 아니라 발끈한 결과이다.

문제 9 소리를 내서 책을 읽는 것은 문화를 전달하는 수단일 뿐만 아니라 교육 수단이기도 하다. 교육 수단으로써 소리를 내서 책을 읽는 것은 문장어를 좀더 정확하게 좀더 잘 이해하는 데에 도움이 된다.

문제 10 내가 국제화에 대해서 말할 때는 외면상의 생활 양식을 바꾸는 것이 아니라 내면적인 새로운 태도를 개발하는 것을 의미한다. 우리의 동기부여는 현대 상황에 맞추지 않으면 안 된다.

문제 11 런던에 처음 온 사람은, 특히 예를 들어 파리에서 온 경우, 처음에는 조금 시시하다고 생각한다. 그러나 이후 그 도시(런던)를 답사하고 친구를 사귀기 시작하는 동안에 그(런던) 독자적인 특별한 친밀함과 매력이 있다는 것을 깨닫는다.

문제 12 전형적인 미국의 10대들은 사실상 지극히 평범하다. 그들은 (자신들의) 선생님들이 지나칠 정도로 심하게 공부시킨다고 생각하고 있으며 자신들의 양친을 사랑하지만 부모는 아무 것도 모르고 있다고 확신한다. 그리고 그들의 우정은 인생에서 가장 중요한 것이다.

문제 13

물이 어떻게 이용되는가는 공급에 영향이 있다. 건조한 지역 중에는 지하수가 관개에 이용되는 곳이 있다. 이 물의 대부분은 수증기로 바뀌어, 식물이나 대지의 표면으로 사라진다.

문제 14

어린이를 위한 모든 고전 작품은 어른의 언어, 게다가 종종 매우 높은 수준의 문어체로 쓰여져 있어서 읽기 어려울 때가 있다. 그 이유는 아동용 책이 어린이를 위해서만 쓰여진 것이 아니기 때문이다.

문제 15

두 나라 출신의 서로 모르는 사람들이 만날 때의 문제는 우정에 대한 평가의 인식이 없는 것이 아니라, 무엇이 우정을 구성하고 어떻게 해서 우정이 생겨나는가에 대한 기대가 가지각색이라는 것이다.

문제 16

지난 몇 년 동안, 사람과 애완 동물 사이의 유대 관계에 관해서 많이 쓰여져 왔다. 애완 동물 덕분으로 우리는 젊음을 유지할 수 있다. 그들 덕분에 외로움이 줄어들고 자신이 필요한 존재가 될 기회를 얻을 수 있는 것이다.

문제 17

전문가가 우리에게 뭐라고 하든지 간에, 단순히 필요에 쫓겨서 자신의 아이들과 어울릴 수밖에 없는 남성들이 늘어날 것이다. 1960년대에는 어린 아이를 떠맡은 어머니 중에서 일하는 사람이 약 1%에 지나지 않았다. 오늘날에는 5%를 넘는 어머니들이 일을 하고 있다. 남편들이 한가한 시간에 아이들을 돌보지 않고 지내는 것이 훨씬 어려워지고 있다.

문제 18

'이해하기 쉬워, 아빠. 설령 버터보다 연하다고 해도 손으로 만질 수 있는 것은 뭐든지 다 고체라고 불러. 따라서 물은 고체가 아니야. 모래는 손가락으로 잡을 수 있지만, 물은 잡을 수 없는걸.' 하며, 딸이 말했다.

문제 19

그것은 실로 재빨리 그리고 갑자기 일어났기 때문에 어둠이 그를 엄습함과 동시에 리튼 존의 비명은 거의 순식간에 차단되었다. 그곳에 구멍이 있으리라고는 아무도 알지 못했다. 전날에는 그곳에 없었고, 노을이 질 때에는 누구도 구멍에 대해서 알아차리지 못했다.

문제 20

미국에서는 외출해서 재미있는 것을 찾고, 더욱이 준비하는 것이 필요하다. 그러한 것이 다른 곳에서는 자연스럽게 발생하는 것처럼 보이는 것과는 달리 저절로 일어나는 것은 아니다. 사람들은 초대받지 않으면 대화에 끼여들지 않는다. 미국인은 타인과 관계없이 생활하기 때문에 사전에 계획하지 않고서 사람들이 보이는 장소는 많지 않다.

관계사절 파악

21~33

21. 관계사의 세력 범위는 떨어져 있는 **V**로 파악한다 [관계사절 파악]

> A child ***who starts to talk*** is making a very bold leap into the world. Anyone ***who has learned a foreign language at home, and then used it for the first time in a foreign country***, has felt for himself how bold and risky this leap is.

a bold leap 대범한 도약   at home 모국에서   for the first time 처음으로   for oneself 혼자 힘으로   risky 위험한

이 과부터는 관계사절을 파악하는 방법에 대해 알아보고자 한다. 그 전에 관계사에 대해 간단히 복습해 보자. 절 앞에 위치하는 관계사는 선행하는 명사를 대신해서 대명사나 부사 등의 역할을 하고 또 자신이 이끄는 절을 선행하는 명사에 접속시키는데, 이러한 관계사가 이끄는 절을 관계사절이라고 한다.

사실, 이 관계사절도 전치사구나 종속접속사가 이끄는 종속절과 마찬가지로 문장의 구조를 복잡하게 만드는 주범이다. 따라서 전치사구와 종속절을 ( )와 [ ]로 묶는 것처럼, 관계사절의 세력 범위도 [ ]로 묶으면 문장의 골격을 정확히 파악할 수 있게 된다. 관계사를 발견하면 그 세력 범위를 정확히 파악하는 것, 이것이 중요하다. 그럼, 첫번째 문장부터 살펴보자. 관계대명사 who의 세력 범위는 어디까지이고, is making의 주어는 무엇일까?

$$\underset{S}{\text{A child}}\ \underset{\text{(관대)(S)}}{\text{유아는 (그 사람은)}}\left[\underset{\text{(Vt)}}{\underset{\text{을 시작하다}}{\textit{who starts}}}\ \underset{\text{(O) (부정사)}}{\underset{\text{것 말하다}}{\textit{to talk}}}\right]$$

유아는　(그 사람은)　을 시작하다　것　말하다
A child [***who starts to talk***]
　S　(관대)(S)　(Vt)　(O) (부정사)

발을 내딛고 있다　매우　대범한　첫 걸음　으로의　인간의　세계
is making a very bold leap (into the world).
Vt (진행)　　O　　M

to talk는 starts의 O이기 때문에 is making의 S가 될 수 없으므로, talk와 is making 사이에 '틈'이 생긴다는 것을 알 수 있다. 이렇게 틈이 생기는 곳, 즉 관계사와 거리를 두고 떨어져 있는 V(술어동사)까지를 [ ]로 묶으면 관계대명사 who의 세력 범위를 정확히 파악할 수 있는데, 이것이 관계사절의 세력 범위를 파악하는 요령이다. 그리고 명사 뒤에 연결되는 관계사절은 형용사적인 종속절이다.

따라서 a child를 형용사적으로 수식하여 '어떤 유아일까'를 설명하는 부분이

who의 세력 범위가 되는 것이다.

두 번째 문장도 같은 구조를 이루고 있다. 관계대명사 who의 세력 범위를 파악하는 요령은 앞서 설명한 대로 관계사와 떨어져 있는 V를 찾아내는 것이다. 먼저, used는 and에 의해서 learned와 연결되어 있고 또 has와 결합하므로, 이것은 아니다. 그렇다면, has felt는 어떨까? 바로 앞에 있는 단어(country)는 전치사 in의 목적어이기 때문에 has felt의 주어가 될 수 없다. 따라서 has felt 앞에 '틈'이 생긴다.

해 석

말을 하기 시작한 유아는 인간 사회에 실로 대담한 일보를 내딛고 있다(는 것이다). 국내에서 외국어를 배운 뒤 외국에서 처음 사용해 본 적이 있는 사람이라면 누구나, 이러한 비약이 얼마나 대범하고 모험적인가를 실감하게 된다.

틈이 생기는 부분까지 [ ]로 묶은 다음 전치사구와 함께 떼어 내면, Anyone has felt [how ~].라는 문장의 골격이 분명해진다.

연습 21. 다음 글에서 밑줄 친 부분을 해석하시오.

> In England one of the 'safest' subjects is the weather. <u>Two Englishmen who meet for the first time and do not wish to get into an argument often talk about the weather.</u> Then they say only the most obvious things — 'A bit cold today, isn't it?'

어 구

subject 화제   argument[á:rgjəmənt] 토론   obvious[ábviəs] 명백한

힌트 ☞

첫번째 문장은, (of the … subjects)로 묶으면 one이 is의 주어인 것이 명확해진다. 두 번째 문장이 포인트인데, 먼저 who의 앞부분부터 [ ]로 묶고 출발한다. 관계대명사 who의 술어동사는 meet와 do not wish … 이기 때문에 talk은 주어와 헤어진 술어동사이고 주어는 Englishmen. often은 talk을 수식하는 부사이므로 who의 세력 범위는 argument까지이다. wish는 '～을 희망하다'라는 의미의 타동사이며, to get into argument '토론을 시작하는 것'을 목적어로 수반하고 있다. 세 번째 문장에서 only는 '단지 ～만'이라는 뜻의 부사인데, '단지 ～라고 말하다'라고 하면 부자연스러우므로 '～라고만 말한다'라고 한다.

22 V앞에 있는 **which, that**은 주격

[관계사절 파악]

□ 다음 글에서 밑줄 친 부분을 해석하시오.

> From the point of view of the individual, he should do the work *which* makes the best use of his abilities. In fact people are found to choose the jobs which require their abilities and in vocational guidance this is one of the main considerations.

어구

from the point of view of ~의 견지에서   make the best use of ~을 최대한 이용하다   vocational guidance 직업 선택의 지도

분석

관계대명사에는 주격, 소유격, 목적격이라는 '격'이 있다. 격이란 (대)명사와 다른 어구와의 관계를 나타내는 단어의 형태를 일컫는 것인데, 관계대명사도 자신이 이끄는 관계사절 속에서 맡은 역할에 따라 '격'이 결정된다. 단어의 형태는 격에 따라 who, whose, whom으로 변하며. 주어 역할을 하면 주격, 목적어 역할을 하면 목적격이라고 한다.

관계대명사를 발견하면 반드시 그 '격'을 따져보아야 하는데. who, whose, whom과는 달리 which와 that은 주격과 목적격의 형태가 같기 때문에 단어의 형태로는 '격'을 판단할 수 없다. 그래서 which, that의 격을 파악하는 방법에 대해 알아보고자 한다.

(From the point) (of view) (of the individual),

he should do the work

[*which* makes the best use (of his abilities)].

( )와 [ ]로 묶으면, '사람은 일을 해야 한다' 라는 주절의 골격을 파악할 수 있다. 다음은 which 이하의 종속절. which가 주격이라면, 관계사절 속에서 S의 역할을 하기 때문에 바로 뒤에 V가 올 것이다. 바로 뒤에 makes라는 V가 있는 것으로 보아, 이 which는 주격이라는 것을 알 수 있다. which의 선행사가 the work이므로, 의미 관계를 파악하면 '그것(그 일)은 그 사람이 지니고 있는 다방면의 재능을 최대한 이용한다.' 가 된다.

실제로 　사람들은 　(～다)라고 알려지다 　을 고르다 　일
(In fact) people are found to choose the jobs
M　　S　　V (수동)　　C (부정사)(Vt)　　(O) (선)

(그것은) 　을 필요로 하다 　자신의 　능력
[***which* require their abilities**]
(관대) (S)　(Vt)　(O)

이 which도 바로 뒤에 V(require)가 있으므로 주격이다. 즉, which가 require의 S이므로 '그 일(the job)이 자신의 능력을 필요로 한다.'가 된다. that도 마찬가지로, 뒤에 V가 있다면 '주격'. are found to choose 부분은 "find + O + to부정사" (O가 ～ 하는 것을 알 수 있다)의 수동태 형태이다. 이제 and 이하의 구조로 넘어가 보자.

따라서 에 있어서는 　취직의 　지도
and (in vocational guidance)
(등접)　　M

이상의 것은 이다 하나의 중의 　주요한 　고려 사항
this is one (of the main considerations).
S　Vi　C　　M

연습 22. 다음 글에서 밑줄 친 부분을 해석하시오.

> People who already know a lot tend to learn new things faster than people who do not know very much. Mainly this is because knowledgeable people will have less to learn ; they already know many of the key elements in the new concept. In learning about a railroad, for instance, they possess a large amount of related knowledge that makes it unnecessary to explain a lot of secondary facts about how wheels work, what the nature of iron is, and so on.

어 구

tend to *do* ～하는 경향이 있다　key 중요한　element 요소　possess ～을 소유하다　a large amount of 다량의　nature[néitʃər] 성질

힌트 ☞

첫번째 문장에서는 [who already … lot] '이미 많은 것을 알고 있다'와 [who do not … much] '그다지 많은 것을 알지 못하다'의 두 형용사절을 [ ]에 넣을 것. 두 번째 문장의 because 이하는 is의 보어이다. to learn은 less를 수식하는 형용사적 용법으로 '배울 만한～'. in the new concept(새로운 개념에 있어서)는 elements를 수식한다. will은 추측의 의미를 지니는 조동사. 세 번째 문장에서는, that 뒤에 makes라는 V가 있으므로 that을 관계대명사의 주격으로 파악하는 것이 포인트. 전치사 about(～에 대해서)는 how절, what절을 목적어로 수반하고 있다(→13과).

V 앞에 있는 which, that은 주격

59

S+V 바로 앞에 있는 **which, that**은 목적격 [관계사절 파악]

❏ 다음 글에서 밑줄 친 부분을 해석하시오.

> Population experts project that the world's inhabitants may reach 20 billion in the next century. But they warn that <u>this may be the maximum population **that** the earth can sustain</u>. When we have reached this limit, what will happen to the human species?

어구

population experts 인구 문제에 관한 전문가　project ~을 예측하다　a billion 10억　sustain [səstéin] (생명, 가족)을 유지하다　the human species 인류

관계대명사 which, that의 뒤에 V(술어동사)가 오면, 그 관계대명사는 '주격'이라는 것을 앞서 살펴보았다. 이 과에서는 which, that이 목적격으로 사용되는 경우, 그 파악 방법에 대해서 알아본다.

관계대명사가 관계사절 속에서 목적어 역할을 하는 경우, 그 관계대명사는 '목적격'으로 쓰인 것이다. 또한 which, that의 바로 뒤에 S + V가 연결되는 경우에도 '목적격'이라는 것을 짐작할 수 있는데, 이런 경우, 타동사의 O인가, 전치사의 O인가는 절의 문형을 분석하면서 파악해야 한다.

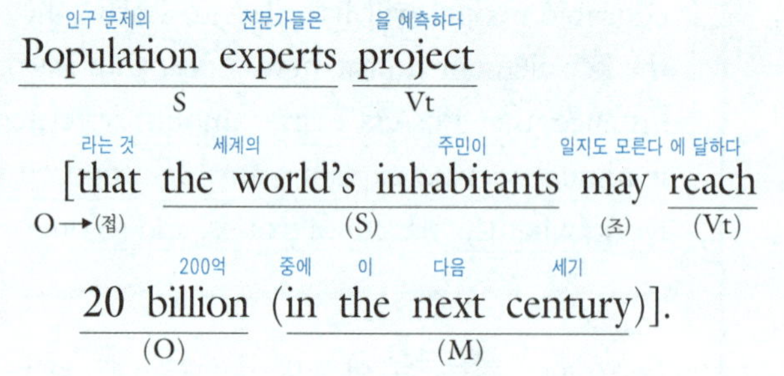

여기에서는 V 뒤에 오는 [that S + V + X]가 종속절이라는 것과, 이 종속절이 종속접속사 that이 이끄는 명사절이라는 것을 파악하는 것이 중요하다. 첫번째 문장에서 [that S + V + O]는 타동사 project의 O 역할을 하는 명사절이다(→11과).

두 번째 문장의 두 that 중에서 첫번째 that은 타동사 warn의 O 역할을 하는 명사절을 이끄는 접속사이다.

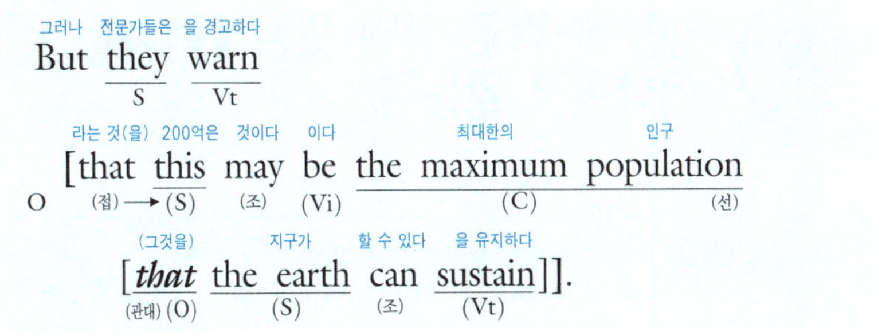

두 번째 that이 이 과의 포인트! 이 that 이하의 (종속)절은 the maximum population에 직접 연결되어 있고, 문미에 있는 타동사 sustain에는 O가 필요하다. 만일 that이 이 목적어의 역할을 한다면 문장의 형태는 완전해진다. 사실 이 that은 절 속에서 O의 역할을 하는 관계대명사의 목적격이고 선행사는 the … population으로서, 의미 관계를 파악하면 '지구는 <u>최대한의 인구를</u> 부양할 수 있다.'가 된다.

세 번째 문장에서는 when 이하의 종속절의 시제(have reached)에 주목하자. 미래의 일을 서술하고 있지만, '시간'을 나타내는 부사절 속에서는 현재(완료) 시제를 사용한다.

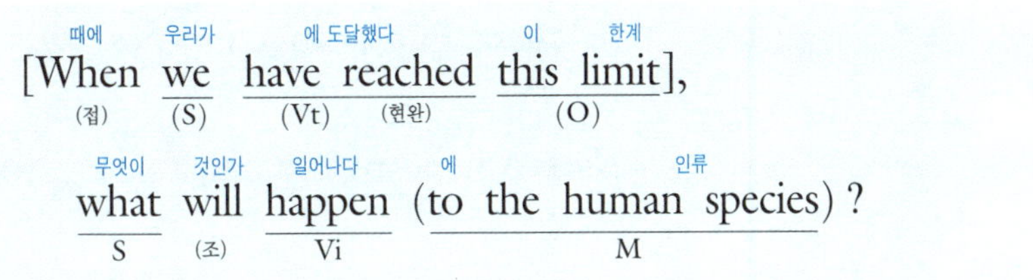

연습 23. 다음 글을 해석하시오.

Each whale has its own characteristic song but composes it from themes which it shares with the rest of the whale community.

어구

characteristic[kæriktərístik] 특유의   compose ~을 작곡하다   theme[θi:m] 테마(곡)   share ~with … ~을 …와 공유하다

힌트 ☞

own(자기 자신의), characteristic(특유한)은 둘 다 형용사이지만, 합쳐서 '독자적인' '그 특유한'이라고 해석했다. composes it from ~은 '그것(노래)을 ~로부터 만들다' 지만, 해석할 때에는 수동태로 바꿔서 해석한다. 포인트는 which. 뒤따르는 it shares (with ~)에서 shares '~을 공유하다'의 목적어 역할을 하는 것은 which이다. which의 선행사는 themes이다. 여기에서 the rest of ~ '그 외의 사람(것)'은 '다른 노래'를 일컫는다.

S+V 바로 앞에 있는 which, that은 목적격

□ 다음 글을 해석하
시오.

> In **those** European countries **that** Americans are most likely to visit, friendship is quite sharply distinguished from other, more casual relations, and is differently related to family life.

어구

be likely to *do* ~할 것 같다   distinguish + O + from ~ O를 ~과 구별하다
relate + O + to ~ O를 ~에 관련시키다

첫번째 문장을 보자. 서두에 In those European countries가 있는데, 이 those를 보면 '그들(의)'이라고 해석하고 싶어질 것이다. 하지만 잠깐만! 이 those는 다른 용법이다.

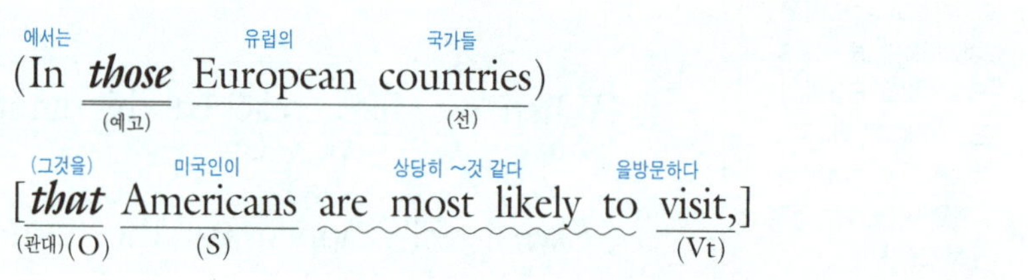

that의 뒷부분이 S + Vt인 것으로 보아, 이 that은 타동사 visit의 목적어 역할을 하는 관계대명사의 목적격이라는 것을 알 수 있다. that의 선행사는 European countries이고, 이 선행사를 수식하는 those는 앞에 나온 어구를 가리키는 것이 아니라 단순히 뒤에 관계사가 이어지는 것을 예고한다.
those는 선행사가 단수라면 that이 되고,

that [those] ......who / which / that ~
(예고)

의 형태를 이루어, 관계사절이 뒤따른다는 것을 예고하는 역할을 한다. 군이 강조해서 해석하면 '(~인) 그의'…라든지 '(~하는) 예의'…가 되겠지만, 해석하지 않는 편이 무난하다.
관계사절의 의미 관계를 명확하게 정리하면,

Americans are most likely to visit European countries.

이것을 형식주어구문으로 바꾸면,

> =<u>It</u> is most likely <u>that</u> Americans will visit European countries.

'미국인들은 유럽의 여러 나라를 방문하는 일이 많은 것 같다.'가 된다.

이제, 콤마 이하의 구조를 분석해 보자.

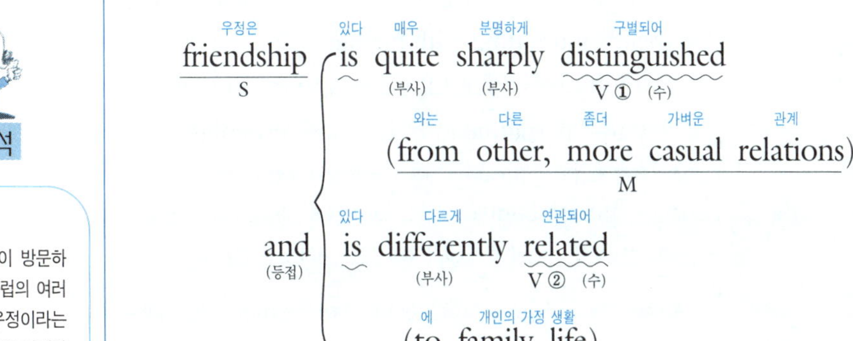

문장의 골격은 Friendship is distinguished (from ~), and is related (to ~).이다.

미국인들이 많이 방문하는(것 같은) 유럽의 여러 나라에서는, 우정이라는 것이 다른 가벼운 관계와는 매우 분명하게 구별되어 있고, (그런 교제와는) 다른 관계를 개인의 가정 생활과 맺고 있다.

연습 24. 다음 글에서 밑줄 친 부분을 해석하시오.

> To understand any society one must look first at its values. <u>Those values which still have the most importance in the United States are freedom, independence, competition, individualism and equality.</u>

어구 values 가치관 importance 중요성 freedom 자유 independence 독립
competition 경쟁 individualism[ìndəvídʒuəlìzəm] 개인주의 equality 평등

힌트 첫번째 문장의 To ... society는 목적을 나타내는 to부정사의 부사적 용법(→62과). any가 부정어와 함께 쓰이지 않을 경우에는 '어떤 …에서나'라는 의미. 이 과의 포인트인 두번째 문장의 those는 관계대명사 which와 연계되어 있으므로 '그의'라고 해석하지 않는다. which절의 세력 범위는 are의 앞까지이고, are의 주어는 values, which는 주격. most는 greatest와 같은 의미를 지니므로, have the most importance '최대의 중요성을 갖는다' → '가장 중요하다'이다.

선행사 바로 앞에 있는 **that, those**는 해석하지 않는다

25

숨어 있는 관계대명사를 찾는 방법

[관계사절 파악]

□ 다음 글에서 밑줄 친 부분을 해석하시오.

> <u>A banker **I know** has his work time under control and now spends more time with his family on his boat.</u> By planning his time carefully he's found it easier to take on new projects and adapt his day-to-day routine to fit his long-term plans.

어 구

have ~ under control ~을 올바르게 제어하다   take on ~을 받아들이다
project 기획   adapt + O + to O를 ~하도록 조절하다

A banker ① I know ② has his work time ~ 부분에 주목하자.
I know는 I = S, know = V이다. 그런데 banker와 I가 연결되지 않을 뿐더러 know와 has라는 V도 서로 연결될 리 없다. ①과 ② 사이에서 단어와 의미의 불연속이 느껴지는데, 이것이 바로 '틈' 이다. 따라서,

A banker [I know] has his work time ~

과 같이 묶으면, has의 S가 A banker라는 것을 알 수 있다. 그렇다면, banker와 I know는 어떻게 해서 같이 붙어 있게 되었을까? 이것을 푸는 열쇠는 know라는 타동사(Vt)가 쥐고 있다. know는 '~을 알다' 라는 의미의 타동사로서 목적어(O)를 수반하는데, 이 숨어 있는(= 생략할 수 있는) O를 찾아내는 것이 이 과의 핵심이다. 여기에서 관계대명사의 목적격이 재등장한다.

어느　은행가는　　(그 사람은)　내가　을 알고 있다
A banker [(**whom**) **I** **know**]
　　　S　　(관대)(O)　(S)　(Vt)

있다　자신의　업무 시간을　　잘 조절해서
has his work time (under control) and ~
Vt①　　O　　　　　　C

관계대명사 whom을 넣으면 의문이 풀린다. 이처럼 관계대명사가 생략됨에 따라 명사(N)를 직접 수식하게 되는 형용사절을 관계사절이라고 한다. 사실, 관계대명사의 목적격은 생략되는 것이 보통이다.

N [S + Vt + (?)]

라는 관계사절을 자주 볼 수 있는데, 이런 경우,

N [S + Vt + (?)] → N [(관계대명사의 목적격) + S + Vt]

내가 아는 어떤 은행가는 업무 시간을 잘 조정해서, 현재 자신의 보트로 이전보다 많은 시간을 가족과 함께 보내고 있다. 자신의 시간을 정성 들여 계획함으로써, 그는 새로운 기획을 받아들이는 것도 또 일상의 정해진 업무를 장기 계획에 부합되도록 개선해 가는 것도 훨씬 편해졌다.

라고 생각하면, 그 정체를 정확하게 꿰뚫어 볼 수 있을 것이다. 자, 두 번째 문장은 7과에서 설명한 "V it C to do"의 형식목적어구문이다.

By planning his time carefully이라는 수식어구(M)에 이어,

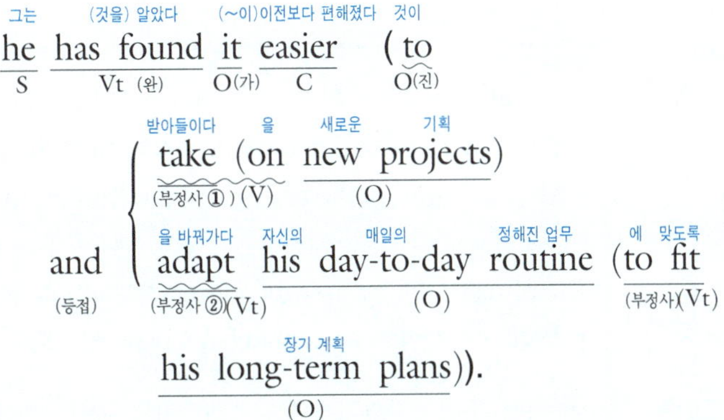

라는 구조를 이루고 있다.

연습 25. 다음 글에서 밑줄 친 부분을 해석하시오.

> Our Asian cultures teach us moderation in everything we do, and it is not for us to conquer nature but rather to live in harmony with it. We should refuse to join in the rat race that causes high blood pressure and heart attacks. The quality of a good life seems to me to be made up of living simply, closer to nature.

어구

moderation[mὰdəréiʃən] 절도 It is for ... to ~ … 은 ~해야 한다 refuse ~ 을 거부하다 the rat race 생존 경쟁 cause ~을 일으키다

힌트 ☞

첫번째 문장 전반분의 문형은 cultures teach us moderation이고, '문화가 우리에게 절도를 가르친다' → '문화로부터 우리는 절도를 배운다'. in everything '모든 것에 있어서' '모든 것에 관해서'. 포인트는 everything we do에서 we 앞에 관계대명사의 목적격 that을 보충해서 '우리가 할 모든 것' '우리의 모든 행동'이라고 이해하는 것이다. 후반부는 not을 to conquer(~을 정복하는 것)의 앞으로 옮기면 이해하기 쉽다. not A but (rather) B 'A가 아니라 (오히려) B'의 구문. 두 번째 문장에서 causes 앞에 있는 that은 관계대명사의 주격으로 '~을 일으키다 / ~의 원인이 되다(생존 경쟁)'이다. 세 번째 문장은 (of ... life), (to me)와 같이 묶으면, quality seems to be made up of ... '본질은… 에서 성립되는 것처럼 생각되다'로 확실해진다.

숨어 있는 관계대명사를 찾는 방법

26

관계대명사 앞에 있는 전치사의 파트너를 찾는다
[관계사절 파악]

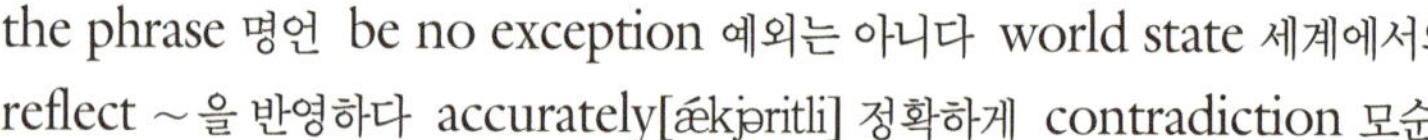

Language has always been — as the phrase goes — the mirror to society. English today is no exception. <u>In its world state, it reflects very accurately the crises and contradictions **of which** it is a part.</u>

the phrase 명언 be no exception 예외는 아니다 world state 세계에서의 지위 reflect ~을 반영하다 accurately[金kjəritli] 정확하게 contradiction 모순

이 과의 주제는 '전치사 + 관계대명사'가 문장 속에서 하는 역할을 파악하는 것이다. 예문에는 세 번째 문장인 밑줄 부분에 이 형태가 등장하는데, 그 전에 첫번째 문장부터 살펴보자. 대시(−) 사이에 들어가 있는 부분은 삽입절이므로 일단 떼어내고 나서 문장 전체의 골격을 파악한다.

Language has always been
−[as the phrase goes] −the mirror (to society).

이 문장의 골격은 S + V + C의 형태를 이룬다. 그리고,

English today is no exception.

라는 두 번째 문장이 이어진다. today는 보통 '오늘날에'라는 의미의 부사이지만, 여기에서는 young people today (오늘날의 젊은 사람들)과 같이 형용사적인 역할을 한다.

드디어 이 과의 핵심 부분인 세 번째 문장이다. "of which"에 주목! '전치사 + 관계대명사(목적격)'를 발견하면 먼저 전치사를 포함해서 관계사절을 [ ]로 묶은 다음 '전치사 + 관계대명사'를 '전치사 + 명사(＝선행사)'로 바꾸고 나서 [ ] 속에 있는 술부의 파트너를 찾는데, 이렇게 하면 의미 관계를 정확히 파악할 수 있다. 세 번째 문장에서 확인해 보자.

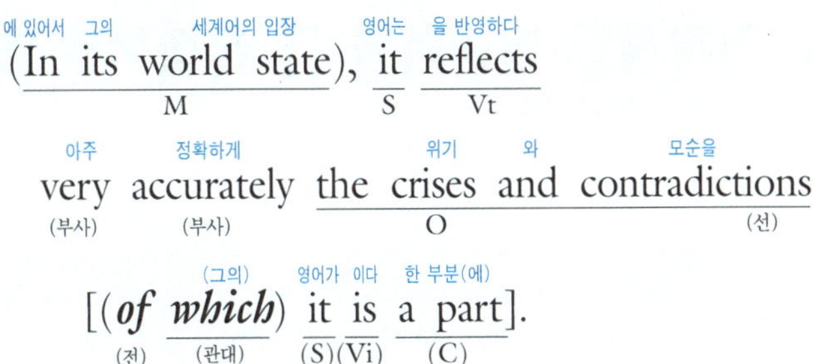

선행사가 the crises and contradictions이므로 “of which”를 “of + 명사”의 형태인 of the crises an contradictions로 바꾼 다음, 관계사절의 술부로 가져가서 함께 짝을 이루어 의미를 형성하는 파트너를 찾는다. 여기에서는 part의 뒤가 좋을 것 같다.

the crises and contradictions [**of which** it is a part]
⟶ [it is a part (of the crises and contradictions)]

part (of ~) ‘(~의) 일부분’이므로, ‘영어는 위기와 모순의 일부분이다.’가 되어 의미가 성립한다. 즉, “of which → of + 명사”의 파트너는 a part였던 것이다. 전치사와 관계대명사(목적격)가 분리되어 있는 예문 하나를 소개하면,

A video game is a play [which I am absorbed in].
(비디오 게임은 내가 몰두해 있는 게임이다.)

해 석

명언에 있듯이, 언어는 지금까지 줄곧 사회를 반영하는 거울이었다. 오늘날의 영어도 예외는 아니다. 세계어의 입장에서 스스로가 일부분이 된 위기와 모순을 상당히 정확하게 반영하고 있다.

연습 26. 다음 글에서 밑줄 친 부분을 해석하시오.

> Cultural evolution is the major factor responsible for human population increase. <u>Cultural evolution includes the various ways in which human intelligence and socialization have been used by people to make life easier.</u>

어구

evolution 발전   major 중요한   factor 요인   responsible for ~의 원인   include ~을 포함하다   intelligence 지성   socialization 사회화

힌트 ☞

첫번째 문장에서, responsible 이하가 is의 보어인 factor를 수식하고 있다. 두 번째 문장의 문형인 evolution includes ways ‘발전은 방법을 포함한다’ 에서 in which 이하가 이과의 포인트. which의 선행사는 ways이기 때문에 in which를 in the ways로 바꾼 다음 관계사절의 술부와 결합시키면, intelligence and socialization have been used(by people) in the ways ‘지성과 사회화는 인간에 의해서 그러한 방법으로 이용되어 왔다’ 가 된다. 이 문장을 ways를 중심으로 한 명사 표현으로 바꾸면 ‘지성과 사회화를 사람들이 이용해 온 방법’ 이 된다. to make life easier ‘생활을 보다 용이하게 하기 위해서’ 는 술어 동사 have been used를 수식하는 부사적 용법의 to부정사.

27

전치사를 발견하면 그 목적어를 찾는다

[관계사절 파악]

> ***The world we live in*** is changing fast, and our language is changing along with it. Every living language grows and changes. It changes as the people who use it create new words and find new meanings for old ones.

어구 along with ~과 함께 living language 현재 사용되고 있는 언어 create ~을 창조하다

첫번째 문장에 25과에서 설명한 관계사절이 등장하는데, 바로 "N(명사) [S＋V]"의 형태를 이루는 부분이다.

The world ① we live in ② is changing fast, ~

단어끼리의 연결 상태를 통해서, 먼저 ①에 '틈'이 있다는 것을 알 수 있다. 그 다음, ②의 in과 is에 주목! 전치사 in이 is changing의 주어가 될 리 없으므로 여기에도 '틈'이 존재한다. 따라서 [we live in]과 같이 묶으면,

The world [we live in] is changing fast, ~

The world is changing ~이라는 문장의 골격이 부각된다. 단, 이 [we live in]이라는 접촉절은 25과에서 설명한 것과 같은 [S＋Vt(타동사)]의 형태가 아닌 [S＋Vi＋전치사]의 형태를 취하고 있다. 그렇다면 전치사의 O는 어디로 간 것일까? 26과에서 설명한 '전치사＋관계대명사'의 형태를 떠올려 보자.

(1) The world [in which we live] is ~

→ (2) The world [which we live in] is ~

→ (3) The world [we live in] is ~

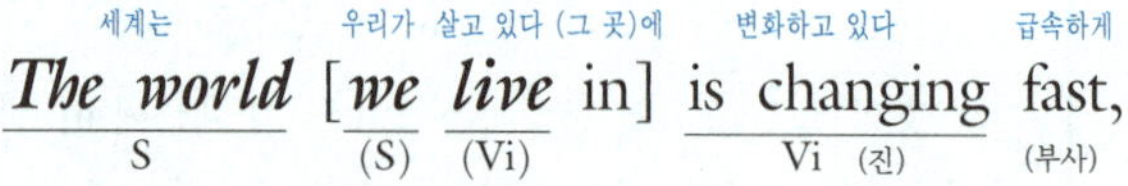

(1)에서 전치사의 O였던 관계대명사의 목적격 which가 (2)와 같이 관계사절의 술부로 들어갔기 때문에 생략할 수 있게 되어 (3)과 같이 사라져 버린 것이다. 이처럼 '전치사를 발견하면→O를 찾는다→없으면 O는 생략된 관계대명사'라고 정리하면, 문장의 의미를 명확히 파악할 수 있을 것이다.

우리가 살고 있는 세계는 급속하게 변하고 있다. 그리고, 우리의 언어들도 그것(세계)과 함께 변하고 있다. 현재 사용되고 있는 언어는 모두 성장하고 또 변화해 간다. 언어는 그것을 사용하는 사람들이 새로운 단어를 만든다든지 오래된 단어에 새로운 의미를 부여함에 따라 변화해 간다.

우리의　언어는　　변하고 있다　와 함께　그것(세계)
and our language is changing (along with it).
(등접)　S　　Vi (진)　　(군전치사)

along with는 두 단어로 이루어져 있지만 하나의 전치사와 같은 역할을 한다. 두 번째 문장은 단순하니까 생략하고, 세 번째 문장의 구조를 분석해 보자.

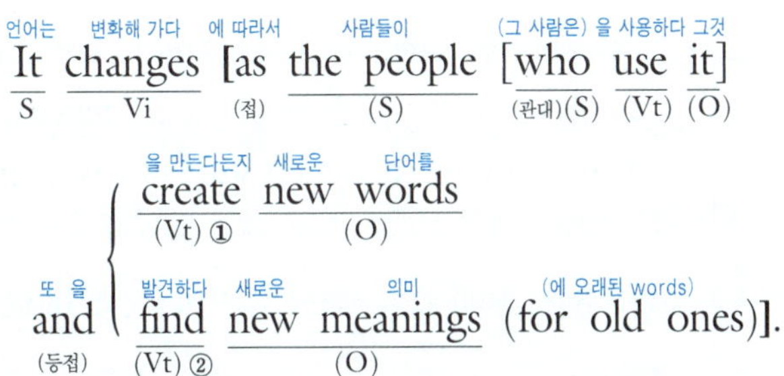

as 이하의 대종속절에 [when ~]의 소종속절이 포함되어 있다.

연습 27. 다음 글에서 밑줄 친 부분을 해석하시오.

Likable people do not take themselves or their jobs too seriously. This is true in presentations and in face-to-face relationships. <u>Are you the kind of person others enjoy being around?</u> The answer to that question may be important to your career — and to your life.

어구

likable[láikəbəl] 호감이 가는　take + O + seriously O를 진지하게 생각하다
be true 꼭 들어맞다　presentation[prèzəntéiʃən] 사람들 앞에서 발표하는 것

힌트

첫번째 문장은 not ...too seriously '너무 심각하게 ~하는 것은 아니다' '너무 심각하게 ~하지 않는다' 이다. 두 번째 문장의 This는 앞 문장의 내용을 가리킨다. presentation '집단 앞에서 말하는 것'. 세 번째 문장은 이 과의 포인트로, 골격은 Are you the kind of person others enjoy being around?인데, the kind of person과 others 이하의 결합은 어떻게 이해할까? others 이하에서는 around라는 전치사에 목적어가 필요하다. around의 목적어가 그 뒤에 없다면 절의 앞부분, 즉 others 앞에 숨어 있다고 간주해서 the kind of person (whom) others enjoy being around라고 한다. be around ~ (~의 주위에 있다)가 enjoy의 목적어가 되어 동명사 being이 되었다. '다른 사람이 (그) 주위에 있어 즐겁다고 생각하는 종류의 사람' 이라는 의미이다.

전치사를 발견하면 그 목적어를 찾는다

28

숨어 있는 관계대명사가 맡은 보어의 역할

[관계사절 파악]

□ 다음 글을 해석하
시오.

> Recently, when I asked Americans I know why they had had children, they talked about family values, about the kind of people they want to be, about the kind of world they want to leave behind.

recently[ríːsəntli] 최근   value 가치   leave behind ~을 뒤에 남기다

관계대명사가 관계사절 속에서 주어나 목적어의 역할을 하는 경우는 앞서 설명한 바와 같다. 이 과에서는 관계대명사(주격)가 보어(C)로 등장하는 예에 대해서 살펴보기로 한다. 먼저 문장의 구조를 검토해 보자.

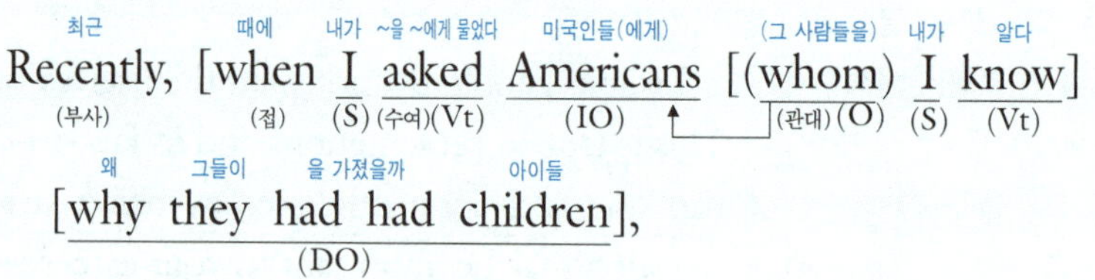

when에서 콤마까지의 종속절 속에 [I know]와 [why~]라는 두 개의 종속절이 들어가 있는 형태이다. [ ]로 묶으면,

I asked Americans ~ (나는 미국인들에게 물었다)

라는 문장의 골격(의 일부분)을 파악할 수 있다. Americans는 asked의 목적어이고, why는 종속절임을 암시하는 의문사(→13과)이다. 즉, asked가 S + V + IO + DO의 문형을 이루고 있는 것이다. 그리고,

why they had had children

의 과거완료형에 주목! '기준시'는 바로 앞에 있는 know가 아니라 asked이다. '물었던' 시점에서 아이는 이미 '생겨 있었다'이기 때문에 과거완료형이 되는 것이다. [I know]까지가 종속절이고, 그 속에 [(whom) I know]와 같이 관계대명사의 목적격이 생략되어 있다. 그리고 주절의 구조는,

에 대해서　종류의　　인간　　(그것에)　그들이　싫어하다　되고
(about the kind of people) [(***that***) they want to be],
(전)　　　　(선)　　　　　　(관대)(C)　(S)　(Vt)　(O)(Vi)

에 대해서　종류의　　세계　　(그것을)　그들이　싫어하다 을　남기고
(about the kind of world) [(***which***) they want to leave
(전)　　　　(선)　　　　　　(관대)　(S)　(Vt)　(O)(Vt)

뒤에
behind].
(부사)

콤마의 구조를 살펴보면, the kind of people(중심 단어는 kind)과 they라는 단어 사이에 '틈'이 생긴다는 것을 알 수 있다. 여기에 접착제 역할을 하는 존재를 삽입해서,

the kind of people [(**that**) they want to be],
　　　　　　　　　　(C)　　S　　Vt　O(Vi)

라고 하면 종속절 속의 문형이 완성된다. 여기에서는 관계대명사의 주격(that)이 be동사의 보어 역할을 하는데, 이런 경우 관계대명사는 생략되는 것이 보통이다. 이처럼 be동사의 보어가 없는 경우, 그 절의 S 앞에서 be동사의 보어 역할을 하는 관계대명사(주격의 that / which)가 생략된 것을 파악하는 것이 이 과의 핵심 기술이다.

연습 28. 다음 글에서 밑줄 친 부분을 해석하시오.

> Speaking a foreign language brings about more change : we grow more direct. "Je t'aime" comes much more easily than "I love you." Entering another tongue, we steal into another self, and under cover of that other self speaking a foreign tongue, <u>we are enabled to start all over again in creating a self we have always secretly wanted to be.</u>

어구

bring about ~을 초래하다　under cover of ~을 구실 삼아서　in creating ~을 창조해서　tongue[tʌ́ŋ]

힌트 ☞

첫번째 문장의 주어는 동명사 Speaking. 두 번째 문장의 much(훨씬, 매우)는 비교급을 강조하는 부사. 단, 가산명사에 쓰이는 more를 강조할 때에는 <u>many more</u>books와 같이 한다. 세 번째 문장의 Entering은 분사구문(→67과)으로, When we … 라는 의미. Entering another tongue(다른 언어로 들어가다)은 첫번째 문장의 Speaking a foreign language와 같은 의미. that other self(그 다른 자신)에 뒤따르는 speaking은 a foreign tongue을 목적어로 수반하는 현재분사이기 때문에 self의 뒤에 놓인다. 문미에 있는 be의 보어가 없는 것에 착안해서 a self (that) we have …wanted to be '(우리가) 이제까지 늘 되고 싶어했던 자신' 과 보어의 역할을 하는 that의 생략을 파악한다. in creating은 전치사 in + 동명사이고 '창조해서, 창조하면서' 라는 뜻.

숨어 있는 관계대명사가 맡은 보어의 역할

29

부사 역할을 하는 관계사를 찾는다

[관계사절 파악]

□ 다음 글에서 밑줄 친 부분을 해석하시오.

> The market is important to many people because they make money by investing in it. It is a place ***where*** some people sell things and others buy things. An exchange of things takes place.

어구 the market 주식 시장   invest in ~에 투자하다   some ~others… ~하는 사람도 있고 …하는 사람도 있다   exchange[ikstʃéindʒ] 거래

지금까지 설명한 바와 같이, 관계대명사는 선행하는 명사와 절을 이어 주며 관계사절 속에서 대명사의 역할을 한다. 관계사 중에는 대명사뿐 아니라 부사의 역할을 하는 것도 있는데, 이것을 관계부사라 한다. 예문에는 두 번째 문장에 등장하지만, 순서에 따라 첫번째 문장부터 살펴보자.

주식 시장은 이다 중요한 존재 에게 있어서 많은 사람들
The market is important (to many people)
S Vi C M

때문에 그들은 을 벌다 돈 에 의해서 투자하는 것 에 그것
[because they make money (by investing) (in it)].
(접) (S) (Vt) (O)

The market은 '시장' 이지만, 문맥상 '주식 시장' 이라고 해석한다. because 이하는 종속절이다. 자, 이 과의 핵심인 두 번째 문장으로 옮겨 가 보자.

주식 시장은 이다 장소 (그 곳에서)
It is a place [***where***
S Vi C (선) (관부)

~도 있고 사람들 을 팔다 주식
some people sell things
(S) (Vt) (O)

또 (사람들)도 있다 을 사다 주식
and others buy things].
(등접) (S) (Vt) (O)

where로 시작되는 절은 선행사 a place를 수식하는 형용사절이다. 그렇다면 이 형용사절 속에서 where가 하는 역할은 무엇일까? '사람들 중에는 그 곳에서(그 장소에서 = in the place) 주식을 파는 사람도 있다' 라는 의미상의 관계를 이루고

주식 시장은 많은 사람들이 그 곳에 투자해서 돈을 벌기 때문에 중요한 존재이다. 그 곳은 주식을 파는 사람이 있고 또 사는 사람도 있는 장소이다. 주식 거래가 이루어지고 있는 것이다.

있으므로, S, O, C의 역할이 아닌 부사의 역할을 한다는 것을 알 수 있다. **where**를 **there** 또는 **in the place**로 바꾸면, 절 속에서 맡은 역할을 정확히 파악할 수 있다.

또한 관계부사는 '전치사 + 관계대명사'로 바꿀 수 있는데, 예문에 있는 where를 그러한 형태로 바꾸면 in[at] which가 된다. 관계부사는 where 외에도 when, why, how 등이 있으며 that도 대용할 수 있다. S, O, C의 역할을 하지 않기 때문에 '격'이 없다.

"some ~ others ..."는 '~도 있고, …도 있다'에 해당하는 관용구이다. 마지막 문장도 살펴보자.

$$\underset{\text{S}}{\underline{\text{An exchange}}}\ \underset{\text{(전) (O)}}{\underline{\text{(of things)}}}\ \underset{\text{Vi}}{\underwavy{\text{takes place.}}}$$

거래가   을   주식   이루어지고 있다

연습 29. 다음 글에서 밑줄 친 부분을 해석하시오.

> Most proverbs date back to an agricultural civilization when machines played a very minor role. The lessons are simple, direct and basic. "A stitch in time saves nine."; "live and let live"; "out of sight, out of mind"; "necessity is the mother of invention"; "the grass is always greener on the other side of the fence."

어구   date back 거슬러 올라가다   play a role 역할을 하다   minor 사소한   stitch [stitʃ] 바느질 한 땀   save ~을 줄이다   out of sight 보이지 않는 곳에

힌트   첫번째 문장의 when이 관계부사이므로 in the civilization '그 문명에 있어서는'이라고 부사구로 바꿔서 생각한다. when 이하는 civilization에 대한 형용사절이다. 속담 부분은, in time '딱 좋을 때에, 시간에 맞춰서', save '~을 줄이다'. let live는 let (others) live '(다른 사람을) 살게 하자'(let은 사역동사, 당연히 그 뒤의 live는 원형) (If a person is) out of sight, (he or she is) out of mind.이다. the grass is ...를 직역하면 '담 넘어 쪽의 잔디는 항상 (자신 쪽보다) 푸르다'.

부사 역할을 하는 관계사를 찾는다

73

30 관계부사가 생략된 " *the way S+V* "에 유의한다 [관계사절 파악]

Educate yourself about the realities of sex discrimination in our society by reading books on the subject and by looking critically at *the way* men and women are stereotyped on television, in movies, and in advertising.

어구

reality 현실의 상태   sex discrimination 성차별   critically 비판적으로
stereotype 고정화시키다   advertising[ǽdvərtàiziŋ] 광고

지금까지 관계대명사가 생략된 관계사절을 찾아내는 연습을 여러 차례 반복하였다. 다음 문장에서 한 번 더 검토해 보자.

I don't like the way [you treat me].
S V   O   S   V   O

[ ]절은 way에 대한 관계사절이다. 사실은 you 앞에 관계사 that이 생략되어 있는데, 이 that은 관계대명사가 아니라 (treat은 me 이외의 O는 수반하지 않음) '격'을 갖지 않는 관계부사이다. 관계부사 that이 쓰이기까지의 과정은,

(a) I don't like the way.   (b) you treat me in the way.

(b)문의 the way를 which로 바꾼 다음 You 앞으로 옮긴다.

I don't like the way [in which you treat me].

in which를 that으로 바꾸면 완성.

I don't like the way [that you treat me].

그러면, 예문으로 돌아가서 the way 뒤에 숨어 있는 that의 존재를 밝혀 보자.

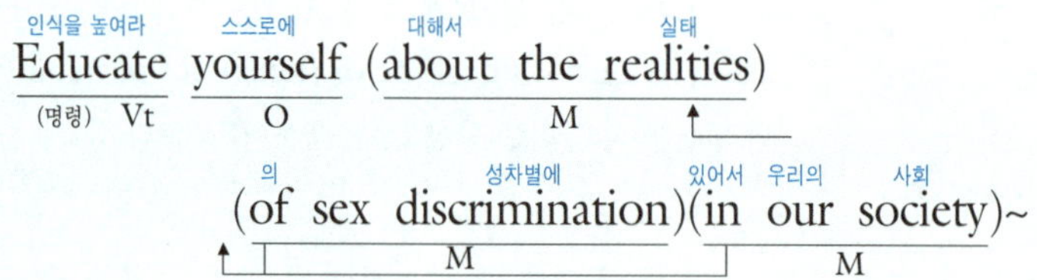

reality (현실)이 복수일 때에는 다소 구체적으로 해석한다. educate yourself는 '당신 자신을 교육하세요' 라는 식으로 문자 그대로 해석해서는 안 된다. of ~, in ~ 의 두 전치사구는 realities를 형용사적으로 수식하고 있다.

자, 다음으로 넘어가자. 관계사절이 보이는데, **the way**와 **men** 사이에 관계부사 that을 넣으면,

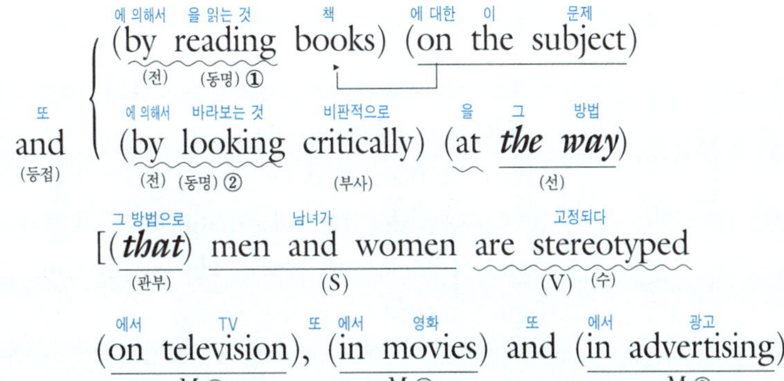

위와 같이 되고, [ ]절 속은 '남녀가 <u>그 방법으로</u> (that → in which → in the way) 다른 틀 속에 들어가 있다' 라는 의미상의 관계가 분명해진다. 관계부사 that은 관계부사 when, why, where를 대신해서 쓰이지만 생략되는 것이 보통이다. "the way S + V"는 자주 등장하는 표현이니까 잘 정리해 두자.

   If all goes well, children come to learn several basic conversational skills by 12 months of age. <u>This is largely due to the way mothers develop their own special way of talking, to get the most out of their children</u>—a style which is usually called 'motherese.'

come to *do* ~ 하게 되다 be due to ~이 원인이다 develop(e) (기술)을 개발하다 get ~ out of... ~에서 …을 끄집어내다

힌트 

첫번째 문장 If절의 well은 '변명할 여지 없이, 잘' 이라는 뜻의 부사. 두 번째 문장의 This는 앞 문장의 내용을 가리킨다. the way 뒤에 in which나 that을 보완해 넣으면 the way in which mothers develop ~ '어머니들이 ~을 개발한 (~을 익힌) 방법' '어머니들이 ~을 익히는 (그) 상태' 가 되는데, 해석할 때에는 way는 해석하지 않는다. a style 이하는 their own special way '(그녀들) 특유의 방법' 으로 바꿀 수 있다. 관계대명사 which (주격)의 선행사는 style(방법)이다.

31

숨은 선행사는 대입법으로 찾는다

[관계사절 파악]

> There is ***a time*** in the life of every boy ***when*** he for the first time takes the backward view of life. Perhaps that is the moment when he crosses the line into manhood. The boy is walking through the main street of his town. He is thinking of the future and of the figure he will cut in the world.

어구   take ~view ~견해를 갖다   line 경계(선)   manhood 어른   cut of figure 두각을 나타내다

분석

관계사의 [관계]라는 단어를 보면 '관계시키다' '연결하다'를 연상하게 된다. 따라서 관계사는 '접착제 역할을 하는 단어'라고도 생각할 수 있다. 이 관계사에 나란히 붙어 있는 명사를 선행사라고 하는데, 이 선행사와 관계사절이 숨어 있는 경우가 있다.

첫번째 문장에 있는 when에 주목해 보자. 접속사로 판단해서 '그가 ~ 할 때에, …의 때가 있다'라고 해석하니 문장의 흐름이 부자연스럽다. 그렇다고 관계부사라고 하자니 앞에 있는 boy가 선행사로는 적합하지 못하다. 하지만 앞쪽에 time이라는 단어가 있어 관계부사임을 확인할 수 있다. 왜냐하면 이 time은 when이 관계부사라는 것을 가장 적절지 증명해주는 단어이기 때문이다.

의미상의 흐름은 어떨까? 만일 관계부사라면 앞에 있는 명사를 부사로 바꾼 다음 그것을 관계부사에 대입해서 의미상의 흐름을 파악한다. '…때가 있다, 그 때에 그는 ~ 한다'인데, 논리에 맞게 정리하기 위해서 '그 때에'를 관계부사에 대입하면, '그가 ~ 할 때가 있다'가 되어 의미상의 흐름을 파악할 수 있다. 관계대명사의 경우에는 앞에 있는 명사를 관계대명사에 대입해서 검토하는데, 이 때 그 명사가 단수인가 복수인가 등에 주의해야 한다.

되다   때가   에는   인생   의   모든   소년

There is ***a time*** (in the life) (of every boy)~
  Vi   S   M

에서 전치사구를 떼어내고 time과 when을 연결시키면,

때   (그 때에)   처음으로

~ ***a time*** [***when*** he (for the first time)
(선)   (관부)   (S)

을 하다   되돌아보다   관점 에 대해서의 인생

takes the backward **view** (of life)].
(Vt)   (O)

전치사구가 걸림돌이 되어 선행사와 관계부사의 연결 고리를 찾아내기 힘들었다. 이에 비해 두 번째 문장에는 moment와 when이 딱 달라붙어 있다.

아마 -일 것이다   그것은 이다 (그)   순간   소년이   을 넘다

Perhaps that **is** the moment [when he crosses ~].
S   Vi   (선)   (관부) (S)   (Vt)

that은 첫번째 문장에 있는 a time을 대신하기 때문에, 대입하면 that time' 그 때' 가 된다.

네 번째 문장은 and가 연결하는 부분(→34, 37과)을 파악하고, cut의 목적어가 필요하다는 것에 착안하여 관계대명사의 목적격인 which를 넣으면,

두드러진 인물   되다 에 나오면   세상

~ the **figure** [(which) he will **cut** (in the world)]
(선)   (관대)(O) S   (조) (Vt)   (M)

과 같이 해석할 수 있다. cut는 원래 '~을 새기다, 자르다' 라는 뜻의 타동사이다.

해 석

어느 소년의 인생에서나 처음으로 인생을 되돌아 볼 때가 있다. 아마도 그 것은 그가 경계선을 넘어 어른이 되는 순간일 것이 다. 소년은 자신의 마을 큰 거리를 걷고 있다. 자 신의 장래에 대해서 생각 하고 세상에 나가면 얼마 나 뛰어난 인물이 될 것 인가에 대해서 생각한다.

연습 31. 다음 글에서 밑줄 친 부분을 해석하 시오.

> A machine has been developed that pulps paper and then processes it into packaging, e.g. eggboxes and cartons. This could be easily adapted for local authority use. It would mean that people would have to separate their refuse into paper and non-paper, with a different dustbin for each.

어구

pulp ~을 펄프화하다   process *A* into *B* A를 B에 가공처리하다   adapt A for B A를 B에 적용시키다   authority 공적 기관   refuse[rifjúːz] 폐물

힌트 ☞

첫번째 문장은, paper가 명사, it이 대명사이므로, and로 연결되는 processes it ...과 pulps paper를 찾아내면 끝. 이렇게 하면 that은 두 술어동사의 주어, 즉 관계대명사의 주 격(→22과)이라고 할 수 있다. 선행사는 machine이다. that 이하는 machine에 대한 형 용사절. processes it into packaging '그것을 용기로 가공 처리한다' '그것을 가공 처리 해서 용기로 만든다'. 두 번째 문장의 This는 첫번째 문장에서 다루었던 machine을 가리 키고, could '~할 수 있을 것이다' 는 이른바 소극적인 추측. 세 번째 문장의 it은 두 번째 문장의 내용을 받아서 '이 기계가 자치 단체에 (이용되면)' (조건)이 되고, could가 그 귀 결. 뒤에 있는 would도 소극적인 추측이므로 의미상 will과 그다지 차이가 없다. with는 '~을 사용해서' '~에 의해서'. for each '각각의 용도의' 는 dustbin을 수식한다.

숨은 선행사는 대입법으로 찾는다

77

what 절을 [ ]로 묶은 다음 SVOC를 규명한다 [관계사절 파악]

> The prosecuting counsel began by telling the court **what he intended to prove by evidence**. Then he called his witnesses. These persons can say **what they know** only in answer to questions, so the examination of witnesses is very important.

어구

the prosecuting counsel 원고측 대리인   begin by doing ~하는 것으로 시작하다   court 재판관   evidence 증거   witness 증인   examination 심문

분석

지금까지 설명한 관계대명사, 관계부사에는 선행사가 따로 있었다. 이 과에는 선행사를 포함하는 **what**이 등장하는데, 내포된 선행사가 사물이라면 what = the thing(s) which로 바꿀 수 있다. 이 때 이 what은 '~(인) 것'이라고 해석한다. 첫 번째 문장은 counsel(대리인)등의 법률용어가 나오니까, 재판을 방청하는 기분으로 읽어 내려가 보자.

검사는   시작했다   에 의해서 -을 …에게 고하는 것   재판관(에게)

The prosecuting counsel began (by telling the court)
S   Vi   (동명)   (IO)

것(을)   그가   하려고 하다   을 증명(하다)   에 의해서   증거

[**what he intended to prove (by evidence)**].
(DO)→ (관대)(O) (S)   (Vt)   (O)(부정사)(Vt)   (M)

what절을 [ ]로 묶으면, 이 what절이 동명사 **telling**의 목적어(O) 역할을 하는 명사절임을 알 수 있다. 그러면 what절의 구조는 어떻게 이루어져 있을까?

[what he intended to prove ~] (what은 prove의 O)
(O)   S   Vt   O(Vt)

이 what은 the things which '~것'로 바꿀 수 있다. 이처럼 절의 문형을 잘 살피면 의미를 정확히 파악할 수 있다. 세 번째 문장에도 관계대명사 what이 등장한다.

(증인이 된)이 사람들은   할 수 있다 을 증언하다

These persons can say
S   (조)   Vt

것(을)　그들이　을 알고 있다
[*what they know*]
(DO) → (관대) (O)　(S)　(Vt)

단지 ~ 만　　대답하다　　에　　심문
(only in answer) (to questions),
(부사)　　M　　　　　M

이 what은 [ ]절 속에서 know의 O로 쓰이고 있다. know와 in answer ~ 는 서로 연결되지 않는데, '~에 대답해서 알다'는 비논리적이기 때문이다. 따라서 M이 수식하는 것은 say라는 것을 알 수 있다. what절의 범위는 know까지이고, 전체적으로 보아 이 what절은 say의 O 역할을 하는 명사절이다.

따라서　　심문하는 것은　　을　증인
so the examination (of witnesses)
(등접)　　S　　　　　(목적)　M

이다　매우　　중요한 것
is very important
Vi　(부사)　　C

examination은 '시험'이지만, 법정에서는 '심문'이라는 뜻으로 쓰인다.

연습 32. 다음 글을 읽고 밑줄 친 부분을 해석하시오.

> Dogs see a world that is blurred and colourless, apart from shades of grey : for they are short-sighted and have no colour vision. <u>But a dog's sense of smell is to a man's what a symphony orchestra is to a small whistle.</u> Some dogs have 220 million cells for smelling, compared with a man's 5 million.

어구

blur[bləːr] ~을 희미하게 하다　apart from ~을 별로도　shade 색조　short-sighted 근시의　cell 세포　compared with ~와 비교해서

힌트

첫번째 문장의 that는 관계대명사의 주격으로, 선행사는 would. that…colourless까지는 would를 수식하는 형용사절. 뒤의 for는 접속사.(→5과) 두 번째 문장은 이른바 A is to B what C is to D 'A와 B의 관계는 C와 D의 관계(와 같다)' [A : B = C : D]. 문형을 살펴보면 A is (to B) [what C is (to D)] 'A는 (B에 대해서) [C가 (D에 대해서)]것'. Reading is (to the mind) [what food is (to the body)] 독서는 (정신에 있어서) [음식이 (육체에 있어서의)]것'이 되는데, '음식이 육체에 있어서의 것'이라는 것은 '필수불가결한 것'이라는 뜻이다. '오케스트라와 작은 휘파람의 관계'라는 것은 '비교가 되지 않는 관계'를 말한다. 세 번째 문장의 for smelling '냄새를 맡기 위해서'는 cells를 수식한다. man's 5million의 뒤에 (cells for smelling)을 보완해서 파악한다.

해석

검사는 먼저 증거를 통해서 입증하고자 하는 바를 재판관에게 고한다. 그리고 나서 검찰측 증인의 출정을 요구한다. (증인인) 이 사람들은 단지 심문에 답하는 것만으로 자신들이 알고 있는 것을 증언할 수 있을 뿐이다. 따라서 증인 심문은 매우 중요하다.

33 "what S be"는 '언제 언제의 S'로 해석한다 [관계사절 파악]

London newspapers have just announced that road deaths for September dropped by nearly eighty as compared with the previous September. This is very well so far as it goes, but the improvement will probably not be kept up and <u>meanwhile everyone knows that you can't solve the problem while our traffic system remaons **what it is.**</u>

road deaths 교통사고 사망자수   as compared ~에 대해서는 so far as +S+go S에 대해서는 traffic system 교통제도 remain ~한 상태 그대로이다

28과에서는 관계대명사가 보어(S)로 쓰이는 예를 살펴보았다. 이 과에서는 what 절 속에서 what이 보어로 쓰이는 경우, 그 파악 방법에 대해서 알아본다.

그러면, 첫번째 문장. '전치사 + 명사'를 ( )로 묶으면, S+V+O라는 골격 부분이 부각된다. London newspapers have just announced [that road deaths dropped].이다. that 이하의 명사절이 O이다. 그리고 두 번째 문장.

~이 감소는 이다 대단히 좋은 것 의 한은   관계되다
This is very well [so far as it goes],
S Vi (부사) C (형)   (S) (Vi)

하지만 그   호전상태는   일 것이다 아마도   없다   유지되지
but the improvement will probably not be kept up~
(등접)   S   (조)   (부사)   V   (수동)

This와 대명사 it은 앞 문장을 받아서 '이 (교통사고 사망자 수의) 감소'가 된다. "as far as it goes"는 '이것은 이것으로'라고 해석할 수 있으며, 그 뒤에 but으로 시작되는 등위절이 연결되는 경우가 많다. 본문도 예외는 아니다. 이어서, while 절의 바로 앞까지는,

그리고   한편으로   누구나가   을 알고 있다
and meanwhile everyone knows
(등접) (부사)   S   Vt

라는 것 누구도 할 수 없다 을 해결하다 이   문제
[that you can't solve the problem [while ~]].
O→(접) (S)(일반) (관부) (Vt)   (O)

의 구조를 이루고 있다.

자, 다음의 while 이하가 핵심 부분이다. 보어로 쓰인 what절에 주목하자. 절의 문형은 어떤 형태일까?

our traffic remains [what it is] (what은 is의 c)
S   Vi   C→(C) (S)(Vi)

으로 되어 있는데, 이 it은 our traffic system이므로

what it is = the traffic system [that it is]
what   C   S   V

이라고 생각할 수 있다. '그것이 그것인 교통체계'라는 것은 '현재의 교통체계'가 된다. 그러면,

[while our traffic system remains [***what it is***]].

와 같이 정리할 수 있다. what it is는 '현재의 ~', what it was는 '과거의 ~', 즉 'what S be'는 '언제 언제의 S'로 해석할 수 있다.

해 석

런던의 신문들은 9월의 교통사고 사망자수가 작년 9월과 비교해서 80명 가까이 줄었다고 보도했다. 이 감소는 굉장한 것이다. 그러나 감소로의 호전은 이대로 계속 지속되지 못할 것이고, 한편으로 모든 사람은, 시 당국의 교통체계가 현 상태대로인 동안은 누구도 이 문제를 해결할 수 없다고 생각한다.

연습 33. 다음 글에서 밑줄 친 부분을 해석하시오.

C.A. Helvetius, the 18th-century French philosopher, once said, "Education makes us what we are." In a very real sense, education does make us what we are. We are very much the product of what we have learned and experienced in the past.

어구   philosopher 철학자   sense 의미   product[prádəkt] 산물

힌트 ☞ 첫 번째 문장의 the 18th century philosopher는 Helvetius에 대한 동격어구이다. once 는 술어동사 앞에 놓여서 '이전, 일찍이'라는 뜻. Education makes us [what we are]
S   v   O   c

'교육은 우리를 현재의 우리로 만든다' → '교육에 의해서 우리가 될 수 있다'. 두 번째 문장의 does는 강조의 조동사로서 '실제로' '정말로'라는 의미. very much '확실히'는 명사구 앞에서 의미를 강조한다. 전치사 of의 목적어는 what 이하이다. what은 관계대명사이고, what...past는 명사절. 절의 문형은

what we have { learned (V 과분) and experienced (V 과분) } in the past   '과거에 배우고 경험한 것'
S   O   '과거의 학습과 경험'.

"what S be"는 '언제 언제의 S'로 해석한다

문제21 영국에서는 가장 '무난한' 화제 중에 하나가 날씨이다. 처음 만나는 두 영국인이 토론을 시작하고 싶지 않을 때에는 날씨 얘기를 하는 경우가 많다. 그 때 그들은 '좀 춥군요'와 같이 가장 명백한 것만 말한다.

문제22 이미 많은 것을 알고 있는 사람은 그다지 많은 것을 알지 못하는 사람보다 새로운 것을 빨리 배우는 경향이 있다. 주로, 박식한 사람은 배울 것이 보다 적다고 생각되기 때문이다. 그들은 이미 새로운 개념의 많은 중요한 요소를 알고 있다. 예를 들어, 철도에 대해서 배울 때 그들은 관련된 많은 지식을 소유하고 있기 때문에 차륜이 어떻게 움직이는지, 철의 성질은 어떠한지 등에 대해서 부차적인 사실을 많이 설명할 필요가 없다.

문제23 각각의 고래는 독자적인 노래를 가지고 있는데, 그 노래는 고래 사회에서 다른 동료와의 공통된 테마곡을 기초로 해서 작곡된 것이다.

문제24 어느 사회에서나 그 사회를 이해하기 위해서는 먼저 그 가치관을 고찰하지 않으면 안 된다. 미국에서 가장 중요한 가치관은 자유, 독립, 경쟁, 개인주의 그리고 평등이다.

문제25 아시아 문화를 통해서 모든 행동에 절도를 지키도록 배우며, 우리는 자연을 정복하는 것이 아니라 자연과 사이좋게 살아야 한다. 우리는 고혈압과 심장 발작의 원인이 되는 생존 경쟁에 참가하는 것을 거부해야 한다. 좋은 생활의 본질은 내게는 소박하게 그리고 자연과 좀더 가까운 곳에서 사는 것이라고 생각한다.

문제26 문화의 발전은 인구 증가의 원인이 되는 주요한 요인이다. 문화의 발전에는, 사람들이 보다 편하게 살기 위해서 인간의 지성과 사회화를 이용해 온 다양한 방법들이 포함된다.

문제27 호감이 가는 사람은 자기 자신이나 업무를 너무 심각하게 생각하지 않는다. 이것은 (사람들 앞에서) 발표하는 경우와 사람과 접하는 방법에 있어서도 꼭 들어맞는다. 당신은 다른 사람들이 기꺼이 곁에 있어 주는 종류의 사람인가? 이 질문에 대한 대답은 당신의 경력 (그리고 인생)에 있어서 중요할지도 모른다.

문제28

외국어를 하면 보다 많은 변화가 초래된다. 우리는 보다 솔직해진다. '나는 당신을 사랑합니다' 보다는 Je ta'me를 훨씬 쉽게 말할 수 있다. 외국어를 사용하면 우리는 어느 틈엔가 다른 자신이 되어, 외국어를 말하는 다른 자신을 구실 삼아서 은근히 지금까지 되고 싶어했던 자신을 창조해서 또 한 번 시작할 수 있다.

문제29

대부분의 속담은 기계가 아주 사소한 역할밖에 해내지 못하던 농경 문명으로까지 거슬러 올라간다. 교훈은 단순, 직접적이고 근본적이다. '제때의 한 바늘은 9바늘의 수고를 던다.'(적정한 때에 한 바늘을 꿰매면 후에 9바늘의 수고를 줄일 수 있다.) '나도 살고 남도 살게 하자.'(세상은 서로 돕는 관계, 타인에게는 관용으로), '눈에서 멀어지면 마음에서도 멀어진다.' '필요는 발명의 어머니' '이웃집의 잔디가 푸르다.'

문제30

모든 것이 순조롭게 진행된다면, 아이는 생후 12개월이 될 때 까지 몇 가지 기본적인 회화 기술을 배우게 된다. 이것은 주로, 어머니들이 자신의 아이로부터 가능한 한 말을 끄집어 내기 위해서 그녀들 특유의 화법(보통 '모친어'라고 불리는 화법)을 개발하기 때문이다.

문제31

종이를 펄프화한 다음 가공 처리하여, 이를테면 계란 상자와 공상자라는 용기를 만드는 기계가 개발되고 있다. 이것을 지방 자치 단체가 이용할 수 있도록 하는 것은 쉬울 것이다. 그렇게 되면 사람들은 폐물을 각각 다른 쓰레기통을 사용하여 종이와 종이 이외의 것으로 나누지 않으면 안 될 것이다.

문제32

개는 다양한 농담의 회색을 별도로 하면, 희미해져서 흐릿한 세계를 본다. 왜냐하면 개는 근시이고 색 감각이 없기 때문이다. 그러나 개의 후각과 인간의 후각을 비교하면 오케스트라와 작은 휘파람의 관계가 된다. 인간의 후각 세포가 500만 개인 데 비해서 2억 2000만 개인 개도 있다

문제33

18세기 프랑스 철학자인 C.A.Helvetius는 일찍이 "교육 덕분에 현재의 내가 있는 것이다."라고 말했다. 진정한 의미에서는 바로 교육 덕택에 현재의 우리가 있는 것이다. 우리는 확실히 과거에 자신들이 배우고 경험한 것의 산물이다.

공통관계의 파악

34~41

공통관계 "**A and B**"는 **B**부터 찾는다
[공통관계의 파악]

다음 글에서 밑줄 친 부분을 해석하시오.

> When you know a language, you can ***speak*** and ***be understood*** by others who know that language. This means you have the capacity ***to produce*** sounds that signify certain meanings and ***to understand*** or ***interpret*** the sounds produced by others.

어구

language 언어 capacity[kəpǽsəti] 능력 produce sounds 음성을 내다 signify ~을 의미하다 meaning 의미 interpret[intə́:rprit] ~을 해석하다

분석

and, but, or 등의 등위접속사는 문법상 동질의 단어(구/절)을 연결한다. 문장이 AX + Y의 배열로 되어 있어도 실제로는 A(X + Y) = AX + AY와 같이 분석해야 할 때가 있다. 이 A를 공통어라고 하며, '(A에 대해서) X와 Y는 공통의 관계를 갖는다' 라고 한다. 공통관계에는 다음의 세 가지 형태가 있다.

① A (X + Y) ② (X + Y) B ③ A (X + Y) B

그러면, 첫번째 문장에서의 공통관계는? 먼저 and에 주목하자. and 뒤에 be understood가 있다. be가 동사원형이어서 and 앞에서 원형을 찾아보니, 조동사 can 바로 뒤에 speak(원형)이 있다. 그러면,

[When you know a language], you
can speak
and be understood (by others) [who know that language].

와 같이 분석할 수 있다. can을 공통어로 하는 ① A (X + Y)의 형태이다. 이처럼, 공통관계 A (X + Y)를 발견하는 확실한 방법은 우선 접속사 뒤에 놓인 Y를 찾아낸 다음 그것과 동질의 단어 X를 찾는 것이다.

두 번째 문장의 구조는 means(V) you(S) have(V)이기 때문에, you 앞에 접속 that을 보완해 넣을 수 있으며(→12과), sounds 바로 뒤에 있는 that은 관계대명

사의 주격이다.

두 번째 문장에서 공통관계를 찾아보자. and가 연결하는 것은 to produce와 to understand이다. 게다가 or가 연결하는 것은 understand와 interpret이므로 이 부분을 정리해서 도해하면,

$$\underset{(O)}{\text{the capacity}}
\begin{cases}
\underset{\text{(부정사·형) ① (Vt)}}{\textit{to produce}}\ \underset{(O)\ (선)}{\text{sounds}}\ \underset{(관대)}{\text{[that ~],}} \\[2mm]
\text{and}\ \underset{\text{(부정사·형)②}}{\textit{to}}
\begin{cases}
\underset{(Vt)}{\textit{understand}} \\[2mm]
\text{or}\ \underset{(Vt)}{\textit{interpret}}
\end{cases}
\underset{(O)}{\text{the sounds~}}
\end{cases}$$

이 된다. capacity부터는 ①의 A (X + Y)의 형태. understand와 interpret는 to를 공유하는 동시에, 뒤에 있는 the sounds도 공유하므로 ③A (X + Y) B의 형태가 된다. 공통관계를 발견하면 문장의 구조가 머릿속에서 입체적으로 정리된다. 접속사와 Y 사이에 부사(구/절)이 삽입되는 경우가 있으므로 속지 않도록 한다.

연습 34. 다음 글에서 밑줄 친 부분을 해석하시오.

> If you find that you are not the best in your class, no matter how hard you try, perhaps your goal is too high. <u>It is better to do as well as you possibly can, and then learn to be happy for the person who gets the best grades.</u>

어구 no matter how ~가 아무리 …해도   as~as + S + (possibly) can 할 수 있는 한   grade 점수

힌트 ☞ 첫번째 문장의 <u>no matter how</u> hard you try '아무리 열심히 노력해도'는 양보의 부사절로서, find '(~라는 것)을 알다'를 수식한다. try는 may try로 쓰이는 경우가 있다. find 뒤에 있는 that은 접속사이고, [that...class]는 find의 목적어(→11과). 두 번째 문장의 it은 형식주어이고 to do 이하가 진주어. 포인트는 and가 연결하는 공통관계를 발견하는 것. and 뒤에 있는 then이 부사이므로,(?) and (learn to be...)라고 설정하고 나서 learn이라는 동사(의 활용)가 어떤 형태인지를 생각한다. 현재형이라면 주어가 필요할 것이다. it을 learn의 주어로 간주하는 것은 무리이다. 따라서 learn은 do와 결합되는 동사원형이므로,

$$\underset{\text{(가)}}{\text{It is better}} \underset{\text{(진)}}{\text{to}}
\begin{cases}
\text{do ...,} \\
\text{and (then) learn to be ...}
\end{cases}$$
라고 할 수 있다. learn to do '~할 수 있게 되다'

be happy for ~ '~을 (~때문에) 기뻐하다'. 관계대명사 who의 선행사는 person.

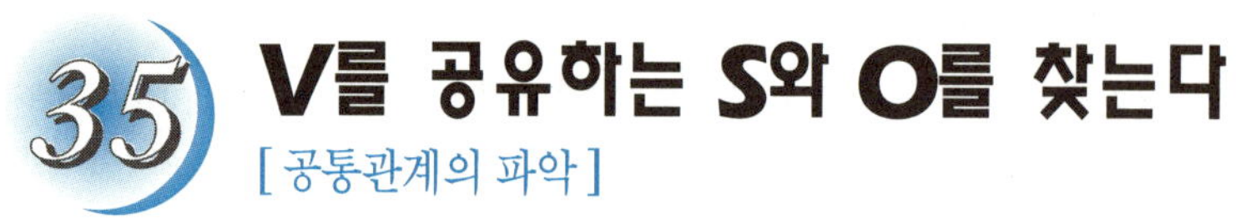

☐ 다음 글에서 밑줄 친 부분을 해석하시오.

> Conflict is often considered undesirable in our society. You may believe that conflicts cause *marriages to dissolve, employees to be fired*, and *loss of teamwork to occur*. Arguments, disagreements, and fights do force people apart and damage relationships.

conflict 충돌　undesirable 바람직하지 않다　dissolve 해소하다　employee 종업원　fire 해고하다　occur[əkə́:r] 일어나다　disagreement 의견의 차이

이 과부터는 구체적으로 무엇이 공통어인가에 초점을 두고 공통관계를 찾아내서 문장의 구조를 이해하는 기술에 대해서 알아보자.

첫번째 문장에서는 공통관계를 찾아볼 수가 없다. '충돌은 자주 바람직하지 않다고 여겨진다' 라는 의미이다. 다음으로 두 번째 문장. 명사가 많이 눈에 띈다. 이런 예문이야말로 공통관계를 통해서 문장을 해명하는 기술의 위력이 톡톡히 발휘되는 경우이다.

그러면, 앞 과에서 배운 기술을 떠올리면서 풀어 보자. 먼저 and에 주목! and로 연결되는 단어를 찾아야 한다. and의 뒤에 loss (of ~) to occur가 있다. and 앞에서 이와 동질의 어구를 찾아보면,

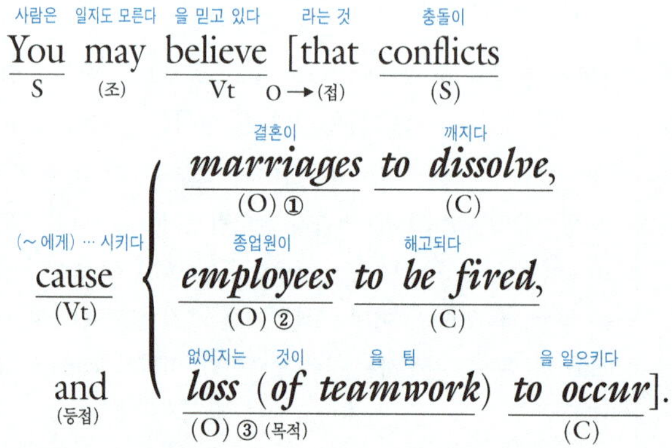

marriages to dissolve, employees to be fired를 발견했는가? 동사 **cause** '~시키다(원인이 되다)' 를 공통어로 해서 세 개의 (O + C)가 깔끔하게 정리되어 늘어서 있다. 그런데 (O + C)에는 'O가 C하다' 라는 '주부. 술부' 의 관계가 성립한

다는 것은 이미 설명했다(→6과). 즉, 세 개의 O 전부에 '～이'를 붙여서 해석하는 것이 기술이다.

자, 마지막 문장. 이해하기 어려운 문장이지만, and에 주목해서 공통관계를 파악하면 and 뒤에 있는 damage를 찾아낼 수 있다. 앞쪽으로 시선을 옮겨서 force를 주목하면, damage가 do와 관련이 있다는 것을 알 수 있다.

보는 대로, S①, S②, S③ V①, V②가 강조의 조동사 do를 공통어로 하고 이것을 중심으로 2개의 부채가 양쪽으로 펼쳐져 있는 단순한 구조이다. 지금까지 헉헉거리며 영문을 읽어 왔던 사람들에게는 두 눈이 활짝 열리는 현상이다.

연습 35. 다음 글에서 밑줄 친 부분을 해석하시오.

> Various people exhibit various cultural characteristics. Each people has its own way of doing things and its own "personality." To be different, to do things differently, is not to be better or worse, superior or inferior.

어구

exhibit[igzíbit] ～을 나타내다　characteristic[kæriktərístik] 특징

힌트

두 번째 문장의 people은 Each (각각의)가 붙어 있고 술어동사가 has인 점으로 보아, 집단적 성격을 갖는 people이므로 '국민'이라고 해석한다. 세 번째 문장의 포인트는 or가 연결하는 것을 찾아내는 것이다. 먼저 better or worse 그리고 superior or inferior와 같이 ①→②의 순서로 파악한다. 게다가 is의 주어 …를 고려하면,

To be different,
to do things differently,　is not to be　{ or better / worse, 　or superior / inferior. }

즉, not A or B는 'A도 B도 아니다'로, 양 쪽 다를 부정하는 표현.

V가 연결하는 공통관계를 찾는다
[공통관계의 파악]

다음 글에서 밑 줄 친 부분을 해 석하시오.

> Most of us **know**, and all of us should **know, the solid satisfaction** that comes from doing a thing well. In writing, also, the forming of even a single good sentence results in the added joy of successful creative effort.

어구

solid 충실한 satisfaction 만족 com from ~에서 생겨나다 result in ~으로 끝나다 added (뒤에서부터) 더해지다 creative effort 창조적인 능력

공통관계의 응용편이다. 지문을 잘 살펴보자. and가 보이는지? 그렇다면, 첫번째 문장에서의 공통관계는?

and 뒤에는 all of us should know가 있고, 그리고 콤마. and 앞에는 Most of us know가 있다. know(현재형인 know와 should 뒤에 있는 동사원형 know)는 타동사이니까 목적어(O)가 필요하겠다. 기대를 갖고 시선을 돌려보니, the solid satisfaction이 있다. 이 명사 satisfaction이 공통O이다. 도해하면,

$$
\begin{array}{l}
\text{대부분은}\quad\text{의}\quad\text{우리}\quad\text{을 알고 있다}\\
\underset{\text{S}①}{\text{Most (of us)}}\ \underset{\text{Vt}①}{\textit{\textbf{know,}}}\\
\underset{\text{(등접)}}{\text{and}}\ \underset{\text{S}②}{\text{all (of us)}}\ \underset{\text{(조)}}{\text{should}}\ \underset{\text{Vt}②}{\textit{\textbf{know,}}}
\end{array}
\left.\begin{array}{l}\\ \\ \\ \end{array}\right\}
\underset{\text{(공통어) O}}{\textit{the solid satisfaction~}}
$$

가 된다. 이 문장의 저자는, and all of us should know를 두 개의 콤마 사이에 삽입해 놓은 것에서도 알 수 있듯이 '모르는 사람이 있어서는 안 돼, 모두 알아야 해' 하며 다짐을 하고 있다. 이런 경우는,

$$
\left.\begin{array}{l}\text{S+Vt } ①\\ \text{S+Vt } ②\end{array}\right\}\ \text{O (V가 O를 공통어로 취하는 형태)}
$$

라는, (S)V가 연결하는 공통관계를 만들어 낸다. 이처럼 공통관계는 문장 곳곳에서 여러 가지 형태로 등장한다. 역으로 말하면, 공통관계를 찾아내면 문장 구조는 순식간에 그 골격을 드러낸다고 할 수 있다.

자, 두 번째 문장에서의 공통관계는? 유감스럽게도 없다. 하지만 '전치사 + 명사'를 ( )로 묶는 기술을 구사하면,

어떤 것을 훌륭하게 해냄으로써 생기는 충실한 만족감을, 우리들은 대체로 알고 있고 또 알아야 한다. (글을) 쓰는 경우에 있어서도 역시 단 한 줄일지라도 훌륭한 문장을 완성하면, 그 창조적인 노력이 결실을 맺음으로써 나오는 지금까지 없었을 정도의 기쁨이 결국은 생겨나게 된다.

에 있어서　쓸 경우　　　또한　　　만드는 것은
(In writing), also, the forming
　　　M　　　（부사）　　　　S

을　심지어　단 하나의　훌륭한　　문장
(of even a single good sentence)
　　　　　　　M

결국…(을 낳다)것이　되다　이전에도 증가해서　기쁨　에서 생겼다　결실을 맺은　　창조적인
results (in the added joy) (of successful creative
　Vi　　（전）　　　O　　　　　　　　　M

노력
effort).

이 되어, the forming results라는 S + V의 단순한 골격임을 알 수 있다. result가 (in the added joy)의 in과 결합하면, '(만드는 것은) 결국 (이전에도 증가해서 기쁨을 낳는 것)이 된다' 라는 의미이다.

연습 36. 다음 글에서 밑줄 친 부분을 해석하시오.

> Computers are an obvious part of technology that reaches into most people's lives. Computers answer telephones, retrieve information instantly, read and answer letters, and make mathematical computations in much less time than a person can.

어구

reach into ~로 파고 들어가다　retrieve[ritríːv] ~을 검색하다　make a computation 계산을 하다

힌트

첫번째 문장의 that은 관계대명사의 주격이고, 선행사는 part of technology '과학 기술의 일부' 라고 해석한다. 두 번째 문장의 and가 포인트. read and answer 부분에 콤마가 없는 것으로 보아, letters를 공통 목적어로 취하고 있다는 것을 알 수 있다. 문장의 구조는

Computers
S
(V가 S 공유)

answer telephones,
V　　　O

retrieve information ...,
V　　　O

read / answer
V　　V
letters,
O
(V가 O 공유)

and make mathematical computations...
O

비교급 much는 less를 강조하며, '훨씬' 이라는 의미. can의 뒤에는 do가 숨어 있다(→ 42과). in less time than a person can(인간이 할 수 있는 것보다 짧은 시간에)은 He has more books than he can read.(다 읽을 수 없을 정도로 많은 책을 가지고 있다)를 참고하면, '사람은 할 수 없을 정도로 단시간에' 가 된다.

V가 연결하는 공통관계를 찾는다

37 전치사구가 연결하는 공통관계를 찾는다
[공통관계의 파악]

> Nobody can expect to understand everything about a picture and no one needs to like all works of art. Artists are people who constantly look **for what** has not been seen, felt or understood before **and for ways** of presenting what they find in paintings, drawings or sculpture. It may take people some time to catch up with what they have done.

어구

present 표현하다   painting (물감으로 그린) 그림   drawing (연필, 크레파스 등으로 그린) 그림   sculpture[skʌ́lptʃər] 조각   catch up with ~에 뒤에 미치다

〈S + V + X and S + V + X.〉와 같이 두 개의 절이 결합되어 있을 때, 이 두 개의 절을 등위절이라고 했다. 첫번째 문장이 이런 형태이다.

누구도　　　～할 수 없다 을 하고 싶다는 생각은　　　을 이해하다
Nobody can expect to understand
　S　　　(조)　　Vt　　　　O (Vt)
　　　　　　　　　　　　　　모든　　　에 대해서　　한 장의 그림
　　　　　　　　　　everything (about a picture)
　　　　　　　　　　　　(O)　　　　　　(M)
그리고　　누구도　　필요는 없다　을　좋아하다　모든　작품　의　예술
and no one needs to like all works (of art).
(등접)　S　　　Vt　　O(Vt)　　(O)　　　M

두 번째 문장이 이 과의 포인트이다. who 이하의 and에 주목하자. and가 뒤에 오는 for ways~와 앞에 있는 for what ~을 연결하는 것은 한 눈에 알 수 있다.

예술가는　이다　사람들　(그 사람은)　끊임없이
Artists are people [who constantly
　S　　Vi　　C(선)　　(관대)(S)　　(부사)
찾는다　　　을　　　것　　　일찍 본 적이 없다
look **for** [**what** has not been seen, ~before]
(공통어)(Vi)　　(S)　　　(V) (완 · 수)
　　　　　을　방법　위해서　을 표현하는 것
and **for ways** (of presenting [what~] in~)].
(등접)　　　　　　　　　(동명)

look for는 '~을 찾다' 라는 관용구이다. 이 look을 공통어로 해서 두 개의 for가

연결되어 있다. 게다가 what절이 뒤따르는데, 여기에도 공통관계가 포함되어 있다.

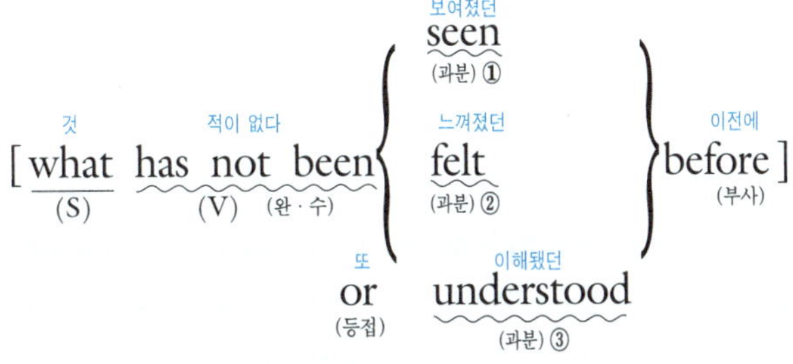

이 절에서는 or가 been을 공통어로 해서 세 개의 과거분사를 연결하고 있다. 그리고 이 뒷부분은,

presenting [what they find] (in { paintings / drawings / or sculpture).

와 같이 or가 in을 공통어로 해서 세 개의 명사를 연결하고 있다.

Man's progress in making weapons and tools, first of bronze and then of iron, accompanied the development of agriculture and the domestication of horses, sheep, and oxen.

누구도 한 장의 그림에 대해서 완전히 이해할 수 없으며, 또 모든 예술작품을 좋아할 필요도 없다. 예술가는 일찍이 시각, 감성, 이해의 어느 것으로도 경험한 적이 없는 것을 (찾고), 또 그들이 발견한 것을 유화, 스케치 등과 조각의 형태로 표현하는 기교를 끊임없이 추구하는 사람들이다. 예술가가 만들어 낸 것을 이해할 수 있기까지는 사람들은 다소 시간이 필요할지도 모른다.

연습 37. 다음 글을 해석하시오

어구 progress 진보 bronze 청동 accompany[əkʌ́mpəni] ~에 수반하다 do-mestication 길들이는 것

힌트 ☞ Man's progress in ~ '인류(인간)가 ~에 있어서 진보한 것'. 포인트는 first of bronze and then of iron에서 and가 연결하는 부분을 정확하게 파악하는 것이다. 부사를 떼어낸 다음 of bronze and of iron을 파악한다. 이 of는 make O₁ of O₂ 'O₁을 O₂로 만들다'의 of이기 때문에 동명사 making을 수식하는 어구이다.

making { weapons (무기) / tools (도구) } and { (first) of bronze / (then) of iron,... } accompanied

의 목적어는 and로 연결되는 development와 domestication이고, 각각 of agriculture, of horses ...oxen이 이들을 수식하는 수식어구이다. 마지막 부분에 있는 of와 세 개의 명사 간에 이루어지는 공통관계도 파악할 것(→39과).

domestication of { horses, / sheep, (a가 없으므로 복수형) / and oxen (단수형은 ox) }

38 명사를 연결하는 **A(X+Y)B**형을 놓치지 말 것!

[공통관계의 파악]

□ 다음 글에서 밑 줄 친 부분을 해 석하시오

> A generalization is a statement that includes more than what is actually observed. It proceeds ***to*** a ***rule*** or ***law that*** includes both the observed cases and those not yet observed. Thus the generalization may not be true, even though the observations on which it is based are true.

어구

generalization 일반화   statement 진술   observe[əbzə́ːrv] ∼을 관찰하다
proceed to ∼로 나아가다   include ∼을 포함하다   case 실례   be based on
∼에 기초하다

이 과에는 공통어가 앞뒤로 포진해 있는, 즉 A (X + Y) B의 형태가 등장한다. 공통관계를 간파하는 열쇠는 and, but, or 등의 뒷부분에 주목한 다음, 앞부분을 꼼꼼히 관찰하는 것이다. 이 형태도 마찬가지이다.

일반화는　　　이다　　　진술
A generalization　is　a statement
　　　S　　　　　　Vi　　　C (선)

(그것은)　을 포함하다　이상의 것　보다　（것）　되다　실제로　　관찰되어
[that includes more than [what is actually observed]].
(관대)(S)　(Vt)　(O)　　　(관대)(S)　(부사)　(V) (수)

첫번째 문장에서는 공통관계가 눈에 띄지 않는다. 관계대명사 that 이하의 대종속절 속에는 관계대명사 what 이하의 소종속절이 포함되어 있다.

자, 두 번째 문장이 이 과의 하이라이트이다. 먼저 or에 주목! 바로 뒤에는 명사 law가, 앞에는 명사 rule이 있다. or가 연결하는 것이 law와 rule이다. 그리고 이 두 단어가 공통어로 취하는 것이 전치사 to와 관사 a이다. 그리고 또 한 가지, law 뒤에 이어지는 that절도 공통어라는 것을 눈치챘는지? 분석하면,

일반화는　나아가다　　에　　　　규칙
It proceeds ***to*** a ｛ ***rule*** ｝
　S　　　　　　　　　O①(선)①

　　　　　　　　　　법칙
　　　　　　or ｛ ***law*** ｝　[***that*** includes ~]
　　　　　　(등접)　O②(선)②　　(관대)(S)　(Vt)

　　　　　　　　　　　　　　(그것은)　을 포함하다

일반화라는 것은 실제로 관찰된 이상의 것을 진술하는 것이다. 관찰된 사례와 아직 관찰되지 않은 사례 모두가 포함되어 있는 규칙과 법칙으로 나아가는 것이다. 따라서, 일반화는 그 기초가 되는 관찰이 설령 사실에 기초한다고 해도 사실이 아닐지 모른다.

이 두 명사는 전치사 to의 목적어(O) ①②임과 동시에 관계대명사 that의 선행사 ①②이기도 하다. 즉,

전치사 (N① +N②) [관계사절] → A (X+Y) B

의 협공형태이다. 어떤 형태든지 간에, 등위접속사를 사이에 두고 있는 Y부터 찾는 것이 원칙이라는 것은 알아 두어야 한다.

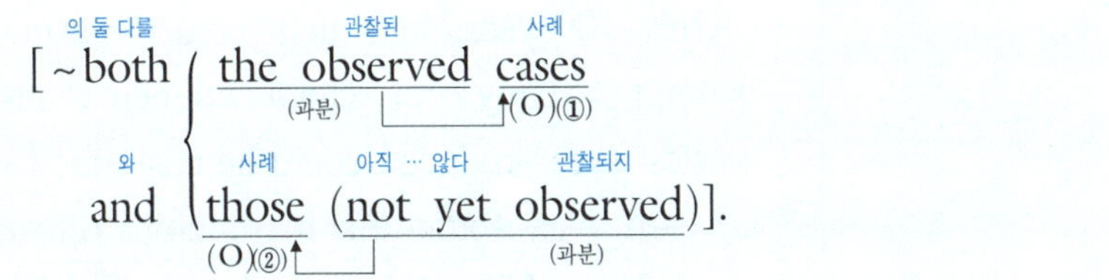

both ~ and는 상관접속사로, '~와 …의 둘 다'라는 의미이다. 대명사 those는 and의 전후를 비교해 보면 those = the cases라는 것을 알 수 있다.

마지막 문장에서는, even though 이하의 대종속절에 [on which it is based]의 전치사 + 관계대명사의 목적격으로 시작되는 소종속절이 포함되어 있는 것을 파악하는 것이 핵심이다(→26과).

연습 38. 다음 글에서 밑줄 친 부분을 해석하시오.

> Some suggestions on how to encourage laughter for healing: instead of flowers, send the patient a funny novel, a book of jokes, a silly toy or humorous audio or video tape. <u>Keep on the lookout for humorous happenings and stories that you can tell the patient about.</u> Arrive at the bedside with a funny story instead of a complaint about the terrible traffic or the parking problem.

어구

encourage ~을 촉구하다   heal ~을 치료하다   instead of ~대신에   patient [péiʃənt] 환자   keep on the lookout for ~방심하지 않고 경계하다

힌트 ☞

첫번째 문장에서 how to … (의문사 + to부정사)는 전치사 on의 목적어이다. on 이하는 suggestions를 수식하는 수식어. 두 번째 문장의 첫번째 or는 novel, book, toy, tape를 연결한다. 두 번째 or는 audio와 video를 연결함과 동시에 tape를 수식한다. humorous는 tape를 수식하는 수식어. 세 번째 문장에서 for의 목적어는 happenings와 stories. 밑줄 친 부분의 that은 관계대명사로서 문미에 있는 전치사 about의 목적어이다.

명사를 연결하는 A(X+Y)B형을 놓치지 말 것!

❏ 다음 글에서 밑줄 친 부분을 해석하시오.

> Only 100 years ago man lived in harmony with nature. There weren't so many people then and their wants were fewer. Whatever wastes were produced could be absorbed by nature and were soon covered over. Today this harmonious relationship is threatened by man's lack *of foresight* and *planning*, and *by his carelessness* and *greed.*

be absorbed by ~에 의해서 흡수되다   harmonious relationship 조화를 이루는 관계   threaten[θrétn] ~을 위협하다   foresight 선견지명   greed 욕심

이 과의 주제도 공통관계를 발견하는 것이다. and에 착안하면서 예문과 씨름해 보자. 첫번째 문장은 "in harmony with"를 이해하면 간단하다. '불과 100년 전, 사람은 자연과 조화를 이루며 살고 있었다.'라는 의미이다.

두 번째 문장에는 and가 있는데, 이것은 두 개의 등위절을 연결하고 있을 뿐, 공통관계를 이루고 있는 것은 아니다. 전반부는 '당시 사람은 그 정도로 많지 않았다'라고 해석하고 넘어가자.

다음은 세 번째 문장, and가 있다.

```
        아무리 ~라도      쓰레기          배출되다
[Whatever  wastes  were  produced]
  복합관계형용사            S

             할 수 있었다      흡수되어     에 의해서    자연
      ⎧  could  be  absorbed  (by  nature)
      ⎪   (조)        V (수) ①
  and ⎨
      ⎪   또    버렸다   곧바로   흙에 묻혀   완전히
      ⎩  were  soon  covered  over.
                     V (수) ②
```

whatever는 '아무리 ~일지라도'라는 의미이다. 따라서 [ ]를 바꾸면, Any wastes [that were produced]가 되며, wastes가 주부의 S이고 and는 두 개의 술부를 연결하고 있다.

자, 네 번째 문장이다. 세 개의 and에 주목하자.

```
     오늘     이      조화를 이룬        관계는
Today  this  harmonious  relationship
                  S
```

불과 100년 전, 사람은 자연과 조화를 이루며 살았다. 당시 지구상에 있는 사람의 수는 그렇게 많지 않았고, 인간이 필요로 하는 것도 지금보다 많지 않았다. 사람이 배출하는 어떤 쓰레기도 자연계에 흡수될 수 있는 것이었고, 곧바로 완전히 묻혀 버리는 것이었다. 오늘날, 이 조화를 이룬 관계는 인간의 선견지명이 부족한 계획성의 결여 때문에, 또 인간의 부주의와 욕망 때문에 위협받고 있다.

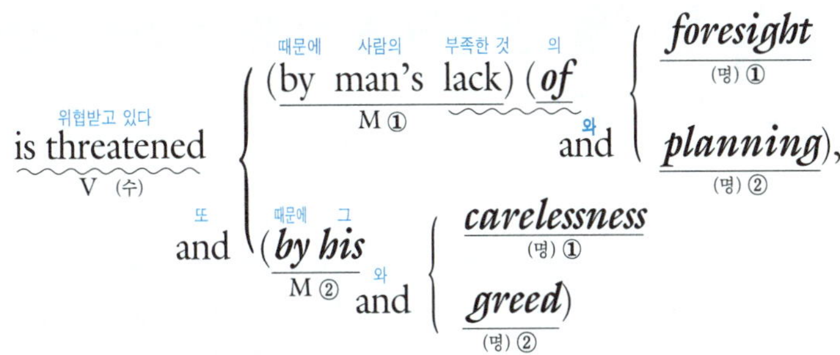

한가운데에 있는 and는 두 개의 수식어구(M), 즉 (by man's lsck)과 (by his carelessness and greed)를 연결하며, is threatened를 공통어로 하고 있다(→37과). 그리고, 이 과의 핵심은 첫번째와 세 번째 and에 연결되는 공통관계이다.

$$ of \begin{cases} foresight \\ planning \end{cases} by(his) \begin{cases} carelessness \\ greed \end{cases} \longrightarrow 전치사 \begin{cases} N① \\ N② \end{cases} $$

전치사가 공통어가 되는 형태를 놓치지 않도록!

연습 39. 다음 글에서 밑줄 친 부분을 해석하시오.

> Boston has a claim to be the cradle of American life. <u>It is a big, vital, beautiful city, but one torn by the racial tensions of "busing" and the racial violence of everyday life.</u>

어구

claim 권리   the cradle 발양지   be torn by ~괴로워하다   racial 인종간의
busing (인종 차별을 없애는 목적에서) 아동을 버스 통학시키는 것

힌트 ☞

첫번째 문장의 has a claim to be ~(~일 권리를 소유한다)는 can be called ~ '~라고 불릴 수 있다'와 거의 같은 의미이므로, '~할 만하다'라고 해석할 수 있다. 두 번째 문장의 and가 포인트. and의 바로 뒤가 the racial violence ...이므로 and의 앞쪽에서 같은 분위기를 지니는 the ~를 찾는다. the racial tensions ...가 전치사 by의 목적어라면 the racial violence도 마찬가지로 by의 목적어인 것이다. 두 번째 문장의 전반부에 있는 but이 연결하는 것은 one(=a/an + 단수명사이므로, a city)과 a(big ...) city이다. tensions of "busing"의 of는 caused by ~ '~에 기인하다'라는 뜻.

$$ It\ is\ but \begin{cases} a ... city \\ one\ \underline{torn}\ by \begin{cases} the\ racial\ tensions ... \\ and\ the\ racial\ violence ... \end{cases} \end{cases} $$

by는 tension과 violence.의 공통의 전치사이다

40 부사를 연결하는 공통관계를 놓치지 않는다

[공통관계의 파악]

The expression "mother-tongue" should not be understood too literally : the language which the child acquires naturally *is not, or not always*, his mother's language. When a mother speaks with a foreign accent or in a pronounced dialect, her children as a rule speak their language as correctly as other children, or keep only the slightest tinge of their mother's peculiarities.

literally 문자 그대로   acquire ~을 습득하다   accent 억양   pronounced 명확한   dialect[dáiəlèkt] 사투리   tinge[tindʒ] 아주 조금   as a rule 일반적으로

이 과에서는 등위접속사가 부사를 연결하는 공통관계에 대해서 알아보자. 여기에서는 부정어가 연결되는 형태이다.

첫번째 문장에서 콜론(:)까지는 공통관계가 없다. 이 과의 핵심인 등위접속사가 부정어를 연결하는 문장은 콜론이하에 등장한다. or에서 실례를 찾아볼 수 있다.

용례에 따라서 or의 뒷부분 ⟶ 앞부분에 주목하자

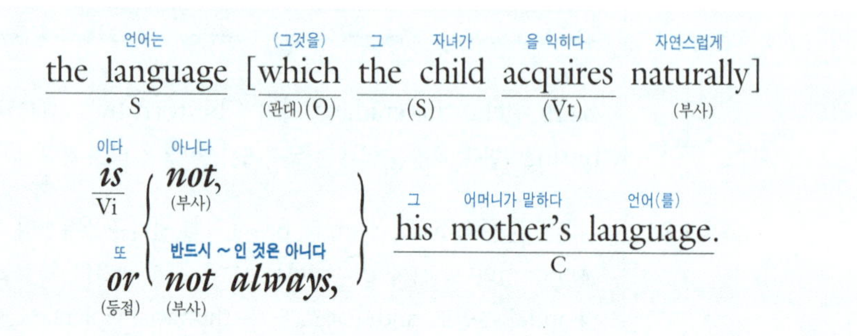

이해할 수 있겠는지? not이라고 해 놓고 콤마 뒤에 or not always라고 부드럽게 바꿔서 언급한 느낌이 드는데, be동사 is를 부정하는 부사가 두 개라는 것은 확실히 알 수 있다. "not always"는 '반드시 ~인 것은 아니다' 라는 부분부정(→37과)이다.

그리고, 두 번째 문장에도 두 개의 or가 있는데, 이것은 무엇과 무엇을 연결하는 것일까? 접속사 when에서 콤마까지의 종속절 속에 있는 첫번째 or는,

모국어라는 표현을 지나치게 문자 그대로 받아들여서는 안 된다. 즉, 그 자녀가 자연스럽게 익히는 언어는 어머니가 사용하는 언어와 똑같지 않으며, 또 반드시 그렇지는 않다. 어떤 어머니가 외국 억양으로 말을 한다든지, 또는 심한 사투리로 말을 하는 경우에도 일반적으로 그 자녀들은 다른 아이들과 비슷한 정도로 정확하게 그 언어를 사용한다든지, 어머니의 버릇을 아주 조금 따라할 뿐이다.

경우라도　어떤　어머니가　말하다　　　　　으로　　외국　　발음
[when a mother speaks (with a foreign accent)
(접)　　(S)　　(Vi)　　　　　　　　　　M ①

또는　　으로　심한　사투리
or (in a pronounced dialect,)
(등접)　　　　M ②

with ~ 와 in ~ 의 두 개 전치사구가 speaks라는 V를 공통어로서 수식하고 있는 형태이다(→37과). 또 두번째 or는,

그　　자녀들은　　일반적으로
her children (as a rule) { speak ~ / Vt
S　　　　M

또는
or { keep ~ / Vt
(등접)

로, 두 개의 V를 연결하고 있다. 주절의 S인 children을 공통어로 해서 or가 뒤에 있는 keep ~ 과 앞에 있는 speak ~ 를 연결하고 있다(→36과).

연습 40. 다음 글에서 밑줄 친 부분을 해석하시오.

> In winter, people usually tend to decrease their activity and save energy. They aren't as active or as physically fit as they are in summer. Such inactiveness, however, could affect their well-being. If you want to maintain good health and have a good figure, don't let winter keep you from your regular activities and exercise.

어 구

decrease[diːkríːs] ~을 줄이다　　fit 건강하게　　inactiveness 활발하지 않음
well-being 건강　figure 모양　keep ~ from… ~에게 …못 하게 하다

힌트 ☞

첫번째 문장의 and와 네 번째 문장의 if절에 있는 and에 주목하면, to를 공유하는 두 개의 동사원형을 찾을 수 있다. 두 번째 문장의 포인트는 or가 연결하는 부분을 파악하는 것. or의 직후와 앞부분에 as가 있으므로 as active와 as (physically) fit를 나열하면

They aren't { as active / or as (physically) fit } as they are …(두 개의 부사 as가 접속사 as를 공유한다).
(접)

could는 소극적인 추측 '~일 것이다'. let이 사역동사이므로 keep은 동사원형. '사역동사 + O + 원형'의 형태.

절을 연결하는 **and, but, or**
[공통관계의 파악]

❏ 다음 글을 해석하시오.

> Studies in the United States have shown ***that*** most people want their first child to be a boy, ***that*** couples who have only daughters are more likely to "keep trying" than those who have only sons, ***and that*** both mothers and fathers —but especially fathers —show more interest in and pay more attention to their sons than their daughters.

어구　studies 연구　couple 부부　be likely to *do* ~하는 것 같다　keep *do*ing ~ 계속해서 ~하다　especially[ispéʃəli] 특히

이 과에서는 공통관계의 최종 단계로서 종속절을 둘러싼 공통관계를 검토한다.

아무리 복잡해 보여도 "A and B"와 같이 and[but/or]에 연결되어 있는 A, B는 문법상 동질이라는 것을 출발점으로(→34과)해서 분석해 나가면, 문장의 구조는 반드시 드러난다. 이 경우 B부터 찾는 것이 원칙이다. 일반적으로 접속사와의 거리가 A보다는 B쪽이 가깝기 때문이다.

지문은 상당히 긴 문장이다. and와 but이 얼핏 보이는데, and에는 that절이 뒤따르는 것 같다. but 앞에 ~가 있으니까 두 번째 ~까지는 일단 무시해 버리자. 이 절 속에서는 show가 V이고, mothers and fathers가 S라는 것을 짐작할 수 있다. and의 바로 뒤가 [that SVX]인 것을 확인했으니까, 이 and는 종속절을 연결하고 있다고 할 수 있다.

그렇다면, 앞에 동종의 종속절이 있을 텐데…하며 살펴보니, have shown [that SVX], [that SVX]가 선명하게 떠오른다. 즉, 세 개의 that절은 have shown의 목적어가 되는 명사적인 종속절이다.

```
          연구는      에서의      미합중국을              나타내고 있다
       Studies (in the United states) have shown
         S ↑________________|      M            Vt

            라는 것  대부분의   사람들은   을 원하다
        [that most people want ~],
        O①(접)      S       Vt

                부부는          보다  하는 것 같다   보다도   부부
        [that couples ...are more likely to ...than those ~],
        O②(접)    S            V

                     의 양쪽 다  어머니   와   아버지   을 보이다   을 기울이다
   and  [that both mothers and fathers ...show ...and pay ~].
  (등접)  O③(접)              S                Vt①      Vt②
```

미합중국에서 이루어진 연구에 따르면, 대부분의 사람들은 첫번째 자녀가 아들이기를 바라며, 딸만 있는 부부가 아들만 있는 부부보다도 훨씬 '(게다가 아들을 얻으려고) 계속 노력하는'것 같고, 어머니와 아버지 모두가 – 특히 아버지가 – 딸보다는 아들에게 보다 많은 관심을 보이고 보다 많은 주의를 기울인다고 한다.

두 번째의 that절에서 than의 직후에 있는 those는 앞부분과 비교해 보면 couples를 대신한다는 것을 알 수 있다. keep trying (to have another child)인 것을 파악했는지?

세 번째의 that절. and 앞에 있는 전치사 in의 목적어가 없는 것과 and 바로 뒤에 pay가 있는 것으로 보아, and가 show와 pay를 연결하고 있는 것을 알 수 있다. 또, 두 번째의 more가 than ~ 을 공통어로 하고 있는 것을 이해하면, their sons 가 in과 to의 공통의 목적어라는 것을 파악할 수 있을 것이다.

mothers and fathers { show more interest in / and pay more attention to } their sons than ~

연습41. 다음 글에서 밑줄 친 부분을 해석하시오.

> Apes and monkeys in the wild are not separated for more than a few minutes from their newborn babies, so that it is impossible to know if the first twelve hours after birth are particularly important to bonding or even if such a process occurs.

어구 ape[eip] 유인원   in the wild 야생의   newborn 신생의   so that 그래서 bonding 유대를 맺는 일

힌트 ☞ are not separated for more than a few minutes '몇 분을 넘어서 헤어지는 것은 아니다' → '헤어지는 것은 겨우 몇 분'. it은 형식주어(→48과)이고, to know 이하가 진주어. or가 연결하는 부분을 파악하는 것이 포인트. even if가 '비록 ~라도'라면 부사절이 되기 때문에 or 앞에서 또 하나의 동질의 부사적인 표현을 찾아내야 한다. 그러나 know 직후에 있는 if절은 명사절이기 때문에 (even) + if절(명사절)이 된다.

know { if절 / or even if절 } such a process

'이러한 과정' 이라는 것은 문맥상 a process of bonding '유대관계를 맺는 과정'.

문제 34

아무리 열심히 노력해도 학급에서 최고가 될 수 없는 경우는 아마도 목표가 너무 높기 때문일 것이다. 가능한 한 열심히 노력해서 가장 좋은 점수를 받은 사람을 기쁘게 해줄 수 있는 입장이 되는 편이 낫다.

문제 35

다양한 사람들이 다양한 문화적 특징을 보인다. 각 국민은 독자적인 사물의 처리 방법과 독자적인 국민성을 지니고 있다. 다른 것, 즉 사물을 다르게 다루는 방법은 어느 것이 좋은가 나쁜가, 어느 것이 훌륭하고 어느 것이 조악한가가 아니다.

문제 36

컴퓨터는 대부분의 사람들 생활 속에 깊이 침투해 있는 과학 기술의 명백한 일부분이다. 컴퓨터는 전화에 응답하고, 정보도 곧바로 검색하고, 편지를 읽고 답장을 보내며, 인간에게는 무리인 아주 짧은 시간 내에 수학적인 계산을 한다.

문제 37

처음에는 청동에서 다음에는 철로 무기와 도구를 제조한 점에서, 인류의 진보는 농업이 발달하고 말, 양, 소를 사육한 것에 수반된 것이다.

문제 38

치료를 위해서 웃음을 유발하는 방법에 대한 몇 가지 제안. 환자에게는 꽃 대신에 재미있는 책, 우스운 이야기 책, 우스꽝스러운 인형, 또는 유머가 있는 오디오와 비디오 테이프를 보내라. 환자에게 얘기해줄 수 있도록 유머가 풍부한 사건과 이야기를 주의해서 찾아라. 병상에 갈 때에는 교통 상황의 심각성이나 주차문제에 대한 불만 대신에 재미있는 이야기를 하라.

문제 39
보스턴은 미국 생활의 발양지라고 할 만하다. 그 곳은 크고 활기에 찬 아름다운 도시이지만, '정책적으로 아동을 버스로 수송하는 것'에서 발생하는 인종간의 긴장과 일상생활에서 겪는 인종 간의 폭력에 시달리는 도시이다.

문제 40
겨울에는 보통 사람들이 활동을 줄여서 에너지를 비축하는 경향이 있다. 여름만큼은 활발하지도 않고 체력 상태가 좋지도 않다. 하지만 그러한 비활동성은 사람들의 건강에 영향을 미칠 것이다. 만일 양호한 건강 상태를 유지하고 좋은 용모를 갖고 싶다면, 겨울이라고 해서 규칙적인 활동과 운동을 멀리해서는 안 된다.

문제 41
야생 유인원과 원숭이는 신생아가 태어나자마자 겨우 몇 분 안에 (신생아와) 헤어진다. 그 결과, 막 태어나서부터의 12시간이 모자간의 유대관계에 있어서 특히 중요한지, 또는 그러한 과정이 일어나는지 아닌지를 아는 것조차 불가능하다.

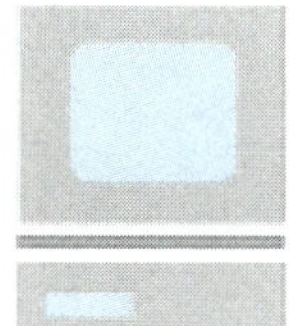

생략의 발견

42~45

42 조동사 뒤에 숨어 있는 동사를 찾는다
[생략의 발견]

> World conditions are constantly changing, and attitudes must change with them. If they **do not**, catastrophe is bound to follow. The attitude that now is most in need of change is the way we view the relationship of ourselves and our countries to other lands.

어구

world conditions 세계의 상황   attitude[ǽtitjuːd] 관   catastrophe 파국
be bound to **do** 반드시 ~하다   be in need of ~ ~을 필요로 하다

영어는 같은 어구를 반복하기 싫어하는 언어이다. 그 때문에 훨씬 간단한 다른 어구로 바꾼다든지(대부정사와 대동사의 do) 생략하는 경우가 자주 있는데, 이러한 것들이 영문을 해석하는 데 걸림돌이 된다. 하지만 잘 생각해 보면, 문맥을 통해서 이것이로구나 하고 명확히 알 수 있기 때문에 생략할 수 있는 것이 아니겠는가? 다시 말해서 문맥의 전후관계를 잘 살펴보면, 그 정체를 쉽게 밝혀낼 수 있다는 것이다.

첫번째 문장은 간단하다. 다만 attitude는 '태도'라는 뜻이지만, 문맥상 '사물을 보는 관점'이라고 해석한다.

이 과의 하이라이트는 두 번째 문장이다. 조동사 뒤에 동사가 온다는 것은 누구나 다 아는 상식이다. 그렇다면 do not 뒤에 있어야 할 동사는?

만약 ~라면 관점이　~아니다　　　파국이　　　반드시 ~ 하다　　일어나다
[If they **do not**,] catastrophe is bound to follow.
(접) (S)　　　　　　　S　　　　　　　　　V

조동사 뒤에 있어야 할 동사는 어디로 간 것일까? they가 attitudes를 가리키고 있으므로 앞문장의 관련된 부분과 비교해 보면,

attitudes must change with them
　　　　　조동사
↓　　　　　　↓　　　　　(them = world conditions)
(if) they do not (　　?　　)
　　　조동사

즉, 이 문장에는 조동사 뒤에 있어야 할 동사 change (with me)가 생략되어 있다. 이처럼 반복을 피하기 위해서 조동사 뒤에 있는 동사를 생략하는 경우가 있는데, 그럴 때에는,

세계의 상황은 끊임없이 변하고 있다. 따라서 관점도 변해 가는 상황과 함께 변하지 않으면 안 된다. 만약 그 관점이 변하지 않는다면 반드시 파국이 찾아올 것이다. 지금 변화가 가장 필요한 관점은 우리 자신과 우리 나라와 다른 나라와의 관계에 대한 관점이다.

if they do not change (with them),

과 같이 생략된 동사를 보완해 넣어서 해석한다.

그러면, 마지막 문장. 선행사 the way 뒤에 관계부사 that이 생략되어 있다(→30과). 그리고,

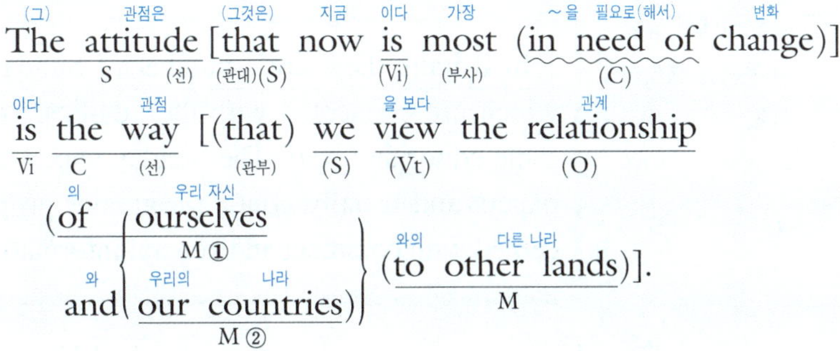

of를 공통어로 하여 and가 연결하는 공통관계를 파악할 수 있다(→39과).

연습 42. 다음 글에서 밑줄 친 부분을 해석하시오.

> I'm sure you remember John Everhart. Well, he left this world last week. <u>I have yet to meet anyone who can tell a story like he could.</u> He retired from the Army and came back home to an apartment not too far from where he was born. He was killed by a hit-and-run driver. No suspects. No arrests.

this world 이 세상   have yet to *do* 아직 ～하지 않다   retire 물러나다
hit-and-run 치어 놓고 뺑소니 치는   suspect[səspékt] 용의자   arrest 체포

첫번째 문장은 sure 뒤에 접속사 that을 넣어서 파악한다(→12과). 두 번째 문장의 left는 world를 목적어로 수반하는 타동사로, 원형은 leave. 세 번째 문장의 조동사 could에 유의. like는 접속사이므로(→5과), 양태의 as (～와 같이, ～와 같은 방법으로)로 바꿀 수 있다. can tell a story와 could를 비교해 보면, could (tell a story)와 같이 생략되어 있는 것을 알 수 있다. have yet to ～에서는 yet에 부정적인 의미가 내포되어 있기 때문에 <u>any</u> one이 쓰인 것이다. who는 관계대명사의 주격으로서 can tell의 주어가 되고, who절(who ～ could)은 anyone을 한정하므로 '그처럼 말할 수 있는 (능한) 사람…' 이라고 한다. 네 번째 문장의 home은 '고향으로' 라는 뜻의 부사이지만, 위의 해석에서는 '고향의' 라고 했다. where는 관계부사이고 where절은 전치사 from의 목적어인 명사절. far는 부사이지만 not ～ 을, born은 apartment를 수식한다.

조동사 뒤에 숨어 있는 동사를 찾는다

43 부사절 속에 생략되어 있는 "S+be동사"
[생략의 발견]

□ 다음 글에서 밑줄 친 부분을 해석하시오.

> In Britain, there are a number of Sunday newspapers, many of which are connected with the "dailies," ***though not run*** by the same editor and staff. The Sunday papers are larger than the daily papers and usually contain a greater proportion of articles concerned with comment and general information rather than news.

어구 be connected with ～과 관계가 있다　dailies 일간　run ～을 운영하다
proportion 비율　be concerned with ～에 관계가 있다　comment 논평

분석 영어는 '절약의 언어'이다. 공통관계를 활용한 문장 구성과 어구를 생략하는 기술이 이를 잘 보여준다. 이 과의 주제는 때, 조건, 양보 등의 부사절 속에 생략되어 있는 "S+be동사"를 찾아내는 것이다.

첫번째 문장에서는 관계사절 속에 삽입되어 있는 though not run에 주목하자. 뒤에 by～가 이어지는 것으로 보아 run이 과거분사(p.p.)라는 것을 알 수 있다. 만일 접속사 though 뒤에 S+be+run이 온다면, 이 부분은 형태를 갖춘 절이 될 것이다. 따라서,

$$\text{(In Britain), there are a number (of Sunday newspapers),}$$

$$\text{[many (of which) are connected(with the "dailies"),]}$$

$$\text{[\textit{though (they are) not run}}$$

$$\text{(by the same editor and staff)].}$$

though 뒤에 **(they are)**를 보완하면 문장의 의미가 확실해진다. 일반적으로 부사절의 주어는 주절의 주어와 일치하지만, 여기에서는 종속절 though절에 대한 '주절'이 관계사절이기 때문에 though (they are) run과 같이 보완하는 것이다. they는 many (of Sunday newspapers)를 가리킨다.

두 번째 문장에서는 첫번째 and가 The Sunday papers를 공통어로 하여 are와 contain을 연결하고 있다. 즉, A (X+Y) 형태의 공통관계를 이루고 있는 것이다

(→36과).

일요신문은 (양이) 많다 보다도 일간신문

The Sunday papers / are larger [than the daily papers]
   S   Vi C (접) (S)

보통은 을 싣다

and { usually contain
      Vt

보다 큰 비율(의) 기사

a greater proportion (of articles)
   O

concerned 이하는 comment와 general information이 with과 rather than을 양날개로 삼는 A (X + Y) B의 형태이다.

관련이 있다 에 논평

concerned with { comment
      명 ①

사회면의 정보 오히려 보다도 뉴스

and { general information } [rather than news].
   명 ②   (접) (S)

영국에서는 다수의 일요 신문이 간행되고 있고, 그 대다수는 일간신문과 같은 편집장과 스태프에 의해서 운영되지는 않지만 같은 계열의 일간신문과 연계가 있다. 일요신문이 일간신문보다 더 두껍고, 대개의 경우 뉴스보다는 오히려 논평과 사회면 정보에 관한 기사를 더 많이 싣고 있다.

연습 43. 다음 글에서 밑줄 친 부분을 해석하시오.

> In Wales, Scotland and Ireland a seaweed called Sea Lettuce, because its green leaves look like lettuce leaves when seen in a pool, has been eaten for hundreds of years. The seaweed is gathered, cleaned and washed, then boiled and served like cabbage.

어구 seaweed 해초 lettuce[létis] 상추 pool 물웅덩이 serve ~을 (식사)에 내놓다 cabbage 양배추

힌트 첫번째 문장의 called는 과거분사(→66과)이고, because절 [because ~ pool]이 called를 수식한다. 포인트는 because절에 있는 when seen에 주어 등을 채워넣는 것이다. because절의 주어가 its ... leaves이므로 when (they are) seen이 된다. a seaweed called Sea Lettuce has been eaten '바다상추라는 해초가 식용되어 왔다'가 큰 골격. 두 번째 문장에서는 다섯 개의 과거분사가 is에 연결되어 있다. like cabbage는 boiled와 served를 수식한다.

# 문형에 부족한 부분이 있으면, 앞 내용과 비교하라

[생략의 발견]

The scientist's concern is truth, the artist's concern is beauty. Now some philosophers tell us that beauty and truth are the same thing. They say there is only one value, one eternal thing which we can call x, and that truth is the name given to it by the scientist and **beauty the name** given to it by the artist.

어구   concern 관심   philosopher 철학자   value 가치   eternal[itɔ́ːrnəl] 영원한

공통어구를 생략하기 위해서 자주 사용하는 방법이 등위접속사 and, but 등의 뒤에 오는 등위절을 생략하는 것이다. 다시 말해서, 〈S + V + X and S (   ) X〉와 같은 형태를 이루는데, 이 과의 핵심은 이 생략된 어구를 되살리는 것이다.

'과학자의 관심사'와 '예술가의 관심사'를 대비해서 설명하는 부분인 첫번째 문장에는 등위절을 이어주는 and가 생략되어 있다.

두 번째 문장은 S + V + IO + DO의 문형으로, that이 이끄는 종속절이 직접목적어(DO)이다.

포인트인 밑줄 부분은 and가 say를 공통어로 해서 that이 이끄는 두 종속절을 연결하는 구조.

철학자는　말하다
They say
　S　　Vt

(라고)　가 있다　만　하나의 가치가　즉 하나의　영원한　것(이)
[(that) there is only one value, one eternal thing
O①→(접)　(Vi)　(부사)　(S)　(동격)　(선)

(그것을)　우리가 할 수 있다　～을…라고 부르다
[which we can call X],
(관대)(O)　(S)　(조)　(Vt)(C)

(라고)
and [that S+V ～].
(등접)　O②→(접)

자, 이 과의 하이라이트이자 두 번째 O인 that절에 주목하자. and의 전후는 동질의 형태가 아니면 안 되는데, and 뒤에 있는 문형에 빠진 것이 있는 것 같다. 확인해 보자.

and $\begin{cases} \text{truth is} \quad \text{the name given} \sim \\ \quad \text{S} \quad \text{V} \qquad\qquad \text{C} \\ \text{beauty (?) the name given} \sim \end{cases}$

전후 문형을 비교해 보니, **and** 뒤의 절에 V인 is가 생략되어 있다. 따라서 is를 보완하면,

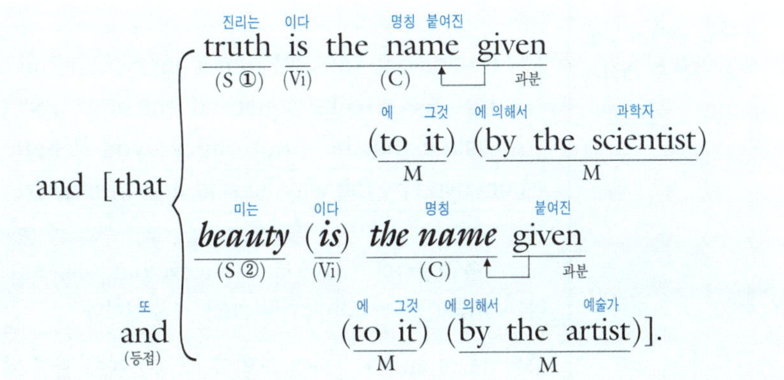

가 된다. 이처럼 공통어구 중의 하나(여기에서는 is)가 생략될 경우에는 생략된 공통어구를 되살려서 해석하는 것이 영문 독해의 기술이다. 따라서 문형에 부족한 부분이 있으면 앞부분과 비교하는 것을 잊지 말아야 할 것이다.

To a foreigner, a group of Korean is a threat, a single Korean is just another human being. <u>Foreigners who are interested in meeting Korean people will approach single persons, but not groups.</u>

해 석

과학자의 관심은 진리이고, 예술가의 관심은 미이다. 현재, 미와 진리는 동일한 것이라고 말하는 철학자도 있다. (즉) 철학자는, 유일한 가치 – 즉 우리가 X라고 부를 수 있는 (유일한) 영원한 것 – 가 있어서, 진리는 과학자가 그 가치에 붙인 명칭이고, 미는 예술가가 붙인 명칭이라고 말한다.

연습 44. 다음 글에서 밑줄 친 부분을 해석하시오

어 구

threat[θret] 위협   approach[əpróutʃ] ~에 다가가다

힌트 ☞

첫번째 문장의 To a foreigner가 두 개의 절에 연결되어 있는데, 문미로 옮기면

$\begin{cases} \text{a group ... is a threat,} \\ \quad \text{S} \quad \text{V} \quad \text{C} \\ \text{a ... Korean is ... human being} \\ \quad \text{S} \quad\quad \text{V} \quad\quad \text{C} \end{cases}$ to a foreigner.가 된다. just = only, merely 단지

~에 불과하다'. 두 번째 문장의 who는 관계대명사로서, 그 세력범위는 will의 앞까지. 주절부분은 Foreigners will approach ... person, but not groups. 명사인 groups의 역할은? groups에 의미상 상응하는 단어는 persons이고 not과 결합할 수 있는 단어는 will이므로, 나열하면 생략부분이 드러난다.

Foreigners will   approach single persons

but __________ not ________ groups.

will은 경향, 습성, 습관을 나타내기 때문에 대체로 '~인 것이다' 정도로 해석한다. 

‘부정어는 생략되지 않는다’는 원칙에 주목!

[생략의 발견]

□ 다음 글에서 밑줄 친 부분을 해석하시오.

> If someone says, "I'm not angry," and his jaw is set hard and his words seem to be squeezed out in a hiss, you won't believe the message that he's not angry ; you'll believe the metamessage conveyed by the way he said it —*that he is*.

set ~을 고정하다   jaw 턱   squeeze out ~을 쥐어짜다   hiss 휴~(라는 소리)   meta -초~ convey[kənvéi]   ~을 전하다

등위접속사 and와 콤마가 보인다. 공통관계에 관한 기술을 활용해서 if가 이끄는 종속절을 입체적으로 분석하면,

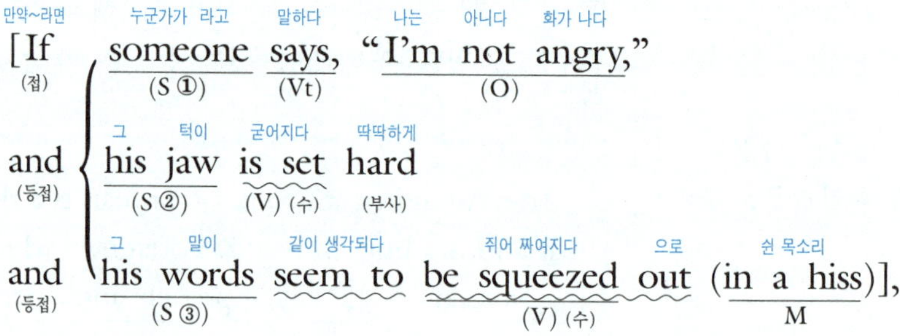

if를 공통어로 해서 and가 연결하는 공통관계에 있는 세 개의 절이 깔끔하게 나열되어 있다. 주절은 어떨까?

‘not ~ but’에서 but의 역할을 하는(→8과) 세미콜론(;)을 사이에 두고 두 개의 절이 같은 형태로 나열되어 있다. 그런데 문미에 있는

만약, 누군가가 '나는 화나지 않았어'라고 말하면서 턱이 경직되고, 말이 쉰 목소리로 쥐어짜여져 나온다면, 상대방은 화나지 않았다는 그의 말을 믿는 것이 아니라, 말하는 방식을 통해서 전해져 오는 - 그는 화가 나 있다라는 - 말을 초월해서 전해져 오는 정보를 믿을 것이다.

—[that he is]

는 좀 이상하다. he is 다음에 있어야 할 보어(C)가 없다. 이 that이 C 역할을 하는 관계대명사의 주격이라면, 선행사는 the metamessage(the way는 뒤에 있는 관계부사 that의 선행사→30과)가 되는데, 이것은 이치에 맞지 않는다. 사실, 이 that은 뒤에서 설명할 동격절을 이끄는 접속사이다(→47과). 여기에서는 that 앞에 있는 명사(metamessage)의 내용을 가리키는 명사절이라고만 기억해 두자. 그러면, 빠진 C를 찾아내기 위해서 세미콜론 전후에 있는 동질의 [that절(동격절)]을 나열해 보자. message와 metamessage는 대립되는 느낌이다.

the message   [that he's not angry]
                        S   V   C
the metamessage [that he is (**angry**)]

이제는 이해할 수 있을 것이다. 단, 빠진 C는 not angry가 아니다. 부정어는 생략되지 않는다는 원칙이 있다. 다시 말해서, 생략된 공통어구를 채워 넣을 경우 부정어는 포함되지 않는다. 따라서 생략된 것은 angry뿐이다.

연습 45. 다음 글에서 밑줄 친 부분을 해석하시오.

> Some people are able to consider unemotionally all the good points and bad points of a decision. This method is certainly effective, although most of us generate emotions that interfere with logic. Let me repeat that you cannot make "no" decision, only a decision either to risk a choice or a decision not to risk a choice.

어구

decision 결단   generate[dʒénərèit] ~을 낳다   interfere with ~에 지장을 가져오다   logic 논리

힌트 ☞

첫번째 문장의 unemotionally는 부사로서, consider(Vt)와 두 개의 points라는 목적어 사이에 삽입되어 있다. 두 번째 문장의 부사 certainly는 문장 속에 삽입되어 있지만 문장을 수식하는 역할을 한다(→100과). although 이하는 문맥상 그리고 바로 앞에 콤마가 있는 것으로 보아, 추가적으로 사용된 것이므로 주절 다음에 해석하는 것이 좋다. interfere 앞에 있는 that은 관계대명사의 주격이다. 세 번째 문장의 Let 뒤에 있는 repeat는 원형이고, 그 목적어인 that절의 콤마 직후를 비교하면 you cannot make "no" decision ,   =But
(you can) only (make) a decision { either to risk a choice
                                  or (a decision) not to risk a choice.

콤마 뒤에 있는 not을 놓치지 않도록. 콤마는 but의 역할(→8과)을 하고, to risk, not to risk는 decision을 수식하는 형용사적인 역할을 한다(→57과).

부정어는 생략되지 않는다'는 원칙에 주목!

113

연습문제 해석

문제42
당신이 John Everhart를 기억할 것이라고 생각합니다. 음, 그는 지난주에 이 세상을 떠났습니다. 나는 그처럼 말을 할 수 있는 사람을 아직 만나지 못했습니다. 그는 육군을 퇴직하고, 자신이 태어난 곳에서 멀지 않은 아파트로 돌아왔습니다. 그는 뺑소니차에 치여 사망하였습니다. 용의자는 없습니다. 체포자도 없습니다.

문제43
Wales, Scotland, Ireland에서는, 물웅덩이에 넣어 보면 푸른색의 잎사귀가 마치 상추의 잎사귀처럼 보이기 때문에 바다 상추라고 불리는 해초를 몇 백년 동안이나 식용해 왔다. 이 해초를 모아서 부착물을 떼어내고 씻은 다음 양배추처럼 삶아서 식탁에 내 놓는다.

문제44
외국인에게 있어서 한국인 집단은 위협적이지만 한 사람의 한국인은 단지 또 다른 인간에 지나지 않는다. 한국인을 만나는 일에 흥미가 있는 외국인은 개개인의 한국인에게는 다가가지만 집단에게는 다가가지 않는다.

문제45
결심한 것의 모든 장점과 단점을 감정에 흔들리지 않고 검토할 수 있는 사람이 있다. 확실히 이 방법은 효과적이다, 라고 말하지만 우리들 가운데 대부분은 논리를 저해하는 감정을 초래한다. 반복해서 말하면, 결심 "하지 않다"는 것은 할 수 없고, (오히려) 흥하든 망하든 선택하는 결의를 하든지, 선택하지 않는다는 결의를 하는 수밖에 없다.

숨겨진 SV의 발견

46~51

❏ 다음 글에서 밑줄 친 부분을 해석하시오.

> Only a minority of people became real punks and ***there are few left*** in Britain now, but high unemployment continues to have a strong influence on the attitudes and behaviour of young people. They fear unemployment. Today's teenagers feel that the good things in life will come to them if they can get a job.

어구 minority 소수   punk[pʌŋk] 반사회적인 부랑자 풍의 젊은이   unemployment 실업(률)   influence 영향

이 과의 주제는 "There is S + P(서술어)"의 형태를 이루는 There구문이다. S(주어) 뒤에서 P가 될 수 있는 것은 형용사, 현재분사, 과거분사, to be + 과거분사 등이라는 것은 이미 잘 알고 있을 테고, 여기에서는 there구문 속에 있는 SV의 관계를 파악하는 방법에 대해서 알아보자.

첫번째 문장에 there구문이 등장한다. 이 문장은 and와 but이라는 두 등위접속사가 3개의 등위절을 연결하는 구조를 이루고 있다. 첫째 절은,

단지 ~ 만   소수   의   사람들이   되었다   진정한   펑크록커
Only a **minority** (of **people**) **become** **real punks**
(형)   S   Vi   C

punk는 punk rock(반사회적, 공격적인 로큰롤)의 속어이다.
가운데 절이 이 과의 핵심인 there구문이다.

있다 거의 ~아니다 남아 에는 영국 현재
and ***there are few left*** (in Britain) now,
       Vi   S   P   M   (부사)

"There + be동사 + S + P"구문을 해석할 때에는 S + be + P로 바꾸어서 '**S가 P하고 있다**'라고 하는 것이 요령이다. 이 P는 'S가 어떤 상태에 있는가'를 설명하는데, 지문에 있는 P의 형태가 과거분사(left)이므로,

There are few left. → Few are left. → Few are left.
 Vi   S   P   S   Vi P   S   V   (수)

와 같이 바꿀 수 있다. but 이하 절은,

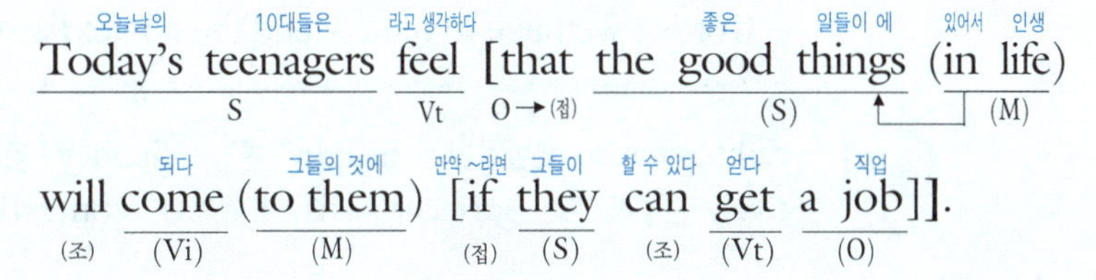

"continue to do"는 '계속해서 ~ 하다' 라는 의미.

두 번째 문장의 They는 young people을 가리키며, '젊은이들은 실업을 두려워 한다' 라는 내용이다. 그리고 세 번째 문장은 다음과 같이 연결되어 있다.

good things in life란 health, wealth, love 등 '인생에 있어서 기본적인 것' 을 의미한다.

> Portugal is different. It is the country that delivers the images you dream up in your mind. Whether it is the winding alleys of the ancient Alfama district in Lisbon or the colorful fishing boats in the Algarve region of southern Portugal, <u>there are pictures to be had here that rival those in your imagination.</u>

deliver ~을 건네주다   alley[ǽli] 골목   district 지구   region[ríːdʒən] 지방

두 번째 문장은 문장의 흐름상 It is ~ that 강조구문(→50과)이 아니다. It = Portugal이고, that은 country를 선행사로 하는 관계대명사의 주격이다. country 앞에 있는 정관사 the는 첫번째 문장의 다른 나라와는 different (다르다) (유일한)를 나타내는 the이다. you dream ... 절은 images의 관계사절(→25과)이다. 세 번째 문장의 Whether절은 양보의 부사절로 '~ 이든지, … 이든지' 라는 의미이고, it은 문맥상 '사진의 피사체' 를 암시한다. 이 과의 포인트인 주절은 there are pictures to be had → pictures are to be had가 된 다. 술부인 be to be p.p.는 can be p.p.이다(→58과). here = in Portugal. that은 떨어 져 있지만 pictures를 선행사로 하는 관계대명사의 주격이다. those 이하는 두 번째 문장의 the images you dream ... 과 의미가 중첩되는데, those = the pictures인 것을 파악하면 in your imagination이 those를 수식한다는 것은 알 수 있다.

해 석

진정한 punk rocker 였던 사람들은 극히 소수이고 현재 영국에는 거의 남아 있지 않지만, 높은 실업률 탓에 젊은이들의 태도와 행동에 끊임없이 영향을 미치고 있다. 젊은이들이 두려워하는 것은 실업이다. 오늘날 10대들은 직업을 얻을 수 있다면 정상적인 인생을 보낼 수 있을 것이라고 생각한다.

연습 46. 다음 글에서 밑줄 친 부분을 해석하시오.

어구

힌트 ☞

47 that에 격이 없다면 "명사 + that절"은 동격의 관계 [숨겨진 SV의 발견]

> The recently rediscovered insight ***that*** literacy is more than a skill is based upon knowledge that all of us unconsciously have about language. We know instinctively that to understand what somebody is saying, we must understand more than the surface meanings of words ; we have to understand the context as well.

어구

rediscovered 재발견된   insight 관점   literacy 읽고 쓰는 능력   instinctively 본능적으로   surface[sə́:rfis] 표면적인   context[kántekst] 문맥

먼저 '격'에 대해 복습해 보자. '격'이란 주격이나 목적격의 '격'을 뜻하는 것이다. 예를 들어 주격은 '주'어가 될 수 있는 자 '격'이 있는 단어의 형태이다. 첫번째 문장에 두 개의 that절이 있는데, that절만 따로 떼어내서 비교해 보자.

$$a) \sim insight\ [\textbf{\textit{that}}\ \underset{S}{literacy}\ \underset{Vi}{is}\ \underset{C}{more}\ than\ a\ skill]$$

명사 S Vi C

$$b) \sim knowledge\ [that\ all\ of\ us\ unconsciously\ have]$$

명사 O S Vt

a)는 **that**을 포함하지 않고도 완전한 문형을 이룬다.

다시 말해서 이 that은 (대)명사가 하는 역할 (S, O, C)을 하지 않는다는 것을 알 수 있는데, 이것을 'that은 격을 지니지 않는다'고 표현한다.

b)에서 have는 '~을 가지다'라는 의미의 타동사로서 O를 수반한다. that이 have의 O 역할을 하기 때문에 'that은 격을 지닌다'고 할 수 있다.

이 때의 that은 관계대명사의 목적격이다. 이 부분을 해석하면 '우리 모두가 무의식적으로 가지고 있는 지식'이 된다.

a)의 that은 [ ] 속에서 '격'을 지니는 대명사의 역할을 하지 않기 때문에 접속사이다. 이럴 경우 **that**절은 명사(insight)에 대한 동격절로서 명사의 내용을 설명한다. 따라서 해석할 때에는 'insight 즉 [ ]', '[ ]라는 insight'와 같이 연결하여, '읽고 쓰는 능력은 기술을 넘어서는 것이라는 관점'이라고 해석한다.

명사와 동격절을 be동사로 연결하면 The insight is [that ~].라는 문장이 성립하는데(→14과), 이것이 that이 관계대명사인지 접속사인지를 간단히 파악하는 방법이다.

두 번째 문장에도 that이 있다.

이 that은 V 뒤에서 [that S + V + X]의 형태를 취하고 있기 때문에 문장의 목적어인 명사절을 유도하는 접속사이다(→11과).

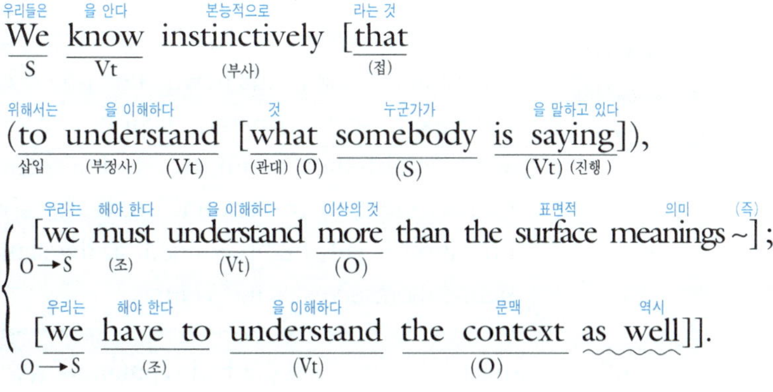

연습 47. 다음 글에서 밑줄 친 부분을 해석하시오.

> The story was told that one day, while comfortably propped up in bed, Rossini composed a section for one of his operas. When he was nearly finished, the sheet of music dropped from his lap onto the floor. He groped for the music, but he couldn't reach it. Rather than get out of bed, he decided to write the music over again.

[어구] be propped up 신체를 지탱시키다   nearly 거의   grope for ~ 손으로 더듬어서 ~ 을 찾다   rather than *do* ~ 하지 않고

[힌트] 첫번째 문장에서 The story was told는 '얘기가 전해지다' '얘기가 있다'. that 이하는 (while … bed)와 같이 묶으면 Rossini composed a section으로서 문형이 완성되기 때문에 that은 '격'이 없는 접속사. that절은 story와 동격절. while 뒤에 he was를 보충해 넣는다(→43과). for one of his operas '그의 오페라의 하나를 위한'은 section을 수식. 두 번째 문장에서는 nearly '거의', be finished (with ~) '(사람이) ~ 을 마치다', the sheet of music '(한 장의) 악보' rather than do/doing '(~ 하기보다도, ~ 하지 않고(오히려)', get은 원형, over again '한번 더'

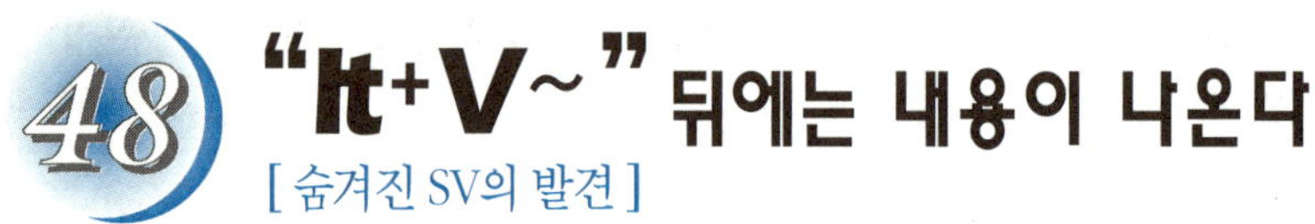

> *It* remains true of the new generation *that* most college graduates continue to seek economic security and are attracted to companies with established reputations. Therefore they tend to accept employment in traditional companies where family-style co-operation is still highly valued, at the same time that they seek to define themselves as individuals.

attract ~을 끌다   established reputation 확립된 평판   cooperation 협력   define oneself as ~ 자신을 ~라고 정의하다

이 과의 주제는 'It is ~ to부정사'와 'It is ~ that절' 등의 형식주어구문인데, 이 구문들은 명사구(to 부정사, 동명사)와 명사절이 문두에 와서 긴 주어를 만들 경우, 형식주어 it이라는 소도구를 사용하여 균형을 잡아 주는 구문들이다.

이 소도구는 빈 상자와도 같기 때문에 it에는 어떠한 의미도 없으며, 구체적인 내용에 해당하는 본래의 주어(진주어)인 부정사와 명사절은 뒤로 옮겨진다. 술어동사로는 be동사 이외의 동사도 사용할 수 있다.

It remains true (of the new generation)
S(가) Vi C M
[*that* most college graduates
S(진)→ (S)
continue to seek economic security
(Vt) (O)(부정사)(Vt) (O)
and are attracted (to companies)(with~reputations)].
(V)(수) (M)

"It V (remains)"가 오면, 형식주어구문이구나 하고 마음의 준비를 해야 한다. 그렇게 생각하면서 뒤쪽을 살펴보니 that 뒤에 SV~가 연결되어 있다. 따라서 이 that은 접속사이고 that 이하는 명사절이며 전체는 It V~ [that SVX] 형식주어구문이라는 것을 알 수 있다. remains를 is로 바꾸면 It is true [that SVX]가 되기 때문에 remains는 보어를 수반하는 자동사라고 할 수 있다. 형식주어구문을

형식화하면,

    ① It + V + X [명사구/명사절] (X는 C와 O)

    ② It + V + (M) [명사절]

이에 비추어 보면, 위의 문장은 ①의 형태가 된다. 두 번째 문장은,

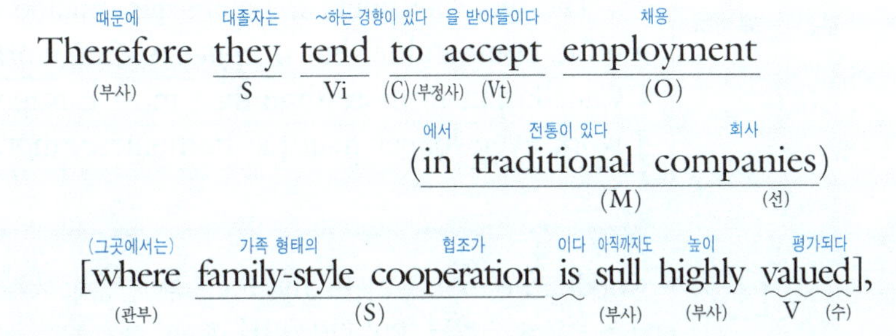

family-style cooperation '가족 형태의 협력'이라는 것은 회사를 가족같이 생각하는 '가족적인 분위기의 공동 운명체 의식'을 의미한다.

두 번째 문장의 콤마 이하에서, that은 관계부사이지만 at the same time(that)이 하나의 접속사와도 같기 때문에 while로 바꿀 수 있다. 해석할 때에는 '~ 하는 한편으로' '이지만, 한편으로는~'이라고 한다.

> <u>It is true that various forms of communication can be used in various ways to satisfy a variety of needs.</u> But it is also true that particular forms are better at doing some things than others. Photographs are good at representing visual aspects of the world.

satisfy ~을 충족시키다　　a variety of 다양한　　represent ~을 표현하다
visual 눈에 보이는　aspect[ǽspekt] (측)면

첫번째 문장과 두 번째 문장 모두에 It is true that …이라고 되어 있으므로 It은 형식주어가 분명. It is true that … 은 직후에 있는 But과 연계되어 '정말 ~이지만'이 된다. 접속사 that이 유도하는 명사절의 골격은 forms can be used '형태를 이용할 수 있다'이고, to satisfy '~을 충족시키기 위해서'와 in various ways는 can be used를 수식한다. 두 번째 문장의 명사절인 that절 속에 있는 be good at~ '~이 능하다, ~을 잘 하다'에서 good은 better ~than과 같은 비교 표현으로 쓰였다. others를 '다른 사람'이라고 해서는 안 된다. particular forms '특정한 형태'의 비교대상이 others이기 때문에 other forms로 파악해야 한다. 세 번째 문장의 representing은 전치사 at의 목적어 역할을 하는 동명사이고, 이 동명사의 목적어가 aspects.

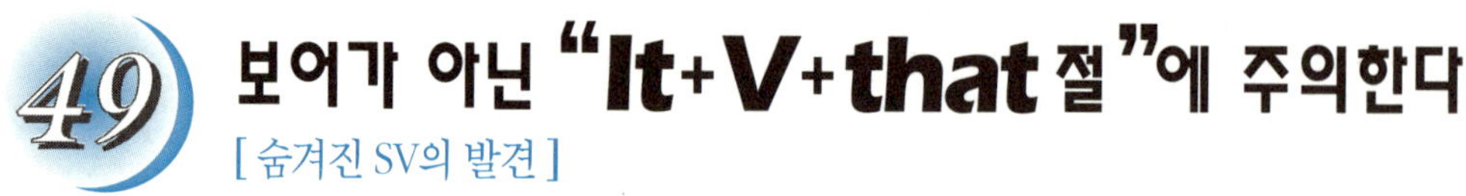

보어가 아닌 "It+V+that 절"에 주의한다

[숨겨진 SV의 발견]

□ 다음 글에서 밑줄 친 부분을 해석하시오.

> The working hours for countries outside the E.C. may not be quite comparable, but *it appears that* workers in the U.S. and Canada put in more time than most Europeans, and the Korean work even longer than the Portuguese, more than 2,100 hours a year.

어구

working hours 노동 시간   the E.C. 유럽공동체   comparable [kámpərəbəl] ~와 비교할 수 있는   put in (시간)을 보내다

분석

노동 시간을 단축하는 것은 세계적인 시대적 흐름인데, 과연 한국은 어떨까?

<u>The working hours</u> (for countries) (outside the E.C.)
S · M · M

may not be quite comparable,
(조) · Vi · C

but it appears that ~

but이 등위절을 연결하고 있다. 두 번째 등위절이자 이 과의 테마인 it appears that ~ 에 주목하자.

but *it appears* [that
S · Vi

<u>workers</u> (in the U.S. and Canada) <u>put in</u>
(S) · (M) · (V)

<u>more time</u> [than <u>most Europeans</u> (do),]]
(형) (O) (접) (S)

It appears that절은 특수한 구문이다. 이 경우, It은 that 뒤에 있는 S + V + X 를 의식하는 주어이기는 하지만 형식주어와는 달리 후속되는 절을 대신하는 것이 아니기 때문에, That S + V + X appears.와 같이 that절을 appears 앞에 둘 수 없다. 우선, It + V + that ~ 의 형태인데, V 뒤에 보어(C)가 없다.

“It＋V＋that～”은 뒤따르는 S＋V＋X 의 의미에 맛을 더해 주는 관용적인 표현 형식으로, 그 중심이 되는 동사는 **appears** 외에도 **seems** (～ 같다), **happens** (가끔 ～다), **turn out** (～ 라고 판명되다), **follow** (～인 것이 되다～) 등이 있다. 자, and the Japanese 이하는,

$$[(that) \; \underset{(S)}{\text{the Korean}} \; \underset{(Vi)}{\text{work}} \; \underset{(부사)}{\text{even longer}} \; [\text{than the Portuguese}], \; (do)$$

$$\underset{M}{(\text{more than 2,100 hours})} \; \underset{M}{(\text{a year})}].$$

이다. 문법적으로 It appears that과는 무관해 보인다. 즉, It appears that은 and 이하에도 연결될 뿐만 아니라 and that이라는 접속사를 반복한다. 다만, 문장의 구성의 기둥은 may ～, but …(～일지도 모르지만, 그러나…)이기 때문에, 자연 스럽게 It appears가 문미에까지 영향을 미친다.

EC 외부의 국가들의 노동시간을 그대로 비교해서는 안 될지 모르지만, 미국과 캐나다의 노동자들은 대부분의 유럽인 보다도 많은 시간을 업무에 쏟아부으며, 일본인은 포루투갈인보다도 많은, 즉 연간 2100시간 이상이나 근무하는 것 같다.

연습 49. 다음 글에서 밑줄 친 부분을 해석하시오.

> The theory goes that Korea has achieved economic power solely through human resourcess. It is the hard work and thriftiness of the people which has enabled Korea to rebuild itself from almost complete destruction during the war. <u>Now it seems that many youg Korean are not so hardworking and thrifty.</u>

어구

go (말 등이) 일반적으로 통용되다　achieve ～을 획득하다　resource 자원　thriftiness 절약　rebuild ～을 재건하다　destruction 파괴(상태)

힌트 ☞

첫번째 문장의 that절을 theory와 연관지어 생각한다. that절이 Korea has achieved economic power '한국은 경제력을 얻을 수 있었다'로 문형이 완성되기 때문에 that은 접속사로서 theory와 동격을 이루는 명사절(→47과). 두 번째 문장은 It is ～ that／which… 강조구문(→50과). 두 번째 문장에서 and가 연결하는 부분을 파악하면,

It is the { hard work (C) and thriftiness (C) } of the people … 이라는 공통관계를 발견할 수 있다(→38과).

해석할 때에는 which 이하의 길이가 기니까, '근면하고 절약한 것이야말로'를 강조해서 앞에서부터 해석한다. enable O to *do*는 '～에 의해서 O는 … 할 수 있다'라고 하면 자연스럽다. 세 번째 문장이 이 과의 포인트이고, it seems that …은 관용구를 이루어 '…같다'라는 의미.

50 It is, that을 빼도 문형이 성립하면 강조구문

[숨겨진 SV의 발견]

> ***It is*** only when a minority can afford a second home in the country ***that*** they can thereby secure peace and rural quiet. As soon as the majority of a population reaches the same level of affluence, particularly in a country with a small land area like Korea, that peace and rural quiet disappear.

can afford ~을 가질 여유가 있다   thereby 그것에 의해서   secure ~을 확보하다   the majority of 대다수의   affluence 풍요로움   rural[rúərəl] 시골의

It is ~ that이 오면 형식주어구문이구나 하고 생각할 것, 이것이 중요하다고 했다. 하지만 형태는 같아도 용법이 전혀 다른 구문이 있다. It is ~ that의 형태로, 문장 속에 있는 어떤 요소를 강조하는 강조구문이다. 강조되는 요소는 S,O의 (대)명사와 부사(구/절)이다. that 외에 who, which, when 등을 사용하는 경우도 있다. 그러면 다음의 문장들을 비교해 보자.

a) It is a fact <u>that</u> we need some money.

b) It is some money <u>that</u> we need.

a), b)에서 각각의 it is, that을 떼어내면,

a) a fact <u>we</u> <u>need</u> some <u>money</u>(문장 속에서 a fact의 역할이 불분명)
        S   V   O

b) some <u>money</u> <u>we</u> <u>need</u> → We need some <u>money</u>. (문형 성립)
     O   S V   S V   O

가 된다. b)에서는, '우리는 돈이 필요하다' 라는 문장이 성립한다. 사실, 형식주어구문과 강조구문을 구분하는 방법은 It is, that을 문장에서 떼어내 보는 것이다. it is, that을 떼어내도 문형이 성립하면 강조구문, 성립하지 않으면 형식주어구문, 이렇게 생각하면 틀림없다.

a)는 '우리가 돈을 필요로 하는 것은 사실이다.' 이며, It을 that절로 바꿀 수 있는 형식주어구문이다. b)는 '우리가 필요로 하는 것은 돈이다.' 로, some money를 강조하고 있다.

그러면, 밑줄 부분. It is, that을 떼어내 볼까?

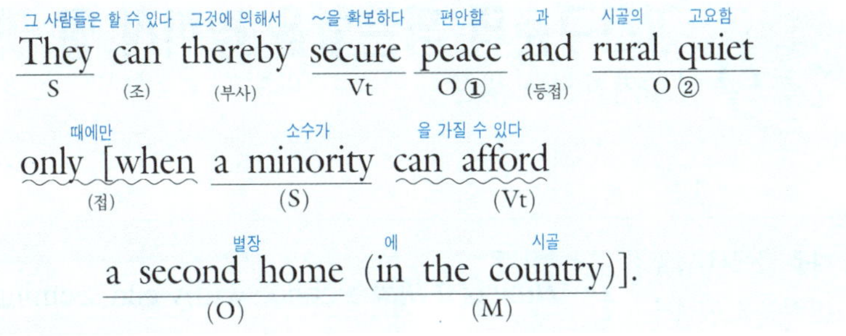

해 석

소수의 사람들이 시골에 별장을 지닐 때에만 그들은 편안함과 시골의 고요함을 확보할 수 있다. 특히 한국과 같이 국토가 좁은 나라에서 국민의 대다수가 비슷한 수준의 풍요로움을 접하게 되면 곧 바로 그 평온함과 시골의 고요함은 사라져 버린다.

어떤가? 완전한 문장이 된다. 이것은 (only) when 이하의 부사절을 강조하기 위해서 it is, that을 삽입한 강조구문이다. 해석할 때에는

It is ~ [that …]과 같이 [that …]을 it에 대입시켜서,

　　① '…인 것은 ~이다'

라고 하는 방법과,

　　② '~야말로 … 이다' '실은 ~이 … 이다'

와 같이 삽입된 단어(구/절)부터 강조해서 해석하는 방법이 있다.

연습50. 다음 글에서 밑줄 친 부분을 해석하시오.

> When we buy something new, we're looking for something, unlike ourselves and our other possessions, perfect. <u>It never stays that way for long and it's this period of disillusion and disappointment that we find so hard to live with.</u>

어구

unlike ~과는 달리   possession[pəzéʃən] 소유물   disillusion 환멸   disappointment 실망   live with ~을 견디다

힌트

첫번째 문장의 부사절인 when절의 new는 something을 수식하기 때문에 '어떤 새로운 것'이 된다. 주절의 마지막 부분에 있는 perfect도 마찬가지로 something perfect '어떤 완전한 것'이다. 콤마 사이에 있는 unlike ~는 perfect와 관련지어서 '자기 자신과 자신의 다른 소유물과는 다른 완전한 (어떤 것)'이라고 한다. 즉, '자기 자신과 지금까지의 소유물은 완전하지 않지만 이번에 사는 새로운 것은 완전하다'라고 생각하는 것이다. 두 번째 문장의 that way '그처럼'라는 것은 perfect '완전(한 상태에서)'이라는 것으로, stays that way '그러한 상태로 있다'가 된다. and 다음에 있는 it is …that에 표시해서 떼어낸 다음 this period …disappointment를 목적어가 없는 find 뒤로 옮기면, we find this period …so hard to live with '우리는 이전 …의 기간을 매우 견디기 힘들다고 생각하다'가 된다. this period …를 it is, that 사이에 삽입시켜서 강조하고 있다. to live with(견디기에)는 hard를 수식한다.

□ 다음 글에서 밑줄 친 부분을 해석하시오.

> ***How is it that*** a child swiftly and seemingly without much effort learns to speak and understand? The process of language learning begins well before the first birthday, and most children use language with considerable skill by their third year.

swiftly 재빨리　**seemingly** 표면상은　**learn to *do*** ~할 수 있게 되다　**process** 과정　**well** 잘　**with considerable skill** 상당한 수준으로

It is ~ that 강조구문이 의문사를 강조하는 경우가 있다. 이 의문사를 강조하는 구문에 대해서 검토해 보자.

① You want peace.—· peace를 강조하면,

② '당신이 원하는 것은 평화입니다.' 라는 문장이 된다.

　　It is <u>peace</u> that you want. 의문문으로 바꾸면,

③ Is it peace that you want? → peace를 what으로 바꾸면,

④ <u>What</u> is it that you want?→ it is, that을 떼어내면,

⑤ What you want?　　　　→ 올바른 형태로 정리하면,

⑥ What do you want?

즉, ④ '네가 원하는 것은 무엇이냐' 는 ⑥의 의문문에서 what을 강조한 것이다. "의문사 + is it (that) ~ ?"은 의문사를 강조하는 강조구문이라는 것을 알 수 있다. '도대체 뭘 원해?' 라든가 '원하는 것이 뭐야?' 정도로 해석하면 된다. 구어체에서는 that이 생략되니까 주의.

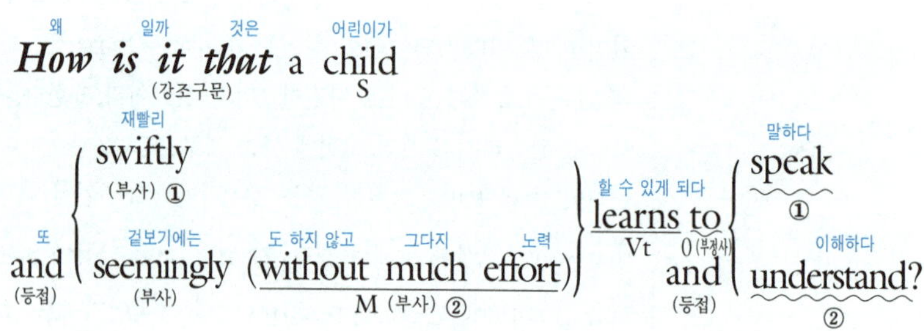

"How(의문사) is it that ~ ?"은 How를 강조한 강조구문이라는 것을 알겠는지? 문장에서 a child ~ learns ... 앞에 how를 붙이고 나서 does를 주어 child

앞으로 가져오면,

How <u>does</u> a child ~ <u>learn</u> (원형) …?

문장 중에서 **is it that**를 떼어낸 의문문을 얻을 수 있다. without much effort는 much를 부정해서 '그다지 노력하지 않고'가 된다.

두 번째 문장은 (　)와 [　]의 기술을 발휘하면, 금방 이해할 수 있는 구조.

연습 51. 다음 글에서 밑줄 친 부분을 해석하시오.

> In trying to manage a language not our own, we find ourselves having to simplify ourselves, committed not to making impressive sentences, but just to making sense. <u>Instead of hiding behind the complicated web of fancy expressions, we are forced to come out into the open and state in simple terms what exactly it is we want to say.</u>

[어구] be committed to ~에 전념하다   make sense 의미가 통하다   complicated [kámplikèitid] 복잡한   web 거미줄 모양의 망   fancy 정교한   the open 밝음

[힌트] 첫번째 문장에서 In trying은 '~하고자 할 때(에)'라는 의미이다. not our own은 lan-guage (언어)를 뒤에서 수식한다. we find ourselves <u>having to simplify</u>라는 문형으로, (전) (동명사) / S V O C / 보어의 중심 단어 simplify를 수식하는 것은 committed ~ 이다. committed ~ 는 분사구문으로, <u>being</u> committed ~ 로 바꿀 수 있으며 '전념하면서, 전념해서'라고 해석한다 (→68과). not A but B(→8과)를 꼼꼼히 파악할 것. web of ~ 는 '~로 할 수 있는 망, ~의 망'이라고 해도 좋다. 이 과의 포인트는 state의 목적어인 what절인데, we 앞에 that을 보충해 넣으면 쉽게 이해할 수 있다. exactly는 의문사와 함께 쓰여서 '정확히는, 도대체'라는 의미가 되고, what절을 직접 의문문으로 바꾸면 What exactly is it (that) we want to say?가 된다.

문제46

포르투갈은 다르다. 이 곳은 마음 속으로 상상하던 환상을 얻을 수 있는 나라이다. 리스본의 오래된 알파마 지구를 구불구불거리는 골목이든, 남포루투갈의 알가르브 지방에 있는 가지각색의 어선이든 간에, 여기에서는 상상했던 환상에 필적하는 사진을 찍을 수 있다.

문제47

어느 날, 로시니는 기분 좋게 침대에 몸을 기대며 오페라의 한 소절을 작곡했다는 얘기가 있다. 거의 끝나갈 무렵, 악보가 그의 무릎에서 바닥으로 떨어졌다. 그는 손으로 더듬어서 악보를 찾았지만 잡을 수 없었다. 그는 침대에서 나오는 대신 한번 더 그 곡을 쓰기로 했다.

문제48

정말이지 다양한 의사전달의 형태가 다양한 필요를 충족시키기 위해서 여러 가지 방법으로 이용될 수 있다. 그러나 다른 형태와 비교하여 사물에 따라서는 잘 처리할 수 있는 특정한 형태가 있다. 사진은 세계의 시각적인 면을 표현하는 데에 능수능란하다.

문제49

한국은 인적자원에 의해서만 경제력을 획득했다는 설이 있다. 국민들이 근면절약했기 때문에 한국은 전쟁 중의 거의 완전하다고 해도 좋을 정도의 파괴상태에서 재기할 수 있었다. 현재 한국의 많은 젊은이들은 그 정도로 근면하고 절약하지는 않을 것이다.

문제50

우리가 어떤 새로운 것을 살 때에는, 자기 자신과 자신이 소유하는 다른 것과는 다른 어떤 완전한 것을 찾는다. 그 새로운 것이 오랫동안 완전한 상태로 있는 것은 결코 아니며, 우리가 굉장히 견디기 어렵다고 생각하는 것은 환멸과 실망의 기간인 것이다.

문제51

외국어를 능숙하게 사용하고자 할 때, 우리는 인상적인 문장을 만드는 것이 아니라 단순히 의미가 통하는 것에 몰두해서 자신의 생각을 단순화시키게 된다. 복잡한 망과 같은 공들인 표현의 그늘에 숨는 대신에 우리는 양지로 나와서 쉬운 단어로 자신이 말하고자 하는 것이 도대체 무엇인가를 서술할 수밖에 없다.

부사적 용법의 so that 파악

52~55

52 "so~that…"을 해석하는 여러 가지 방법

[부사적 용법의 so that 파악]

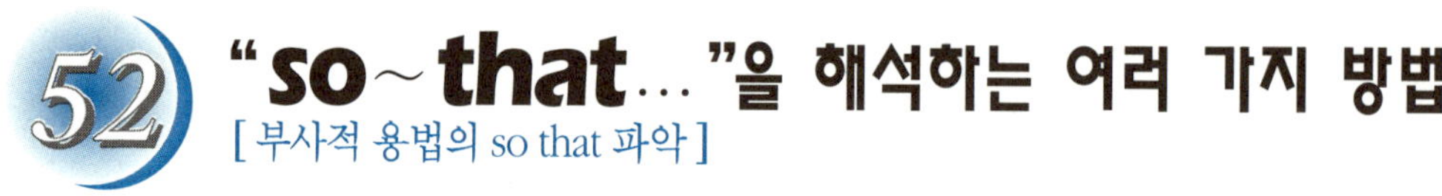

□ 다음 글에서 밑줄 친 부분을 해석하시오.

> Can a brain ever get filled up? Let us put question in other words: Can a brain become *so* filled with knowledge *that* it can remember no more? Can it be *so* full *that* new facts can not be packed into it without displacing old ones?

어구

brain 뇌   ever 도대체   put + O + in other words O를 다른 언어로 표현하다
displace ~을 바꾸어 놓다

"so~that …"구문 하면, '대단히 ~하기는 …때문에'라는 의미가 떠오른다. 그렇다고 해서 혹시 so는 '대단히', that은 '때문에'라고 기계적으로 외우고 있는 것은 아닌지?

"so~that …"은 상관구문. so는 '그 정도, 그렇게'라는 의미의 부사이고, that절은 '그, 그런'의 내용을 구체적으로 설명하기 ~때문에 '(결과적으로) ~이 되다'라는 의미를 지닌다. that은 접속사로서 결과, 정도를 나타내는 부사절을 유도한다. so부터 해석해서 that절의 내용을 '대단히 ~해서'(결과)라고 하는 방법과, '…한 정도로 ~이다'와 같이 that절부터 해석해서 so로 돌아가는 방법이 있다.

세 번째 문장, 네 번째 문장(밑줄 부분)에 "so~that …"의 구문이 있다. 빨리 검토해 보자.

있을까   뇌가   되다   굉장히 꽉 찼다   으로   지식

Can a brain become *so* filled (with knowledge)
(조)　S　　Vi　(부사)　C　(과분)　　(명)

뇌가 할 수 있다   을 기억하다   아니다   그 이상

[*that* it can remember no more]?
(접)　(대)　(조)　(Vt)　　(O)

문두의 "Can ~?" '(도대체) ~일까 (아니, 그렇지는 않을 것이다)'라는 자신의 생각을 강한 의문의 형태를 빌어서 반어적으로 서술하는 '수사의문'의 느낌이 강하다. 첫번째 문장의 "Can ~ ?"과 같은 용법이다.

"so~that …"부분은 '대단히 ~해서 그 이상 기억할 수 없다' (결과)라고 해석할 수 있지만,

so '그 정도~' ~ '그 이상 기억할 수 없을 정도~' (정도)
　　　└──────[that it can remember no more]

도대체 사람의 머리(뇌)가 가득 차버리는 일이 있을 수 있을까? 이 질문을 다른 말로 바꿔보자. 머리가 지식으로 가득 차서 더 이상 기억할 수 없는 일이 있을 수 있을까? 오래된 사실을 밖으로 밀어내지 않으면 그 안에 새로운 사실을 더 이상 채울 수 없을 정도로 머리가 가득 차는 일이 있을 수 있을까?

와 같이 that절부터 해석할 수도 있다. 밑줄 부분도 완전히 똑같은 구성으로 이루어져 있다.

이 있을까 뇌가 되다 (그)정도 꽉 차다
Can it be *so* full
(조) S Vi (부사) C

새로운 사실이 할 수 없다 채워지다 에 뇌
[*that* new facts can not be packed (into it)
(접) (부사) (S) (조·부) V (수) (과분) (대)

없이 을 밀어내는 것 오래된 사실
(without displacing old ones)]?
(M) (부정대명사)

"so ~ that ...can not"을 that절부터 해석하기 시작하면, '더 이상 채울 수 없을 정도로 들어차는 일이 있을 수 있을까?' 가 된다. can not은 cannot보다 강한 부정이 된다.

또, "so + 동사 + that ..."의 형태에서 so가 동사를 수식하는 경우에는 '…와 같이 ~ 하다' (양태)의 의미가 된다.

The bridge is so made that it opens in the middle.

(그 다리는 가운데가 열리도록 만들어졌다.)

연습 52. 다음 글에서 밑줄 친 부분을 해석하시오.

> A motoring friend of mine sometimes obliges me to concede that you can see quite a lot of countryside through the window of a car. Indeed, there are now so many 'scenic drives' that the visitors to the countryside may feel deprived if their view is not framed in a car windscreen.

어구 — oblige+O+to *do* O를 ~ 하지 않을 수 없게 하다   concede[kənsíːd] ~ 을 인정하다   scenic 경치 좋은   deprive *A* (of *B*) A로부터 (B를) 빼앗다

힌트 ☞ 첫번째 문장에서 concede의 뒤에 있는 that은 접속사이고, that ...car는 concede의 목적어가 되는 명사절이다(→11과). (through ...car)는 see를 수식하는 전치사구이다. 두 번째 문장에서 so를 발견했다면 이와 관련이 있는 that을 찾아보자. (to the countryside)는 visitors를 수식하는 전치사구로, '시골로의 (방문자)' 이다. visitors may feel deprived '방문자는 빼앗긴 느낌이 들다'. if절은 may feel을 수식하는 부사절이지만 frame O₁ in O₂ 'O₁을 O₂에 짜맞추다' 라는 의미가 되기 때문에 '경치를 앞 유리(의 틀)에 넣지 못하면' '경치가 앞 유리에 들어오지 못하면' 이 된다.

that절부터 해석해야 하는 **"so~that..."**
[부사적 용법의 so that 파악]

❏ 다음 글에서 밑줄 친 부분을 해석하시오

Of the many good reasons why people should make a habit of seeking advice, the best is that nobody is infallible. As the great Elizabethan playwright Ben Jonson wrote, "No man is *so* wise *that* he may not easily err if he takes no other counsel but his own".

어 구

make a habit of *do*ing ~하는 버릇이 있다   infallible[infǽləbəl] (사람이) 잘못이 없는   playwright 극작가   err 잘못하다   counsel 충고

분석

전 과에서는 "so~that..." 구문을 해석할 때 that절부터 해석하는 방법을 소개했다. 예문에 있는 "so~that..." 구문을 발췌해서 검토해 보자.

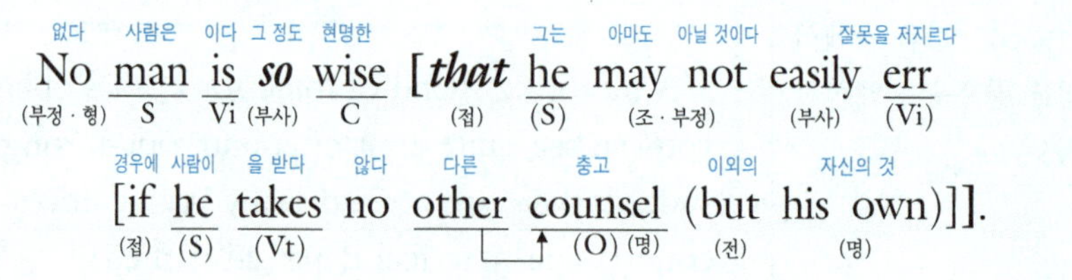

앞에서 뒤쪽으로 해석해 나가면 어떨까? '그 정도로 현명한 사람은 없기 때문에 잘못을 저지르는 것 같지 않다.' 이상하다. 이것은 so와 that절을 따로 떨어뜨려 놓았기 때문이다. No man is so wise /[that ~],으로 분리할 수 없다.

　　　No man is 〈so wise [that ~]〉

이 올바르다. 앞에서부터 해석하면, '대단히 현명하기 때문에 잘못을 저지를 것 같지 않은 사람은 없다.' (결과)가 되는데 이것 역시도 부자연스럽다. 이것은 '잘못을 저지르지 않을 것 같은 사람은 없다.' (정도)라고 해야 한다.

특히 so 앞에 부정어가 있을 때에는 that절부터 해석하는 것이 가장 좋은 방법이다. '그 정도로 현명한 사람은 없다' ⟶ 'that절인 정도로 현명한 사람은 없다', 이렇게 정리하면 편하겠다.

순서가 뒤바뀌었지만, 첫번째 문장도 살펴보자.

부사적 용법의 so that 파악

중에서　　　많은　　좋은　　이유　　(그 때문에)　사람은　　해야 하다
(Of the many good reasons) [why people should
　　　　　　　　　　　　　　(선)　(관부)　(S)　　(조)

하기로 하다　　　　을　구하다(것)　　충고
make a habit (of seeking advice)],
(Vt)　　　(O)

최선의 것은　　이다　라는 것　사람은 ~없다　이다　잘못이 없는
the best is [that nobody is infallible].
S　　Vi　(접)　　(S)　　(Vi)　　(C)

주절의 the best는 the best reason이다. the best is [that ~]에서 that절은 보어의 역할을 하는 명사절이다(→**14과**).

두 번째 문장에서는, As부터 콤마까지가 종속절이며 as는 관계대명사이다. 여기에서는 wrote의 목적어 역할을 하며(→**97과**), '~이지만, ~과 같이'라는 의미. 그리고 이 과의 하이라이트인 "so~that …" 구문이 이어진다.

Why is literacy so important in the modern world? Some of the reasons, like the need to fill out forms or get a good job, are so obvious that they needn't be discussed. But the chief reason is broader. The complex activities of modern life depend on the cooperation of many people with different specialties in different places. Where communications fail, so do the activities.

어구

literacy 읽고 쓰는 능력　　fill out ~에 필요 사항을 기입하다　　form (기입)용지
obvious[ábviəs] 명백한　　specialty 전문

힌트

두 번째 문장에 있는 like는 need를 목적어로 취해서 전치사구를 이루어 '필요와 같이'라는 의미. need를 수식하는 것이 부정사 (to fill …job). (to fill …job) 사이에서 이루어지는 to { fill or get 이 라는 공통관계를 파악한다. some of~는 '~가운데에는 … 하다/~인 것도 있다'라고 해석한다. so obvious that …은 '아주 명백하기 때문에…' 보다는 '…한 정도로 명백한'이라고 하는 편이 훨씬 자연스럽다. depend on~은 '~에 의존하다' '~에 의해서 결정되다(좌우되다)'라고 해도 상관없다. 마지막 부분인 so do the activities는 the activities fail, too라는 의미이다(→**94과**).

that절부터 해석해야 하는 "so~that …"

54 의미상으로는 "**so ~ that** …"="**such ~ that** …" [부사적 용법의 so that 파악]

> A normal English family, especially when it has just moved into a new district, wants to be friendly with those living in the same area, yet it often hesitates because there is a fear that some neighbours might want to be too friendly and make *such* a habit of calling *that* the members of the family could not call their home their own.

어구

A normal English family 보통 영국인 가정   district 지구   be friendly with ~와 친해지다   hesitate[hézətèit] 주저하다   neighbo(u)r 이웃

긴 문장이지만, 전치사구는 ( )로 종속절은 [ ]로 묶은 다음 SV를 찾아내면 문제 없다. yet까지의 골격은,

A normal English family wants to be friendly ~.

가 되며, S + Vt + O의 문형인 것을 알 수 있다.

자, 밑줄 부분. because절 속에 that절이 포함되어 있다. 이 that절은 fear에 대한 동격절(→47과)인데, 이 속에 and가 연결하는 공통관계가 있다. might를 공통 어로 해서 want to be ~ 와 make가 연결되어 있다.

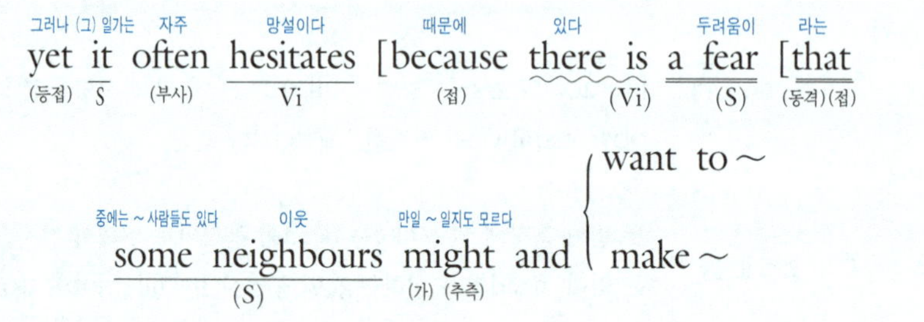

그리고 make 이하가 이 과의 포인트이다. "such ~ that …"에 주목한다.

"such ~ that …"은 "so ~ that …"과 마찬가지로 상관어구를 이루며, '결과' '정도' '양태'의 의미를 지닌다. such부터 해석하면 ① '대단히 ~해서 …할 수 없다'(결과), that절부터 해석하면 ② '…할 수 없을 정도로 ~'(정도)인 것은 "so ~ that …"과 같다. 단지, so가 부사인 데 비해서 **such**는 형용사이기 때문에 '~' 부분에는 명사 또는 형용사 + 명사가 온다.

보통의 영국인 일가가 특히 새로운 지역으로 막 이사를 갔을 때는 같은 지역에 사는 사람들과 친해지고 싶어도, 이웃과 필요 이상으로 친해진다든지 가족들이 자신의 집을 자신의 것이라고 할 수 없을 정도로 빈번히 찾아오는 것은 아닌가 하는 두려움 때문에 망설이는 경우가 많다.

(을 습관)으로 하다   그런   습관   을   방문하는 (것)   정도   구성원은

and make **_such_** a habit (of calling) [**_that_** the members

(등접) (Vt) (형) O (접) (S)

의 그 가족   할 수 없다   ~을 …라고 부르다   자신의 집(을)   자신의 것

(of the family) could not call their home their own]].

(M) (가)(조) (부정) (Vt) (O) (C)

①의 방법으로 해석하면 might의 뉘앙스가 that절에 더해져서 '대단히 ~해서 …할 수 없는 것은 아닐까(아닐지도 모른다)'가 되지만, ②의 방법으로 해석하면 '~할 수 없을 정도로 대단히 …일지도 모른다'가 된다. "such that ~"과 같이 명사가 눈에 띄지 않을 때에 such는 '(~정도)의 것'이라고 해석할 수 있는 대명사이다. 하지만,

Such people [as we know] are kind.

S (O) (S) (V) Vi C

에서 such와 as는 상관관계를 이루는데 이 때의 as는 관계대명사이다. 'such ~ as …'는 '~하는 것 같은…'이라고 해석한다. 위의 예문은 '우리가 알고 있는 것 같이 사람들은 친절하다.'가 된다.

연습 54. 다음 글에서 밑줄 친 부분을 해석하시오.

> Through conquest and acquisition the strong overpowered the weak and made slaves of the people. Those who were made slaves and serfs were compelled, through forced labor, to work for their masters and lords <u>upon such terms and conditions as the owners and lords fixed for them.</u>

어구

acquisition[ǽkwəzíʃən] 획득   the + 형용사 ~인 사람   make *A* of *B* B를 A로 만들다   slave 노예   serf[səːrf] 농노   term 조건   coudition 조건

힌트 ☞

첫번째 문장의 서두에 있는 전치사를 (Through …acquisition)과 같이 묶으면

the strong ┌ overpowered the weak (약자를 제압했다)
            v   o   라는 문장의 구조
   and └ made slaves of the people (사람들을 노예로 만들었다)
           v   o

를 파악할 수 있다. the people은 문맥상 the weak를 받는다. 두 번째 문장의 Those who = The people who이며, who절은 serfs까지이다. compel O to *do*의 형태를 떠올린 다음 수동태로 바꾸어 Those were compelled to work '사람들은 할 수 없이 일하게 되었다'라고 한다. 포인트는 such ~ as. fixed의 목적어가 as인 것을 확인한 다음 [as …them]과 같이 묶는다. for them은 '그들(= 노예와 농노가 된 사람들) 용으로'라는 의미이다. '그들을 위해서 정한 (조건…)' ⟶ 그들에게 강요된 (조건…).'

의미상으로는 "so ~ that…"="such ~ that…"

135

55 **that과 조동사가 없는 목적의 "so that 절"** [부사적 용법의 so that 파악]

> In cold, mountainous regions of the world, people have tradi-tionally built houses ***so that*** one side almost touches the mountain. Thus, this side of the house is protected from cold winds. Modern architects who plan houses are finding this old tradition to be very useful.

어구

mountainous regions 산간 지대   so that ~(may) ~할 수 있도록   architect [ɑ́ːrkitèkt] 건축가   old tradition 오랜 전통

목적을 나타내는 부사절에는 "so (that) ~ may [will / can]" 등이 있다. 그런데 구어체에는 that을 생략하거나 조동사를 사용하지 않는 형태도 있으며, so가 단순히 '그래서' 인지 아니면 '목적' 을 나타내기 위해서 쓰이는 것인지 흐름 속에서 판단하지 않으면 안 되는 경우도 있다. 첫번째 문장의 so that에 주목.

에서는 한랭한　　산간지대　　　　　의　　　세계
(In cold, mountainous regions) (of the world),
(형)①　　(형)②　　(명)　　　　(M)

사람들은　오고 있다　전통적으로　을 지어　집　(이 되다)록
people have traditionally built house [***so that***
S　　　　　　　(부사)　Vt (완)　O

집의 한 면이　거의 ~(할 것 같다)　에 닿다　　　산
one side almost touches the mountain].
(S)　　(부사)　　(Vt)　　(O)

so that절에 조동사가 없다. '그래서' 라는 결과의 의미일 때에는 보통 **so** 앞에 콤마가 있기 마련이므로 결과는 아닌 것 같고 내용면에서도 '~ 집을 지어왔다. 그래서 한 면이 ~ 에 접한다' 가 되어 문장의 흐름이 매끄럽지 못하다.

따라서 전후 관계와 문장의 흐름으로 보아, 이 **so that**은 '목적' 의 의미로 파악할 수 있다. '한 면이 ~ 에 접하도록 ~ 집을 지어 왔다' 가 된다. 조동사가 없다고 해서 '결과' 라고 판단해서는 안 된다.

이렇게 해서　산측이　의　집　보호받고 있다　로부터　차가운
Thus, this side (of the house) is protected (from cold
(부사)　S　　M　　　V (수)　　M

바람
winds).

세계의 한랭한 산간지대에서 사람들은 전통적으로 집의 한 면이 거의 산에 닿을 것처럼 집을 지어 왔다. 이렇게 해서 집의 산측이 차가운 바람으로부터 보호받게 된다. 가옥을 설계하는 건축가들은 이 오래된 전통이 매우 유효하다고 생각하게 되었다.

this side (이 면)는 앞 문장의 one side를 가리키는데, 해석할 때에는 문맥상 '산쪽'이라고 하자.

$$\underset{\text{S \quad (선)}}{\underset{\text{현대의}}{\text{Modern}}\ \underset{\text{건축가들은}}{\text{architects}}}\ [\underset{\text{(관대)(S)}}{\underset{\text{(그 사람은)}}{\text{who}}}\ \underset{\text{(Vt)}}{\underset{\text{을 설계하다}}{\text{plan}}}\ \underset{\text{(O)}}{\underset{\text{가옥}}{\text{house}}}]$$

$$\underset{\text{Vt \quad (진)}}{\underset{\text{(가 ~이다)라고 알려져오다}}{\text{are finding}}}\ \underset{\text{O}}{\underset{\text{이\quad 오래된\quad 전통(이)}}{\text{this old tradition}}}\ \underset{\text{C (부정사)(Vi)}}{\underset{\text{이다\quad 대단히}}{\text{to be very}}}\ \underset{\text{(C)}}{\underset{\text{유효}}{\text{useful.}}}$$

S + V + O + C문형이다. O와 C 사이에 SV의 관계가 존재하며, '∼가 …이다'라고 해석했다(→6과). 이 경우, 의미상 This old tradition is very useful.이 성립한다.

다음 글에서 밑줄 친 부분을 해석하시오.

> Although a friendly letter should be light-hearted and avoid familiar complaints and personal problems, there are times when you have to tell bad news. Don't use the shock approach. <u>Prepare the reader with some introductory hints, then tell the full story, so your letter won't give the impression that there is worse to come.</u>

어구

light-hearted 쾌활한   approach 접근(방법)   prepare ∼에 마음의 준비를 시키다   introductory[ìntrədʌ́ktəri] 서두의   worse[wəːrs] 한층 더 나쁜 것

힌트 ☞

첫번째 문장의 [Although ... problems] 속에서 avoid는 should에 연결되는 동사 원형이고, 그 목적어는 complains와 problems이다. 주절 속에 있는 when은 관계부사이고, when ... news절은 times를 수식한다. 세 번째 문장의 <u>with ... hints</u>를 직역하면 '… 힌트를 사용해서'. 포인트는 so ... won't이다. 콤마가 있다고 해서 so를 '그래서'라고 해석해서는 안 된다. so that ... won't구문으로 파악할 것. impression [that ...]에서 [ ]절이 that을 포함하지 않고도 문형이 성립하므로 that절은 impression에 대한 동격절이다. (→47과) there is ...는 worse is come과 같은 의미로 '한층 더 나쁜 소식이 (이야기로) 나오게 되어 있다' (→46과)라는 의미.

that과 조동사가 없는 목적의 "so that절"

문제52 차를 운전하는 내 친구 덕분에 차창을 통해서 상당히 많은 시골 풍경을 볼 수 있다는 것을 때때로 인정할 수밖에 없게 된다. 실로, 지금은 '전망이 좋은 드라이브 길'이 상당히 많기 때문에, 시골을 방문하는 사람은 만약 경치가 차 앞 유리의 틀에 다 담겨지지 않으면 경치를 빼앗긴 기분이 들지도 모른다.

문제53 왜 현대 세계에서는 읽고 쓰는 능력이 매우 중요한 것일까? 이유 가운데에는 서류에 필요 사항을 기입한다든지 좋은 직장을 구할 필요와 같이 논의하지 않아도 좋을 정도로 명백한 것들이 있다. 그러나 주요한 이유는 훨씬 광범위하다. 현대 생활의 복잡한 활동은 각각의 전문성을 지닌 다양한 지역의 많은 사람들과의 협력에 의해서 지탱된다. 의사 전달이 잘 이루어지지 않을 경우에는 활동도 제대로 이루어지지 않는다.

문제54 정복과 획득을 통해서 강자는 약자를 제압하고 그들을 노예로 만든다. 노예와 농노가 된 사람들은 강제 노동을 통해서 자신들을 소유하고 있는 사람들과 영주가 노예, 농노인 자신들에게 강요한 조건과 규정하에서 강제로 일을 했다.

문제55 친절함이 담긴 편지는 쾌활한 내용이 좋고 흔한 불평과 개인적인 문제는 피해야만 하지만, 나쁜 소식을 전해야 할 때도 있다. (그럴 때에는) 충격적인 (전달) 방법을 사용해서는 안 된다. 읽는 사람이 당신의 편지에서 더 나쁜 소식이 있다는 인상을 받지 않도록 (읽는 사람에게) 몇 가지 서론이 되는 힌트를 주어서 마음의 준비를 시킨 다음 (내용의) 전부를 전하도록 하라.

부사적 용법의 so that 파악

56 형용사적 용법의 "**to do**"는 명사 뒤에 둔다

[준동사 SV의 관계 파악]

□ 다음 글에서 밑줄 친 부분을 해석하시오.

> Because of man's great capacity for adaptability and his remarkable ingenuity, he can improve in a great veriety of ways upon the manner in which other animals meet their needs. <u>Man has the ability **to create** his own environment, instead of, as in the case of other animals, being forced to submit to the environments in which he finds himself.</u>

어구

capacity for adaptability 적응하는 능력   ingenuity 독창성   environment 환경   instead of *do*ing ~하는 대신에   subumit to + O O에 굴복하다

첫번째 문장의 콤마까지는, because of~ '~때문에'를 이해한다면 문제 없다. 그리고 콤마 이하는,

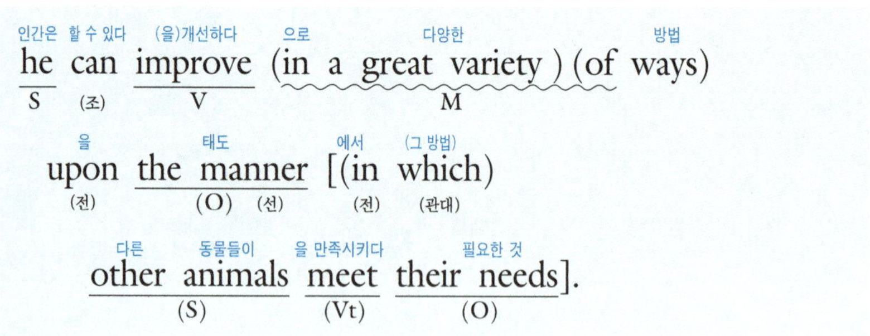

관계사절 부분은 other animals meet their needs (in the manner)와 같이 파악한다(→**26과**).

다음은 이 과의 포인트인 밑줄 부분이다. to create에 주목한다. 이것을 검토하기 전에 아래의 내용부터 확인해 보자. '무언가 마실 것'에 해당하는 영어는,

> something to drink

이다. 둘 이상의 어구가 모여서 (대)명사를 수식하는 형용사의 역할을 하는 경우에는 그 (대)명사의 뒤에 놓이는데, "to + 원형"도 예외는 아니다. 대개는

> time to go '갈 (가야 할) 시간'
>
> a frend to help me '나를 도와 주는(도와 주어야 할/도와 주기 위한) 친구' 등과 같이, will / can / should 등의 조동사적인 표현을 담아서 (대)명사를 수식

한다. ‘해야 할 ‘이라는 표현은 딱딱한 느낌이 들기도 하지만 아주 다양한 의미를 내포하기 때문에 예시했다.

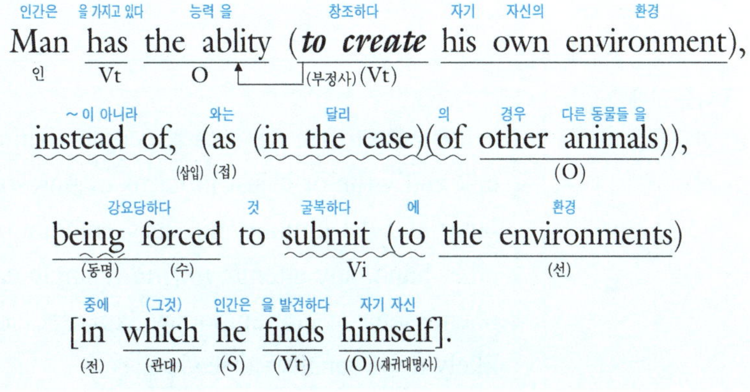

to create는 ability를 설명하고 있다. ability to create ‘~을 창조하는 (창조해야 하는/창조하기 위한) 능력’을 보니, be able to~가 문득 떠오른다. Man is able to create ‘인간은 ~을 창조할 수 있다’라는 내용을 짐작할 수 있다. as는 instead of ~가 실질적으로 부정의 내용을 담고 있기 때문에 ‘~와는 달리’가 된다(→18과).

> Crying is the only reliable way in which young babies can signal the adults who take care of them —a way of communicating which includes a variety of cries to convey different information.

연습 56. 다음 글에서 밑줄 친 부분을 해석하시오.

어구 reliable 확실한   signal ~에게 신호하다   a variety of ~다양한   convey [kənvéi] ~ ~을 전하다

힌트 앞부분에서는 먼저 in which에 주목한다. 그리고 나서 who를 보면, 큰 골격은 Crying is (the only reliable) way이고, [in which ... them]은 형용사절로서 way를 수식한다는 것을 알 수 있다. 절 속의 문형은 babies can signal (the) adults이다. in which에서 which의 선행사가 way이기 때문에 in the way (그 방법으로)로 바꿀 수 있으며, 더 나아가 ‘young babies가 어른에게 신호를 보낼 수 있는 방법’이라고 한다(→26과). take 앞의 who는 adults를 선행사로 하는 관계대명사의 주격이다. 대시 뒤에서, which는 includes를 V로 취하는 관계대명사의 주격(→22과)이고, 그 선행사가 way이다. 이 과의 포인트는 to convey. convey는 information을 목적어로 수반하고 있는데, 이 부정사구를 손가락으로 가려도 which includes a variety of cries와 같이 문형이 흐트러지지 않으므로 이 부정사는 수식어(M)임에 틀림이 없지만, include가 아니라 직전에 있는 명사 cries를 수식하기 때문에 ‘전달하는 (울음)’이라고 해야 의미가 매끄러워진다.

해석

뛰어난 적응 능력과 놀랄 만한 발명의 재능 때문에, 인간은 다른 동물들이 살아가는 데에 필요로 하는 것을 충족시키는 태도를 다양한 방법으로 개선할 수 있다. 인간은 다른 동물들과 달리, 자신이 처해 있는 환경에 굴복하는 것이 아니라 자신이 살아갈 수 있는 환경은 창조하는 재능을 지니고 있다.

형용사적 용법의 “to do”는 명사 뒤에 둔다

141

57 형용사적 용법 "**to do**"는 '～해야 할' 또는 '～라는' [준동사 SV의 관계 파악]

❏ 다음 글에서 밑줄 친 부분을 해석하시오.

> It is easy to see why many people visiting Japan for the first time talk and write of it just in terms of unresolved contrasts—the computer and the kimono, the chrysanthemum and the sword. <u>On the other hand, any attempt **to find** a single category to include all the phenomena of contemporary Japanese social and political life is likely to be equally misleading.</u>

어구

in terms of ～의 관점에서   unresolved 설명하기 어려운   chrysanthemum 국화   category 인식의 범주   phenomenon 현상   misleading 오해를 부르는

예문 속에 있는 "to + 동사원형"이 눈에 아른거린다. 첫번째 문장의 to see, 두 번째 문장의 to find, to include 등. 각각의 "to + 동사 원형"의 용법에 주의하면서 해석해 보자.

It is easy to see [why many people visiting Japan (for the first time) talk and write (of it) (just in terms of unresolved contrasts ～)].

to see는 It과의 관계를 통해서 간단히 파악할 수 있다. 형식주어 It이다. why절은 see의 목적어이지만, 간단히 '왜 ～일까'라고 하면 된다.

두 번째 문장에서는, 전 과에서 학습한 내용을 활용하면, category to include를 '포함하는(포함할 것 같은/포함해야 할) 카테고리'이다. 두 번째 문장의 주어는 attempt. to find를 '발견하다(해야 할/위한)'이라고 하면 어딘가 어색한다. attempt (명사)는 '시도 → ～하려는 것'이라고 해석되기 때문에, attempt to find '발견하려는 시도' → '발견하고자 하는 시도'와 같이 동격으로 해석한다.

(On the other hand), any attempt (*to find* a single category) (to include all the phenomena) (of contemporary Japanese social and political life) ~.

명사의 내용을 설명하는 "*to do*"를 '〜위한' '〜해야 할'이라고 해석해서 매끄럽게 연결되지 않을 때에는 '〜라는'과 같이 동격으로 해석해야 한다. 특히, 명사와 같은 형태의 동사가 있을 때에는 동격적인 수식 관계가 된다. 이런 종류의 동사에는 attempt 외에도 desire, plan, promise, wish 등이 있다. 그리고, Any attempt를 주어로 해서 이 문장의 구성을 바꾸면,

is likely to be equally misleading.

로, V + C가 뒤따른다.

연습 57. 다음 글에서 밑줄 친 부분을 해석하시오.

> Many young Korean express the wish to become *kukjein*. They study English conversation, travel abroad, and may even make a point of claiming that they dislike Korean food. It is probably better to be even that kind of *kukjein* than to be a nationalist who constantly insists on the superiority of everything Korean.

어구 make a point of *do*ing 반드시 〜하다   nationalist 애국주의자   superi-ority[səpìərió(:)rəti] 우월

힌트 첫번째 문장의 술어동사 express의 목적어 wish와 그 뒤에 있는 부정사가 포인트이다. wish에는 같은 형태의 동사 wish가 있으므로 the wish to ... '국제인이 된다는 소망'이라고 해석해야 한다. 두 번째 문장의 may even make a point of claiming은 '반드시 ... 라고 주장하는 일조차 있을지도 모른다'. 세 번째 문장의 It은 형식주어(→48과)이고, to be even that kind of *kukjein* '그런 종류의 국제인조차'가 그 구체적인 내용이다. than 뒤에 it is를 보충해 넣으면 It is ... better to be ... than (it is) to be가 된다. who는 관계대명사의 주격이고, who ... Korean은 nationalist를 수식한다. the superiority of everything Korean은 everything Korean is superior로 바꿀 수 있다(→72과). Korean은 everything을 수식하는 형용사.

형용사적 용법 "to do"는 '〜해야 할' 또는 '〜라는'

143

❏ 다음 글에서 밑줄 친 부분을 해석하시오.

> One must be fond of people and trust them if one *is* not *to make* a mess of life, and it is therefore essential that they should not let one down. They often do. The moral of which is that I must, myself, be as reliable as possible, and this I try to be.

어구

trust 신뢰하다 make a mess of ~을 엉망으로 만들다 essential 필수 불가결한
let down ~을 배신하다 reliable 믿을 수 있는 as ~ as possible 가능한 한

분석

You <u>are to</u> study.

이 문장을 해석해 보자. you는 to study '공부하는 것'이 아니다. 이와 같은 be to는 미래를 나타내는 조동사적인 표현이며, 그 의미는 문맥에 따라서 결정된다. 이 경우, '너는 열심히 공부해야 한다(하거라)'의 의미로서 '의무'를 나타낸다. 이 "be + to부정사"가 이 과의 포인트이다. "be + to부정사"는 조동사 + 원형과 같은 의미를 지니며, 예정(= be going to), 의무(= must), 가능(= can) 의도 (will / intend to) 등을 나타낸다.

그러면, 첫번째 문장. if절의 is not to make ~ 에 주목한다.

<pre>
      사람은   해야 한다   을 좋아하다   (다른) 사람
    One must   ⎧ be fond (of people) ⎫   만약 ~라면 그 사람이
     S   (조)   ⎪ Vi   C   ⎪   [if   one
                ⎨   ⎬   (접)   S
      그리고   ⎪ 을 신뢰하다 사람   ⎪
     and   ⎩ trust   them   ⎭
     (등접)   Vt   O

     하고 싶지 않다   엉망으로   을   인생
     is not to make a mess (of life)],
    (be + to 부정사·부정) (Vt)   O
</pre>

is not to make인데, 예정(~하기로 되어 있다), 의무(~해야 한다)의 의미를 적용하니 어색하다. if절 속에서는 be to~ '~할 작정(이라면)'이 될 때가 많으므로 '의도'로 파악한다. 여기에서는 doesn't intend to make로 바꿀 수 있다. "be + to부정사"가 '가능'의 의미를 나타낼 때에는,

Not a star <u>is to be seen</u>. '별은 하나로 볼 수 없다'

와 같이, 부정어와 수동태의 부정사가 쓰이는 것이 보통이다.

해 석

만약 인생을 엉망으로 만들고 싶지 않다면 사람은 (다른) 사람을 좋아하고 (다른) 사람을 신뢰해야 한다. 따라서 사람들이 결단코 배신하지 않는 것이 절대적으로 필요하다. 그러나 사람들은 배반하는 경우가 많다. 그 사실이 주는 교훈은 내 자신이 가능한 한 신뢰받아야 한다는 것이고 나는 그렇게 되도록 노력하고 있다.

should not은 '해서는 안 된다' 가 아니다. 이 should는 감정, 판단을 나타내는 단어이며, 여기에서는 essential에 이끌려서 쓰인 것에 불과하다.

두 번째 문의 do는 let me down을 대신하는 대동사(→17과)이다. 세 번째 문장은,

이다. which는 They often do를, this는 as reliable as possible을 가리키며, 둘 다 be의 보어이다.

> In the English-Korean dictionaries which I have at hand, the word "privacy" is to be found. It is defined, however, not by an equivalent Korean noun, but by an explanatory sentence, suggesting that the situation which the word describes has not had an important place in the Korean tradition.

어구

at hand 손에   privacy 사적인 것으로서 외부로부터 간섭받지 않는 것
define ~을 정의하다   equivalent 해당하는   explanatory 설명적인

힌트

첫번째 문장의 which는 관계대명사의 목적격으로 have의 목적어이고, [which ... hand] 까지의 절은 dictionaries를 수식한다. the word "privacy" is to be found와 같이 파악한다. 이 be to ~는 '발견할 수 있다' 라는 가능의 의미이지만, 위의 해석에서는 '발견되다' → '실려 있다' 라고 했다. 두 번째 문장에서는 however를 제일 먼저 해석하고, not A but B 구문을 놓치지 않도록 주의한다. suggesting은 앞에 있는 명사 sentence를 수식하는 현재분사(→64과)이지만, 목적어인 that절이 길기 때문에 따로 떨어뜨려서 해석했다. 이 that은 접속사이고(→11과), that절의 골격은 the situation has not had ...place이다. which 역시 관계대명사의 목적격으로 describes의 목적어이다. [which ... describes] 절은 situation을 수식한다.

"be + to부정사" = 조동사 + 원형

145

❑ 다음 글에서 밑줄
친 부분을 해석하
시오

> In primitive times, one had a feeling of unity with one's family.
> The horizon was ***too*** narrow ***to*** see farther than that, though the
> family wasn't as narrow then as it often is with us. It included a
> variety of cousins and distant connections, often marked by a
> common name. Such an extended family might be called a "clan."

어구

primitive[prímətiv] 원시 시대의   horizon[həráizən] 시야   a variety of 다양한
connections 친척   mark 특징짓다   extended 광범위한   clan[klæn] 일족

분석

"too ~ to ..."의 해석 방법에는 ① '…하기에는 너무나 ~' ② '너무 ~ 해서 …
할 수 없다'의 두 가지가 있는데, 먼저 ①의 방법부터 확인해 보자. 구조상의 관
계는 다음과 같다.

He is too old to work.
　　　　(너무나 ~)　　(일하기에는)

to work가 too를 수식하고, too가 old를 수식하고 있다. '일하기에는 너무 늙었
다' '일을 할 수 없을 정도로 늙었다' (정도)가 된다. 즉, 앞에서부터 해석하면 '너
무 늙어서 일을 할 수 없다' (결과)가 되어 부정으로 결말을 맺는다. 따라서 부정어
와 함께 사용될 때에는 ①의 방법으로 해석하는 것이 자연스럽다.

He is not too old to work. '일을 할 수 없을 정도로 늙지 않았다.'

와 같은 형태. 그러면 예문 속에 있는 too ~ to부분에 주목해 보자.

The horizon was *too* narrow *to* see farther (than that),
S　　　　Vi　(부사)　　C　　(부정사·부사·부정)　(부사)(비)

[though the family wasn't as narrow then
(접)　　　(S)　　(Vi)(부정)　(부사)　　(C)　　(부사)

[as it often is (with us)]].
(접)　(S)　(부사)　(Vi)　　(M)

too narrow to see는 '보기에는 너무 좁아서' 또는 '너무 좁아서 보이지 않다'
두 가지로 해석할 수 있다. "too ~ to부정사"는 부정의 내용이었다. 즉, "SO ~

that구문"으로 바꾸면,

The horizon was <u>so</u> narrow <u>that</u> one couldn't see ~,

가 되어, 부정어의 모습이 부활된다. though 이하의 종속절에서 파악할 내용은 "not as ~ as ..."(…정도로는 ~ 아니다)라는 비교 표현이다.

세 번째 문장의 구조도 검토해 보자.

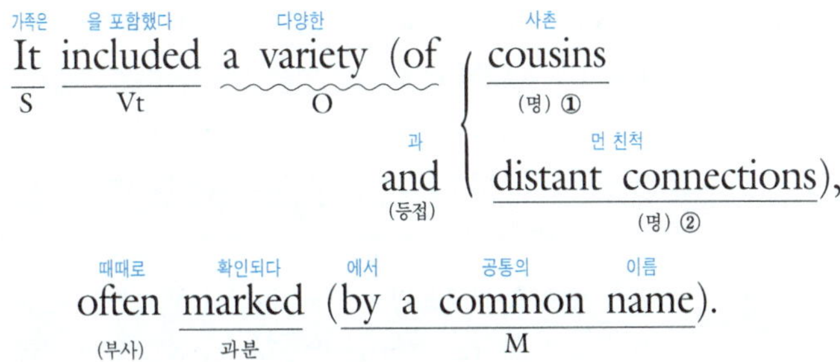

marked는 과거분사인데, (who were) marked와 같이 보완해 넣으니, cousins와 connections를 수식하고 있는 것이 분명해진다. might는 may의 과거형으로서 소극적인 추측을 나타낸다.

해 석

원시 시대에, 사람은 그 가족과 일체라는 느낌을 가지고 있었다. 그 당시의 가족은 현대의 우리에게서 자주 보여지는 가족 정도로 한정된 것은 아니었지만, 그 시야가 너무 좁아서 자신의 가족을 넘어설 수 없었다. 가족에는 공통의 이름으로 확인되는 많은 사촌과 먼 친척들이 포함된다. 그런 광범위한 가족은 '일가'로 불릴 수 있을 것이다.

연습 59. 다음 글에서 밑줄 친 부분을 해석하시오.

> Compare the amount of time you spend on crowded city streets to the time you spend walking along the seashore or through the woods. <u>Your health is simply too important for you not to think of this.</u> The difference in your health when fresh air is supplied to your lungs and blood is dramatic and obvious.

어 구

compare *A* to(with) *B* A를 B와 비교하다   amount 양   spend O + *do*ing O를 ~ 하면서 보내다   simply 솔직히   supply ~을 공급하다   lung[lʌŋ] 폐

힌트 ☞

첫번째 문장에서 you spend on ... streets는 amount of time을 수식하는 관계사절이고, you spend walking ... woods까지도 마찬가지로 to 뒤에 있는 time을 수식하는 관계사절 이지만, 둘 다 spend의 목적어가 없는 것에 주목한다(→25과). the time은 앞에 나온 the amount of time '시간의 양' '시간의 수' 과 같은 의미이다. 두 번째 문장의 포인트는 too important ... this의 구조를 파악하는 것이다. 즉,

too important   for you not to think 로, not이 to think를 부정해서 '(당신이) 생각하지 않기에는 너무나도 중요하다' 가 된다. 세 번째 문장에서는, when ... blood까지의 절이 difference를 수식하는 것을 파악하면 흐름이 매끄러워진다.

"too~to부정사"의 구조를 파악한다

"**enough**+**to**부정사"의 구조를 파악한다

[준동사 SV의 관계 파악]

What is it about an island that always catches at your heart? <u>The Isle of Wight is no exception : big **enough to** give a feeling of complete freedom, varied enough both in scenery and kinds of entertainment, and yet small **enough to** be cosy.</u>

어구

catch at ~을 매혹하다   The Isle of Wight 와이트 섬   be no exception 예외는 아니다   entertainment 오락   cosy[kóuzi] 안락한

분석

"~ enough to *do*"는 전 과에서 설명한 "too ~ to *do*"와 수식관계는 동일하지만, **enough**가 형용사, 부사 뒤에 놓이는 점이 다르다. 확인하면,

$$\text{~ enough ~ to ~ do}$$

(충분히~)   (…하는 데에)

가 된다. 해석은, ① 뒤에서부터 하면 '… 하기에 충분히 ~' '…할 수 있을 정도로 ~'(정도), ② 앞에서부터 하면 '너무 ~ 해서 … 할 수 있다'(결과)의 두 가지가 가능하다. 부정어와 함께 쓰일 때에는 ①의 '정도'로 해석하는 것이 무난하다.

She is <u>not</u> old <u>enough</u> to go to school.

'학교에 갈 수 있는 나이가 아니다. (취학 연령에 도달하지 않았다)'

와 같은 경우이다. 그러면 첫번째 문장부터.

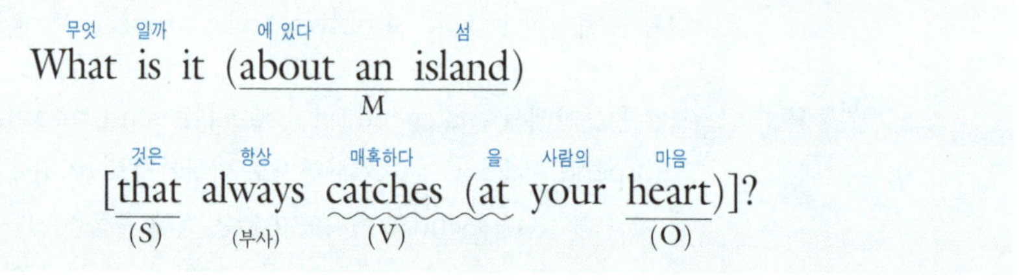

"What is it ~ [that …]?" 은 의문사를 강조한 강조구문(→51과)이다.

그리고, 두 번째 문장의 콤마까지는 문제없다(→86과).

이 no exception을 구체적으로 설명해 주는 것이 콤마 이하인데, 여기에서는 "enough + to부정사"가 큰 비중을 차지한다.

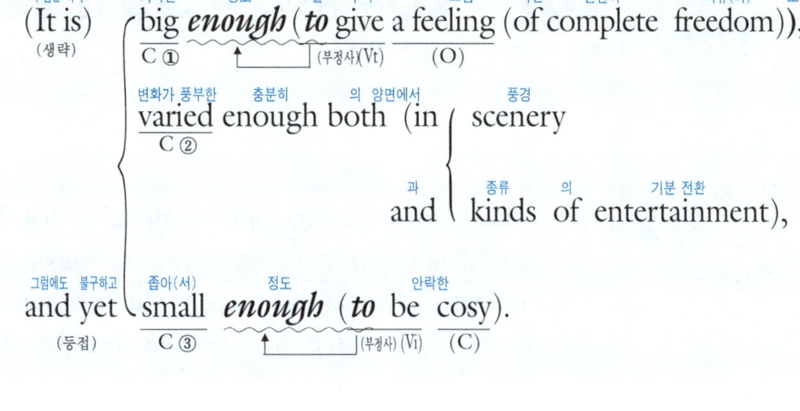

먼저, It is가 생략된 것으로 간주하고 읽어 나가자. C①, C②, C③이라는 공통 관계를 파악할 수 있다. to부정사는 모두 enough를 수식하고, enough는 앞에 있는 형용사를 수식한다. 가운데의 enough는 to부정사를 수반하고 있지 않지만, 변함없이 앞에 있는 형용사를 수식하는 '충분히'라는 의미의 부사이다.

연습 60. 다음 글에서 밑줄 친 부분을 해석하시오.

> All girls in Ames, even Shirley, baby-sat. When we were eleven or twelve, old enough for our mothers to approve our staying out late at night, we were expected to accept baby-sitting jobs eagerly.

어구

baby-sit 아기를 돌보다   stay out 늦게까지 외출해 있다   be expected to *do* ~하다고 여겨지다   accept ~을 떠맡다.

힌트

두 번째 문장의 포인트는 부사절을 파악하는 것이다. enough와 old 그리고 enough와 for...to~ 의 관계는 old enough for our mothers to approve ~이므로, '어머니들이 ~을 인정하기에 충분한 연령'이 된다. staying은 동명사이고, our가 그 의미상의 주어이다(→65과). 따라서 '우리가 (밖에 나가) 있는 것'이 된다.

□ 다음 글에서 밑줄 친 부분을 해석하시오.

Many in Korea take pride in the idea that their native tongue is too difficult **for** most foreigners **to master**. But the increasing number of Korean-language students around the world may demolish some of the myth surrounding the self-professed uniqueness of the Korean people.

어구

take pride in ～을 자만하다   native tongue 모국어   increasing 점점 더 증가하는   demolish ～을 뒤집다   myth 신화   self-professed 스스로 공언한

형식주어를 사용한 문장을 통해서 이 과의 포인트인 "for ～ to부정사"에 대해서 살펴보자.

It is important for us to work.

이 문장에서 술부동사 is의 주어는 It이다. 반면에 to부정사는 그 동사원형(work)이 가리키는 동작, 상태의 주체, 즉 의미상의 주어이고, for us는 work의 S가 we(＝us)임을 알려 준다. 윗문장에서는 '우리가 일하는 것'(명사적 용법)이 된다. 이와 같이 "for ～ to부정사"에는 의미상의 SV관계가 성립한다.

또, to부정사와 마찬가지로 "for ～ to부정사"에는 명사, 형용사, 부사의 세 가지 용법이 있다. 예를 들어, 형용사적 용법에는,

It is time for me to go to bed. (내가 잘 시간이다.)

라는 예가 있다. 그러면, 예문에 도전해 보자.

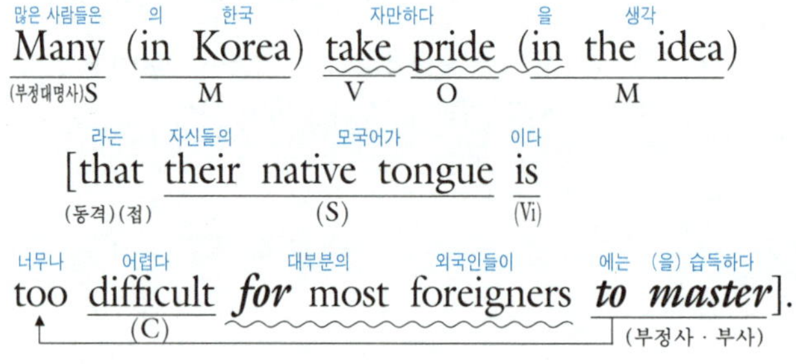

idea 뒤에 있는 that이 '격'이 없는 접속사이므로 that절은 동격절이다(→47

과). "for~to부정사"가 "too~to부정사"와 결합해서,

$$\text{too difficult for} \sim \text{ to master}$$

　　　(너무나도)　　　　　　　　　　　　(~가 습득하기에는)

라는 수식어구를 이루고 있다. for~to master는 too라는 부사를 수식하는 부사적 용법이다.

두 번째 문장에서는 전치사구가 눈에 띈다. 이전처럼 (　)로 묶어 버리면 문장의 구조가 확실해질 것이다.

$$\text{the increasing number (of}\sim\text{) may demolish some (of}\sim\text{)}$$

문장의 골격을 알 수 있다. 그리고 술부를 자세히 도해하면,

may demolish some (of the myth) (surrounding the self-professed uniqueness) (of the Korean people).

surround '~을 둘러싸다'의 현재분사가 myth를 형용사적으로 수식하고 있다.

해 석

자신들의 모국어가 너무 어려워서 대부분의 외국인들은 습득할 수 없다는 생각에 자만하는 한국인들이 많다. 그러나 전세계에서 한국어를 전공하는 학생의 수가 늘고 있기 때문에, 한국인 스스로가 공언하는 한국 국민의 특수성과 관련된 신화 중에는 뒤집히는 것이 나올지도 모른다.

연습 61. 다음 글에서 밑줄 친 부분을 해석하시오.

> When Chris Evert began her career as a tennis player it was still seen as unfashionable for women to be exercising and getting into shape. Also, women who wanted to win were seen as not being feminine. Chris Evert has made it possible for two generations of women to feel that running and sweating are OK.

어구

begin one's career as ~로서 인생의 첫발을 내딛다　see+O+as ~ O를 ~라고 생각하다　unfashionable 평판이 좋지 않은　get into shape 모습을 갖추다

힌트 ☞

첫번째 문장에서 When으로 시작하는 절은 player까지이고, it was…가 주절이다. it은 형식주어이고 for…shape까지가 그 구체적인 내용이다. 여기에서 for women to…의 의미상의 SV를 파악해서, '여성이 ~하는 것'이라고 해석한다. 문장 구조는 it was seen as unfashionable. 두 번째 문장에서 who는 관계대명사의 주격이고 who…win까지의 절이 women을 수식하고 있으므로, 골격은 women were seen as not being feminine '여성은 여성답지 않다고 여겨졌다.' 세 번째 문장의 문형은 Chris Evert has made it possible. it은 형식목적어(→7과)이고, 내용은 for two generations of women to feel… '2세대의 여성들이…라고 생각하는 것'. feel 뒤에 있는 that은 접속사이고, that 이하는 feel의 목적어인 명사절이다.

"for~to부정사"의 SV관계를 파악한다

151

62 문두에 오는 **to**부정사는 일단 '목적'이라고 생각한다 [준동사 SV의 관계 파악]

□ 다음 글에서 밑줄 친 부분을 해석하시오.

To be a leader in business today, it is no longer an advantage to <u>have been raised as a male</u>. Women may even hold a slight advantage since they need not "unlearn" the old military style of business organization and manners in order to run their departments or companies.

advantage[ædvǽntidʒ] 유리한 입장   raise ~을 기르다   unlearn[ʌnlə́ːrn] ~을 버리다   military 군대의   business organization 회사 조직

첫번째 문장을 보자. 문두는 To be a leader ~ 이라고 되어 있다. 문두의 "to + 원형(to부정사)"가 명사적 용법인지 부사적 용법인지는 문장의 형태를 파악하면 구별할 수 있다. 즉, 명사적 용법의 to부정사는 문장 속에서 S, O, C의 역할을 하기 때문에, 문두에 오면 S가 되고 그에 대한 술부동사가 존재하게 된다. 예를 들면,

To see you is nice.
　　 S 　　 V 　 C

와 같다. 그러나 실제로는 형식주어구문(→48과)을 사용해서 It is nice to see you.와 같이 표현한다. 따라서 문두에 오는 to부정사는 부사적 용법으로 '~하기 위해서'의 목적을 나타내는 경우가 많다.

첫번째 문장으로 돌아가 보자. 우선, 문두에 나오는 to부정사는 술어동사가 없으므로 목적을 나타내는 부사적 용법이라고 생각하자.

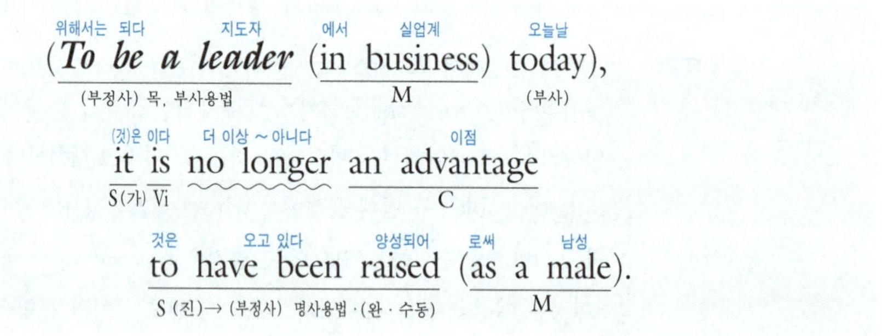

'지도자가 되기 <u>위해서는</u>' 이라고 하니 의미가 자연스러워진다. 이 문장은 "it ~ to부정사"의 형식주어구문이다. 그리고, to have + 과거분사는 완료부정사라고 하

는데, 이 경우 to have been raised는 술어동사 is보다 이전 '시제', 구체적으로 말하면, '(지금보다 더 이전부터) 길러져 온 것'을 의미한다.

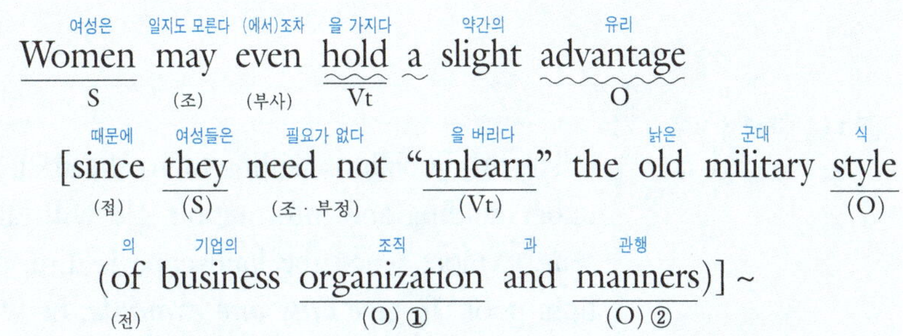

오늘날 실업계에서 지도자가 되기 위해서는 남성으로 길러져 온 것이 더 이상 유리하지 않다. 여성은 그녀들의 부문과 사회를 운영하기 위해서 낡은 군대식 기업 조직과 기업 관행을 '버릴' 필요가 없다는 이유에서 약간의 유리한 입장조차 지니고 있을지도 모른다.

여기에서 since는 이유의 접속사이다. 도해하지는 않았지만, 뒤따르는 "in order to + 원형"은 100% '목적(~하기 위해서)'을 나타내며, 문두에 오는 경우도 많다.

연습 62. 다음 글에서 밑줄 친 부분을 해석하시오.

> A proverb is often defined as a popular short saying, with words of advice or warning. But to become a proverb, a saying has to be taken up and assimilated by the common people. In the process, its origin is forgotten. Once it has become proverbial, the saying is used as part of popular wisdom; the user is no longer interested in its origin.

어구

defined + O + as ~ O를 ~라고 정의하다   warning 경고   saying 표현
assimilate ~을 흡수하다   common people 대중   origin 기원   wisdom 지혜

힌트 ☞

첫번째 문장은 수동태이다. with ~는 '~을 지닌, ~을 포함한'이라고 한다. popular는 문장 흐름상, 두 번째 문장의 taken up … by the common people과 연결될 수 있도록 '대중의' '대중 사이에 퍼져 있다'라고 해석한다. 두 번째 문장의 but이 갖는 느낌은 약한 부정이므로 '이지만' 정도로 해석한다. to become …이 이 과의 포인트이다. 즉, 술어동사도 없고 목적어도 없고 수식하는 명사도 없으므로 부사적 용법으로 간주하여 목적 '~하기 위해서(는)'이라고 한다. 의미상의 주어는 a saying. 세 번째 문장의 process (과정)라는 것은 '받아들여지고 흡수되는 과정'을 의미한다. 네 번째 문장의 Once는 접속사로서 '일단~하면' become proverbial은 문맥상 become a proverb이다.

문두에 오는 to부정사는 일단 '목적'이라고 생각한다

63 문두에 오는 **to**부정사는 '목적'이 아니면 '조건'

□ 다음 글에서 밑줄 친 부분을 해석하시오.

> The bright child is willing to go ahead on the basis of incomplete understanding and information. He will take risks, sail unknown seas, explore when the landscape is dim, the landmarks few, the light poor. ***To give only one example***, he will often read books he does not understand in the hope that after a while enough understanding will emerge to make it worth while to go on.

어구

bright 영리한 be willing to *do* 기꺼이 ~하다 go ahead 앞으로 나아가다
on the basis of ~에 기초해서 take risks 위험을 무릅쓰다 emerge 생기다

문두에 to부정사가 오면 일단 '목적'이라고 생각한다. 그런데 문두에 오는 부사적 용법의 to부정사에는 또 다른 모습이 들어 있다. '목적'을 나타내는 경우, to부정사는 술어동사를 수식한다. 그러면 '목적'이 아닌 경우는,

$$\underline{\text{To do X,}} \quad \text{S} + \text{V} + \text{X.}$$

와 같이 절의 전체를 수식하며, '~하면'이라는 '조건'의 의미를 지닌다. 절에서 독립한 느낌이 들기 때문에 '독립부정사'라고 한다. 바꿔 말하면, 'If I~'와 같이 필자(화자) 자신이 의미상의 주어가 된다. "to tell you the truth" '사실을 말하자면' 등 관용화된 형태가 많은 것이 특징이다.

자, 두 번째 문장의 구조를 살펴보자.

he will
{
take risks,
sail unknown seas,
explore [when
{
the landscape is dim,
the landmarks (are) few,
the light (is) poor].
}
}

and와 but 등이 없는 경우 공통관계는 콤마에 의해서 이루어진다. 주절에서는 조동사 will을 공통어로 해서 3개의 V가 나열되어 있다. 종속절의 landmarks와 light의 뒤에는 be동사가 생략되어 있다(→44과).

자, 밑줄 부분인데 문두에 to부정사가 나와 있다. 이것의 의미상의 주어는 무엇일까? 주절의 he라면 '(그가) 단 하나의 예를 들기 위해서'라는 '목적'이 되는데,

이것은 아닌 것 같다. 그렇다면 'If I give ~' 라는 '조건' 에서는 어떨까?

라고 하면 을 들다 단 하나의 예
(**To give only one example**),
(부정사)(Vt) (O)

영리한 아이는 것이다 자주 을 읽다 책 (그것을~) 자신이 할 수 없다 이해
he will often read books [(which) he does not understand]
S (조) (부사) Vt O (선) (관대)(O) (S) (조·부정) (Vt)

'(만약) 단 하나의 예를 들자면' 이 되어, 자연스럽다. 이어서 in the hope 이하도 살펴보자(→47과).

을 가지고 희망 라는 머지않아 충분한 이해가
(in the hope) [that (after a while) enough understanding
(추·명) (동격)(접) (M) (S)

일 것이다 생기다 (그 결과) ~을 ~하다 (것)이 의 가치가 있다 (그것만의) 것(이) 계속되다
will emerge (to make it worth while to go on)].
(조) (Vi) (부정사) (결과)(Vt) (O)(가) (C) (O) (전)(부사)

make it ~ to ... 의 형식주어구문(→7과)이다.

해 석

영리한 아이는 이해와 지식이 불완전해도 기꺼이 앞으로 나아간다. 스스로 위험을 무릅쓰고 미지의 바다를 건너며 육지가 가물거리고 표지가 적고 등불이 약해도 모험을 한다. 단 하나의 예를 들자면, 자신이 이해하지 못하는 책을, 머지않아 충분히 이해해서 계속 읽을 가치가 있겠지 하고 기대하며 읽는 경우가 많다.

연습 63. 다음 글에서 밑줄 친 부분을 해석하시오.

> To be realistic, it would be very difficult to return to living standards of the past. But we can make efforts to reduce our energy consumption by conserving energy and developing new technologies.

어구

realistic[rìəlístik] 현실적 make efforts to *do* ~ 하고자 노력하다 reduce ~ 을 줄이다 consumption 소비 conserve[kənsə́ːrv] ~ 을 보존하다

힌트

첫번째 문장의 서두에 있는 To be realistic은 it would be ... 의 it을 의미상의 주어로 할 수 없기 때문에 "if we ..." 라는 의미의 독립부정사가 된다. '현실적으로 말하자면' 이라는 뜻. it은 형식주어이고, 그 구체적인 내용은 to return ... 이다. would는 '일 것이다' 라는 소극적인 추측. 두 번째 문장의 전치사 by의 목적어는 conserving과 developing의 두 동명사이다.

64 현재분사는 형용사 역할을 하는 **-ing**

[준동사 SV의 관계 파악]

□ 다음 글에서 밑줄 친 부분을 해석하시오.

> In contrast to the learning of reading or arithmetic, a child masters language without formal teaching; indeed, much of the learning takes place within a fairly limited linguistic environment, which does not specify precisely the rules ***governing*** competent language use.

어구

in contrast to ~과 대조적으로 arithmetic 산수 formal teaching 정규 교육
takes place 일어나다 linguistic 언어의 specify ~을 상세히 서술하다

동사 원형에 ~ing를 붙여서 형용사의 성격을 지니게 한 것이 현재분사이다. 동사로서 형용사의 역할을 '나누어 가지는 단어' 라는 의미이다. "be동사 + 현재분사"의 형태로, 술어동사(= 진행형)가 된다. 명사와의 관계에서는, be동사가 소멸해서 수식어가 되면 형용사의 성격이 강해지지만 동사의 성격도 지니기 때문에 '~하고 있다' '~하다' 등의 능동의 의미를 지녀서 명사를 수식한다. '동사의 성격' 을 지니기 때문에 O와 C를 수반하거나 부사(구)가 붙는다. 그럴 때에는 동사 뒤에 놓여서,

'N + doing X'

라는 수식의 형태를 취한다.

그러면, 예문, ~ing형이 눈에 띈다. 우선 세미콜론까지는,

와는 대조적으로 / 학습하는 / 것
(In contrast (to the learning)) (of
　　　　　　　　　　　　　　　　(명)

독해
reading

어린이는 / 을 습득하다 / 언어
, a child masters language
　　　　　　S　　　　Vt　　　　O

을 / 산수
or arithmetic)

없이 / 정규의 / 교육
(without formal teaching) ;
　(전)　　　(형)　　　(명)

읽기와 산수의 학습과는 대조적으로 어린이는 이렇다 할 정규 교육을 받지 않고서도 언어를 습득한다. 사실, 언어 습득은 상당히 제한된 언어 환경에서 이루어지는 경우가 많고, 그 환경 속에서는 충분히 통용되는 언어의 사용법을 결정하고 있는 규칙을 명확하고 자세하게 배우지 못한다.

관사 the가 붙은 learning, arithmetic과 나열된 reading, formal이 수식하는 teaching은 명사로 취급한다.

indeed 이하 콤마까지에서, the learning은 '(언어) 습득'을 의미하며 이것도 명사 취급을 한다. '(언어) 습득의 대부분은 ~ 속에서 이루어진다'가 된다. 그리고, 이 과의 포인트는 which 이하의 종속절에 있는 현재분사 governing이다.

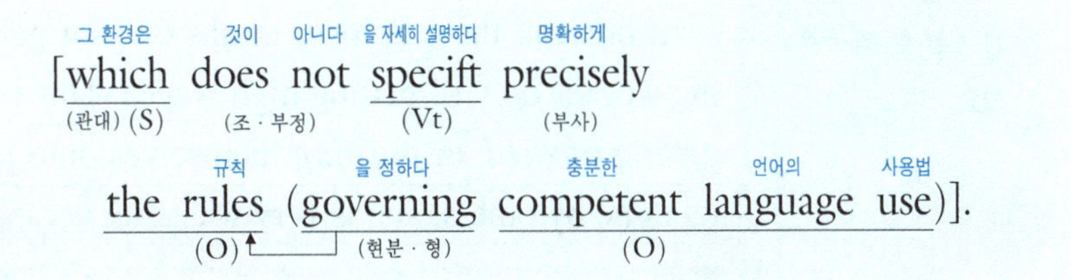

관계대명사 which의 선행사는 a ~ environment '상당히 제한된 언어 환경'이다. 자, governing은 O로서 use를 수반하는 ~ing이다. **governing** 이하를 떼어내도 **which**절의 문형이 성립하며, governing이 바로 앞에 있는 명사 rules에 딱 달라붙어 있기 때문에 **rules**를 수식하는 현재분사라고 할 수 있다.

연습 64. 다음 글에서 밑줄 친 부분을 해석하시오.

> Signposts, giving place-names, stand everywhere about the English countryside directing travellers to cities, towns, and villages. Most counties have nameboards to mark their boundaries; and some of the more helpful also label streams and rivers.

signpost 표식   direct *A* to *B* A에게 B로 가는 길을 가르쳐 주다   county 주   nameboard 지명판   boundary 경계선   label ~을 (팻말로) 표시하다

첫번째 문장의 골격은 Signposts, ..., stand ... directing이다. directing은 부가적(추가) 보어이다. (cf. He died young. He died만으로도 문형이 완성되기 때문에 young은 부가된 보어). 직역하면 "(여행자에게 도시…)로 가는 길을 가르쳐 주며 서 있다". 이 과의 포인트인 giving은 명사 signposts를 수식하는 현재분사이다. 이 경우는 place-names라는 부속물(여기에서는 목적어)이 뒤따르기 때문에 명사 뒤에 놓았다. 두 번째 문장의 to mark는 의미상의 주어인 nameboards를 수식하고 있기 때문에 nameboards which mark ...라고 파악할 수 있다. 후반부의 the more helpful은 지명판을 '도움이 되는 것'과 '그렇지 않은 것'으로 나눠서 생각하는 표현 방법으로, 절대비교급이라고 한다.

현재분사는 형용사 역할을 하는 -ing

동명사의 의미상의 주어를 찾는다

[준동사 SV의 관계 파악]

□ 다음 글에서 밑줄 친 부분을 해석하시오.

> At present, the employer thinks only of getting cheap labor, and the worker only of getting high wages. This results in ***many people getting pushed***, or ***pushing*** themselves, into jobs that could be better done by others, and is very wasteful.

어구

at present 현재   wage (육체 노동에 의한) 임금   results in ～라는 결과가 되다
push *A* into *B* A에게 B를 강요하다   wasteful 낭비하는

동사원형에 ～ing를 붙인다는 점에서 형태는 같지만, 현재분사와는 달리 동명사는 문장, 절 속에서 명사의 역할 즉 S, O, C와 전치사 O의 역할을 한다. 따라서 제거하면 문형과 의미가 불완전해진다. 동사의 성격도 지니기 때문에 O와 C를 수반하거나 부사(구)가 붙는다. 구체적으로는,

I like swimming in the river.
S V O M

와 같이, swimmimng은 ① in the river라는 수식어구를 수반하며(동사의 역할), ② like라는 타동사의 O(명사의 역할)이다. 동명사라는 명칭이 붙은 이유를 알겠는지?

현재
(At present),
M

고용주는   생각하다   만을   을   얻는것   싼   노동력
the employer thinks (only of getting cheap labor),
S① Vt (O) (동명) (Vt) (O)

또   노동자는   생각하다   만을   을   얻는 것   높은   임금
and the worker (thinks) (only of getting high wages).
(등접) S② (생략) (Vt) (O) (동명) (Vt) (O)

and를 사이에 두고 대칭을 이루는 구성이다. 두 번째의 of 앞에는 thinks가 생략되어 있고(→44과), 두 개의 getting은 thinks of의 O이므로 동명사이다. 그러면, 두 번째 문장의 getting, pushing은 어떨까?

This results (in *many people* *getting pushed,*
or *pushing* themselves),

getting, pushing이 현재분사라면 전치사 in의 O는 people이 되고, '(이 때문에) ~ 하고 있는 많은 사람들 (이 되다)'이 되는데, 어딘가 어색하다. 만일 두 개의 ~ing가 동명사라면 바로 앞에 있는 many people은 무엇일까? 사실, 62과에서 설명한 부정사의 '의미상의 주어'가 동명사에도 있다. 이것은 보통 동명사의 앞에 소유격으로 표시되는데, 타동사와 전치사 뒤에서는 목적격이 쓰이는 경우도 있다. 따라서 getting, pushing을 동명사로 간주하면, 이 many people이 의미상의 주어이고, '(이 때문에) 많은 사람들이 ~ 하게 (되다)'가 되어 자연스러워진다. into 이하에서 주의할 점은 and의 뒤에 있는 is의 주어이다. is가 단수형이므로 This라는 것을 한눈에 알 수 있다.

This ⎰ results ~
and ⎱ is ~   의 공통관계이다(→36과).

연습 65. 다음 글에서 밑줄 친 부분을 해석하시오.

> One of the worst parts of urban life, as the sociologists call it, is riding in automatic elevators. The ride is all right. It is smooth and safe and free. But the silence gets a person. <u>There is something strange about being sealed in a small room with a lot of other people without a word being spoken.</u>

어구   urban[ə́ːrbən] 도시의   sociologist 사회학자   free 무료의   get + O(사람) 사람을 항복하게 만들다   seal + O + (up) O를 감금하다

힌트   첫번째 문장의 as the sociologists call it은 '사회학자들이 말하다'라는 의미로, urban life를 수식하는 '앞에 있는 명사를 수식하는 as절'이다(→98과). riding in ...은 '…에 타는 것'이라는 의미의 동명사인데, 두 번째 문장의 The ride, 세 번째 문장의 It으로 이어진다. 다섯 번째 문장에 있는 전치사 about(~ 에는)와 without (~ 없이)의 뒤에 있는 ~ing이 포인트이다. 먼저, about 뒤의 being sealed는 '감금되는 것'이라는 뜻의 동명사 (구)로, 의미상의 주어는 명시되어 있지 않지만 문맥상 a person임을 알 수 있다. without 뒤의 being spoken은 '얘기되는 것'이라는 동명사(구)이고, 의미상의 주어가 a word라고 명시되고 있다. 해석하면 '말을 주고받는 일 없이'.

동명사의 의미상의 주어를 찾는다

66 명사 뒤의 **-ed**형은 과거일까 과거분사일까?

[준동사 SV의 관계 파악]

□ 다음 글에서 밑줄 친 부분을 해석하시오.

> As for timber, a recent article in *Newsweek* says that Japan receives forty percent of the wood ***exported*** from the world's jungles. Cutting down trees helps speed a phenomenon ***called*** "global warming," which increases temperatures and causes higher levels of water in the earth's oceans.

어구

as for ～에 대해서 말하자면 timber 목재 article 기사 export ～을 수출하다
help + 原形 ～하는 것을 촉진하다 global warming 지구 온난화

분석

문장의 구조를 파악하기 위해서는 동사의 활용을 판단하는 것이 중요하다. 동사의 과거형과 과거분사가 같은 형태(～ed형 등)일 경우, 둘 중의 어느 것인가를 가려 내지 않으면 안 된다. 단독으로 술어동사가 되는 경우라면 과거형, 과거분사는 be / have(has) 등과 결합하기 때문에 구분이 가능하다.

문제는 (대)명사 뒤에 있는 ～ed형의 구분이다. 과거형이라면 바로 앞에 있는 (대)명사가 주어이고, 과거형이 아니라면 과거분사로서 형용사적 수식어가 되는데, 이것을 토대로 해서 예문의 (대)명사 뒤에 있는 ～ed형을 파악해 보자.

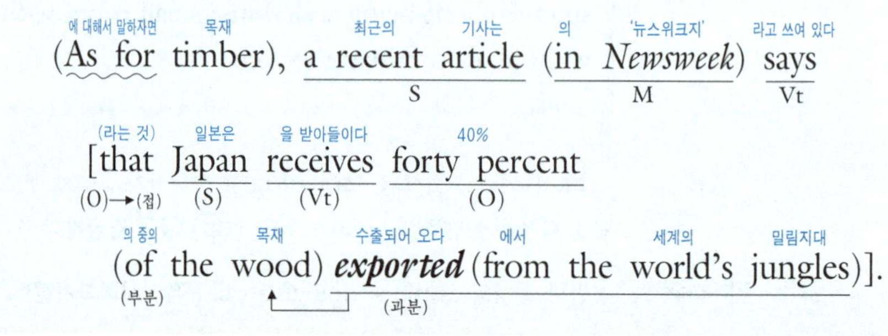

exported는 과거형일까, 과거분사일까? 과거형이라면 wood가 S가 되겠지만, wood는 명백하게 전치사 of의 O이다(→3과). O가 exported의 S가 되는 경우는 절대로 없다. 따라서 exported는 과거형이 아니라 과거분사로서, (from ～ jungles)를 수반하고 **wood**를 수식하게 된다. 수식어로서의 타동사의 과거분사는 수동의 의미를 지니므로 '～되(어 있)다'라고 해석한다.

두 번째 문장에는 called가 있는데 이것은 어느 쪽일까?

목재에 대해서 말하자면, 최근 '뉴스위크지'에 실린 기사에 의하면 일본은 세계 밀림 지대에서 수출되어 온 목재의 40%를 사들인다고 한다. 나무를 벌채하는 것은 '지구 온난화'라고 불리는 현상을 재촉하는 것과 연결된다. 그리고 그 온난화 현상은 기온의 상승과 세계 바다의 수위 상승을 야기한다.

을 베어넘기는 것은 나무들 을 촉진하다 것 을 빠르게 하다

Cutting down trees helps (to) speed

(동명) S Vt O (원형)(Vt)

현상 라고 불리다 지구의 온난화 (그것은)

a phenomenon called "global warming," which ~

(O) (선) (과분) (관대) S

called가 과거형이라면 앞에 있는 명사 phenomenon이 S가 되겠지만, 이것은 명백하게 speed의 O이다. O는 S가 될 수 없으므로 called는 술어동사(= 과거형)가 아니라 수식어 역할을 하는 과거분사이다. 또, 수식어는 제거해도 문형과 의미가 성립하기 때문에, ~ed 이하를 제거해서 문장이 성립하는가 그렇지 않은가를 살펴보는 것도 과거형인가 과거분사인가를 구분하는 기준이 된다. 제거할 수 있다면 과거분사이다.

연습 66. 다음 문장에서 밑줄 친 부분을 해석하시오.

> Literacy gives us access to the greatest and most influential minds in history : Socrates, say, or Newton have had audiences vastly larger than the total number of people either met in his whole life-time.

어구 literacy 읽고 쓰는 능력   access 접근   influential 영향을 미치다   mind(정신을 갖는) 인물   say 예를 들어   vastly 매우   lifetime 일생

힌트 ☞ Literacy gives us access to ... 를 직역하면 '읽고 쓰는 능력이 우리에게 …로의 접근(의 기회)을 준다'이지만, '읽고 쓰는 능력 덕택에 우리는 ~에게로 다가갈 수 있다'라고 한다. 전치사 to의 목적어는 minds이고, 두 개의 최상급이 이것을 수식하고 있다. 두 번째 문장의 or는 and와 같은 뜻을 지닌다. 형용사의 비교급인 larger (than ...)는 뒤에서 수식하고 있고, vastly는 larger의 의미를 강조한다. 이 과의 포인트는 met가 과거형(= 술어동사)인지 과거분사(be와 have/has/had가 함께 쓰이지 않을 경우에는 수식어)인지를 가려내는 것이다. 수식어 역할을 하는 과거분사라면 제거할 수 있으므로 met를 수식하는 수식어(구)로 보이는 in his ... lifetime과 함께 떼어내면, either가 갖는 역할과 품사가 불분명해진다. either를 부사로 간주하려고 해도 not이 보이지 않기 때문에 met는 과거분사가 아니다. 만일 과거형이라면 either가 주어가 된다. people [either met ...]의 형태를 이루고(→25과), 이 either는 대명사이다.

명사 뒤의 -ed형은 과거일까 과거분사일까?

161

분사구문은 부사의 역할을 한다
[준동사 SV의 관계 파악]

□ 다음 글에서 밑줄 친 부분을 해석하시오.

> In politics, "like votes" can win elections, and the same phenomenon exists in business. Business leaders who can be tough-minded but likable will be the future's management elite. That's because leaders need to function comfortably in public, **winning** the good will of everyone.

어구   politics 정치   like vote 인기표   election 선거   tough-minded 현실적인   management 경영(측)   likable 호감이 가는   function 역할을 다하다

(대)명사를 수식하는 분사에 대해서 알아보았다. 이 과에서는 분사로 시작되는 구가 부사 역할을 해서 술어동사(또는 원형과 분사, 동명사 등)를 수식하는 분사구문에 대해서 설명한다. 분사구문의 기본형은 '～ing' 형이다.

$$① \underline{Do\text{ing}+X,}\ S+V+X. \qquad ② S+V+X,\ \underline{do\text{ing}+X.}$$

$$③ S,\ \underline{do\text{ing}+X,}\ V+X.$$

라는 세 가지의 수식 형태가 있다. 역시 '의미상의 주어'가 있는데, 분사 앞에 (대)명사가 명시되어 있지 않을 경우, 분사의 의미상의 주어는 문장 전체의 주어와 일치한다.

첫번째 문장의 의미는 파악할 수 있다. "정치에서 '인기표'는 선거에서 이길 수 있고 실업계에서도 같은 현상이 존재한다"이다. 두 번째 문장은,

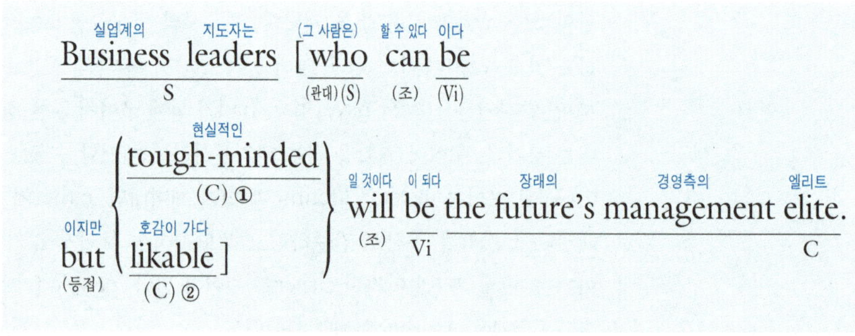

로 되어 있는데, 이것도 who 이하의 관계사절을 [ ]로 묶으면 금방 골격이 드러

난다. 이 과의 하이라이트는 세 번째 문장 winning에 주목.

그것은 이다 ~이기 때문에　지도자는　필요가 있다　역할을 다하다
That's [because leaders need to function
S　Vi　C→　　(S)　(Vt)　(O)　(부정사)

사람에 대해서 기분 좋게　에서는　사람들 앞
comfortably (in public),
(부사)　　(M)

(그리고)~을 쟁취하다(필요가 있다)　　호의　의　모두
***winning* the good will (of everyone)].**
(분사구문)　(현분)　　O　　(M)

수식형태는 전술한 ②로서, function(역할을 다하다)를 수식하고 있다. '~의 호의를 쟁취하면서, …의 역할을 다하다(필요가 있다)'가 되지만 해석할 때에는,

$$\text{need to} \begin{cases} \text{function} \sim \\ \text{(and) win} \dots \end{cases}$$

와 같이 생각하는 것이 좋을 것 같다. 분사구문의 의미는 문맥에 따라 결정되지만, ① '~했을 때' ② '~때문에' ③ '~하면서' '그리고~'라고 하면 대부분이 해결된다. 예문은 ③의 '그리고~'이다.

정치에서는 '인기표'가 선거에서 효과를 발휘하고, 같은 현상이 실업계에도 존재한다. 현실적이지만 사람에게 호감을 주는 실업계의 지도자는 장래에 보다 훌륭한 경영자가 될 것이다. 왜냐하면 지도자는 사람들 앞에서 기분 좋게 역할을 다하고 모두의 호의를 쟁취할 필요가 있기 때문이다.

연습 67. 다음 글에서 밑줄 친 부분을 해석하시오.

> Diana stood and watched the train disappearing from view. Being disappointed she turned away. She had missed it by seconds and she hated being late for the office. Then she thought of the letter in her bag. It was from her son, Stephen. She had longed to open it before she left the house.

어구　view 시계(視界)　turn away 얼굴을 외면하다　miss ~을 놓치다　long to *do* ~하고 싶어하다

힌트 ☞　첫번째 문장에서 and 이하의 문형은 watched the train disappearing 여기에서는 O와 C의 관계를 살펴야 한다(→6과). 두 번째 문장이 포인트. Being disappointed가 명사의 역할을 하는 것도 아니고 형용사로서 명사를 수식하는 것도 아니므로 부사적인 즉 분사구문이라는 것을 알 수 있다. '실망했기 때문에' '실망해서' 정도로 해석한다. 세 번째 문장에 있는 전치사 by는 '차이'를 나타내고, 문형은 hated being late … '직장(회사, 근무처)에 늦는 것이 싫었다'이다. 네 번째 문장에서는 in her bag이 letter를 수식하므로 직역하면 '그녀의 가방 안에 들어 있는 편지'가 된다. 다섯 번째 문장에서 her son, Stephen은, 콤마가 있으므로 'Stephen이라는 아들'이라고 해석한다. 여섯 번째 문장은 과거완료에 주의해서 '(계속) 열어 보고 싶었다'라고 한다.

분사구문은 부사의 역할을 한다

분사구문에서 생략된 **being**을 찾는다

[준동사 SV의 관계 파악]

> It was at lunch on a cold Sunday in late January that we first heard he noise. It sounded like a tapping; slightly metallic. ***Reluctant*** to leave the table, at first we speculated on the possibilities. But when the tapping became persistent, or rather insistent, we went to investigate. And so we came upon the blackbird, pecking at the window.

어구

sound ~으로 들리다   tapping 가볍게 두드리다   be reluctant to *do* ~하는 것이 싫다   speculate on ~에 대해서 이렇게 저렇게 추측하다

분사구문의 기본형은 ~ing형이다. 하지만 분사구문의 ~ing형 중에서 being과 having been은 생략되는 경우가 많다. 도해하면,

　　　[S](being/having been) 과거분사·형용사·명사, S + V + X.
　　　[S]는 의미상의 주어

의 형태를 취한다. 의미상의 주어인 (대)명사가 명시되지 않을 경우에는 문장의 주어(S)와 일치한다.

그러면, 첫번째 문장부터. 이미 친숙해진 It is ~ that 강조구문이다.

It was (at lunch) (on a cold Sunday) (in late January)
　　　　　　M　　　　　　M　　　　　　M

[that we first heard the noise].
　　(S)　(부사)　(Vt)　　(O)

at lunch를 중심으로 at ~ in late January가 강조되어 있다. 두 번째 문장에서는 그 소리(= It)가 어떻게 들렸는지를 설명하고 있다.

그리고 이 과의 하이라이트인 세 번째 문장이다. 문두에 있는 Reluctant가 형용사인 점에 주목하자. 문장의 S + V(= we speculated)와는 떨어져 있고, Reluctant 앞에는 be동사가 필요하기 때문이다. be를 현재분사형으로 활용해서,

　　Being reluctant to leave the table, ~

라고 하면,

우리가 처음으로 그 소리를 들었던 것은 1월 말 어느 추운 일요일 점심식사 때였다. 그 소리는 무엇인가를 톡톡 두드리는 소리처럼 금속적으로 울렸다. 식사 도중에 식탁에서 일어서는 것이 싫어서 우리는 처음에는 이런저런 가능성을 추측하고 있었다. 그러나 그 소리가 귀찮다기 보다는 오히려 신경이 쓰여서 어쩔 수가 없을 정도로 시끄러웠기 때문에 확인하러 갔다. 그렇게 해서 우리는 창을 쪼고 있던 지바퀴새를 발견했던 것이다.

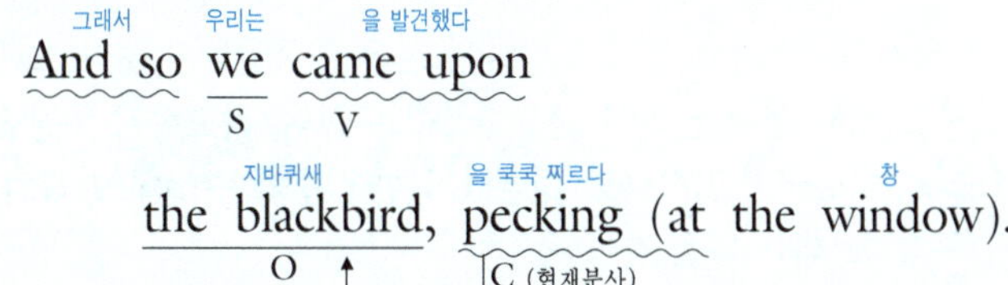

가 되어 분사구문의 기본형을 얻을 수 있다. 문맥상 '(우리는) 식탁을 떠나고 싶지 않았기 때문에' 라고 해석할 수 있다.

다섯 번째 문장에도 pecking이 보이는데, 이것은,

가 되어, blackbird를 뒤에서 형용사적으로 수식하고 있다.

연습 68. 다음 글에서 밑줄 친 부분을 해석하시오.

> Simply stated, discovery is learning without a teacher, and instruction is learning through the help of one. In both cases, the activity of learning is experienced by the one who learns.

어구

simply 간단히   state ~을 서술하다   instruction[instrʌ́kʃən] 배우는 것

힌트 ☞ 첫번째 문장의 stated에 주어가 없는 것과, 바로 뒤에 콤마가 있어서 stated가 discovery를 수식하는 데 방해가 된다는 점에 주의를 기울인다. 이것은 (Being) simply stated라는 의미의 분사구문으로, If it (= discovery) is simply stated로 바꿀 수 있다. one은 부정대명사로서 a teacher를 대신하고 있으므로, through the help of one은 '교사의 도움을 통해서' 라고 한다. 두 번째 문장의 the activity of learning에서 of가 동격의 of(→71과)이므로 '학습 활동, 배우는 (것) 활동' 이라고 해석한다. 마지막의 the one = the person이고, who는 주격 관계대명사, who learns가 one을 수식한다.

문제56 울음은 태어나자마자 갓난아이가 자신을 돌봐 주는 어른에게 신호를 보내는 유일하고 확실한 방법 – 다른 정보를 전달하는 다양한 울음소리를 포함한 의지 전달의 방법 – 이다.

문제57 '국제인'이 되고 싶다고 말하는 젊은 한국인들이 많다. 그들은 영어 회화를 배우고 해외 여행을 하며 늘 '한국식은 싫다'라고까지 주장할지 모른다. 만일 그러한 '국제인'일지라도 끊임없이 한국의 것은 전부 훌륭하다고 주장하는 애국주의자보다는 나을 것이다.

문제58 내 손에 들려 있는 영한사전에는 "privacy"라는 단어가 실려 있다. 그러나 그 단어는, 해당되는 한국어 명사로서가 아니라 설명문에 의해서 정의되어 있다. 이것을 통해서, '프라이버시'라는 단어가 나타내는 상태는 한국 전통 가운데에서 중요한 위치를 점해오지 못했다는 것을 알 수 있다.

문제59 붐비는 도시 거리에서 보내는 시간의 양을 해변이나 숲을 산책하면서 보내는 시간과 비교해 보라. 건강은 실로 이것을 생각하지 않을 수 없을 정도로 중요하다. 신선한 공기가 폐와 혈액에 공급될 때의 건강상의 차이는 감동적이고 분명하다.

문제60 Ames의 여자 친구들은 모두 Shirley까지 아이 보는 일을 했다. 우리는 11세나 12세가 되어 어머니로부터 밤 늦게까지 밖에 있는 것을 인정받을 수 있는 나이가 되면, 기꺼이 아이 보는 일을 떠맡는다고 생각했다.

문제61 Chris Evert가 테니스 선수로서 인생의 출발점에 섰을 때는 아직 여성이 운동을 하고 체력을 다지는 것이 시대에 어긋난다고 생각되었었다. 그리고 이기고 싶어 하는 여성은 여성답지 않다고 여겨졌었다. Chris Evert 덕분에 2세대 여성들은 달리고 땀을 흘리는 것이 굉장한 일이라고 생각하게 되었다.

문제62 속담은 때때로, 민중 사이에 퍼져 있는 충고와 경고를 내포한 짧은 말이라고 정의된다. 그러나 속담이 되기 위해서는 말이 민중에 의해서 받아들여지고 흡수되어야 한다. 그 과정에서 기원은 잊혀져 버린다. 일단 속담이 되면, 그 말은 민중의 지혜의 일부분으로 사용되지만, 사용하는 사람은 더 이상 그 기원에는 관심이 없다.

연습문제 해석

문제63 현실적으로 말하자면, 과거의 생활 수준으로 돌아가는 것은 매우 곤란할 것이다. 하지만 에너지를 보존하고 새로운 기술을 개발함으로써 에너지 소비를 줄이는 노력은 할 수 있다.

문제64 지명 표식이 영국 지방의 도처에 서 있어서, 여행자는 그것을 보고 도시, 마을, 부락으로 가는 길을 알 수 있다. 대부분의 주에 경계선을 가리키는 지명판이 있고, 도움이 되는 것 중에는 개울과 강의 이름이 쓰여져 있는 것도 있다.

문제65 사회학자들이 말하는 도시 생활에서 가장 싫은 부분 중의 하나가 자동 승강기에 타는 것이다. 타는 것 자체에는 문제가 없다. 원활하고 안전하며 공짜다. 그러나 침묵에는 항복이다. 말을 주고받는 일없이 다른 많은 사람들과 함께 좁은 공간에 감금되는 것은 뭐랄까 이상한 기분이다.

문제66 읽고 쓸 줄 알면 역사상 가장 위대하고 가장 큰 영향을 미친 인물에게 가까이 다가갈 수 있다. 예를 들어 소크라테스와 뉴턴은 전 생애를 통해서 만났던 사람의 총수보다도 훨씬 많은 독자를 얻을 수 있었다.

문제67 Diana는 서서 열차가 시야에서 사라지는 것을 물끄러미 바라보았다. 실망하여 얼굴을 돌려 버렸다. 몇 초 차이로 (열차를) 놓쳐 버렸고, 직장에 늦는 것이 싫었다. 그 때 가방 안에 들어 있는 편지가 생각났다. 그것은 Stephen이라는 아들에게서 온 것이었다. 집에서 나오기 전에 뜯어 보고 싶다고 생각했었다.

문제68 간단히 말하면 발견이라는 것은 교사 없이 배우는 것이고, 교육을 받는다는 것은 교사의 도움을 통해서 배우는 것이다. 어느 경우든지 학습 활동은 배움을 통해서 경험하는 것이다.

명사 · 명사구문의 파악

69~72

69 부대상황 **with**구문의 **SV**관계를 파악한다

[명사 · 명사구문의 파악]

> If you see someone at a dinner party holding a fork in his right hand **with the prongs pointing up**, you can be sure that person is American. English people would hold their knife in their right hand and the fork in their left **with the prongs pointing down**. This is regarded in England as good manners even though it can make eating more difficult.

prongs[prɔ:ŋz] (포크의) 갈래 부분   point up 위를 향하다   regard + O + as ~ O는 ~라고 생각하다   manners 예의 범절

중학교 시절, with a book in one's hand를 '책을 손에 들고서'라고 배웠다. 이 것을 직역하면 '책이 손 위에 있는 상태에서'이다. 즉, with를 빼고 살펴보면 A book is in one's hand.가 되고, a book과 in one's hand 사이에는 SV관계가 성 립한다. 문장 속에서 "with + O + P"를 발견했다면,

with + O + P   →   'O(S)가 P인 (상태에서)'

S + be + P

의 관계를 생각하면 된다. P부분에는 부사(구), 분사, 형용사, 명사(절)가 올 수 있으며, 'O가 P인 상태에서'라고 하면 대체로 해결된다. 때에 따라서는 'O가 P 이기 때문에' 'O가 P라면'이 되는 경우도 있다. 이러한 with를 "부대 상황을 나 타내는 with"라고 한다.

[If you see someone (at a dinner party) holding a fork (in his right hand) (**with the prongs pointing up**),]

먼저 with에 주목! with 뒤에 O(전치사의 목적어)와 ~ing(현재분사)가 딱 달라 붙어 있으므로 부대 상황의 with이다. SV관계를 찾아내서 '끝이 위를 향한 상태로' → '끝을 위로 향하게 해서'라고 할 수 있다. 그리고 주절은 '(~한다면) 그 인 물을 미국인이라고 확신해도 좋다'가 된다.

저녁식사 모임에서 누군 가가 포크를 오른 손에 들고서 끝을 위로 향하게 하고 있는 것을 보았다면 그 사람은 미국인이라고 확신해도 좋다. 영국인이 라면 오른 손에 칼을, 포 크를 왼 손에 들고 끝을 아래로 향하게 할 것이 다. 이렇게 하는 것이 영 국에서는, 설령 먹기에는 더 불편할지 몰라도 좋은 예절이라고 여겨진다.

English people would hold
their knife (in their right hand)
and the fork (in their left (hand))
(*with the prongs pointing down*).

여기에서도 부대상황의 with구문이 보인다. **the prongs**와 **pointing down** 사 이에 SV관계가 성립한다는 것, 알겠는지? 이 문장에서는 가정법 과거 would가 술어동사로 쓰이고 있기 때문에, 주어 역할을 하는 명사가 '영국인이라면 ~' 이 라는 조건을 나타낸다고 할 수 있다(→76과).

연습 69. 다음 글에서 밑줄 친 부분을 해석하 시오.

> Opening the gate, Vernon Berry walked through the little garden with a smile on his face and a large book in one hand. Long experience had taught him how to sell books to people who did not want them. He had a fine, deep voice and could talk well. He could make people laugh. He was clean and well-dressed. He was one of those men that people like at once, and he knew it. In short, he was a success.

어구 deep (목소리가) 굵다 clean 청결한 well-dressed 옷차림이 좋은 in short 요 컨대 success 성공한 사람

힌트 첫번째 문장의 Opening은 분사구문으로, When (After) he opened라고 해석한다. 포인 트는 with 이하에 있다. 내용을 보면, a smile was on his face '미소가 얼굴에 있다' a large book was in one hand '큰 책이 한 쪽 손에 있다' 가 된다. 두 번째 문장은, 직역하 면 '오랜 경험이 ~을 그에게 가르쳤다' 이지만, '오랜 경험 덕에 그는 ~ 을 알았다' 라고 한다. who는 people을 선행사로 하는 관계대명사의 주격이다. them은 books를 가리킨 다. 네 번째 문장의 make가 사역동사이기 때문에 laugh는 동사원형이다. 여섯 번째 문장 의 those는 men을 선행사로 하는 관계대명사의 목적격(like의 목적어)을 유도하는 역할 이므로 해석하지 않는다(→24과).

□ 다음 글에서 밑줄 친 부분을 해석하시오.

> The aid administered and received before a doctor is available is often *of* vital *importance*. First aid is the health-related help that must be given *first* in any emergency. Often a doctor cannot get to the scene of an accident. Victims may have to wait for skilled medical attention until they can be taken to a hospital or other emergency center.

[어구] aid 처치 administer 행하다 available (사람)일을 해 주는(만나 주는) vital 대단히 health-related 안부와 관련된 emergency[imə́ːrdʒənsi] 긴급 사태

[분석] of라는 전치사를 방심해서는 안 된다. 왜냐하면 of를 '～의'라고 해석하면 의미가 통하지 않을 때가 있기 때문이다. 첫번째 문장의 of...importance의 of가 그 대표적인 예이다.

$$\text{The } \underset{S}{\underline{aid}} \begin{cases} \underset{(\text{과분})}{\underline{administered}} \\ \underset{(\text{등접})}{and} \underset{(\text{과분})}{\underline{received}} \end{cases} \underset{(\text{접})}{[before} \underset{(S)}{\underline{a\ doctor}} \underset{(Vi)}{is} \underset{(C)}{\underline{available}}]$$

$$\underset{\overline{Vi}}{is} \underset{(\text{부사})}{often} \underset{(\text{전})}{(\quad of} \underset{(\text{형})}{vital} \underset{(\text{추상명사})}{\textbf{\textit{importance}}} \quad).$$

앞에 있는 is는 doctor의 V이고, before절은 두 개의 과거분사(administered와 received)를 수식하고 있다. 뒤에 있는 is가 문장 전체의 V이다. aid is (of importance)가 문장의 골격이며, S + V + C의 문형이라는 것을 알 수 있다.

다시 말해서 of구는 형용사구로서 be동사와 결합해서 보어 역할을 한다. 사실 이 of는 '성질, 형태, 색 등을 나타내는' 것으로 '～을 지니고 있다(= having)'라는 의미이다.

of importance는 '중요성이 있다' '중요한'이라는 의미이며, important라는 형용사에 해당한다. "of + 추상명사"를 형용사로 바꿀 수 있다는 것이 이 과의 포인트이다.

$$\text{a book (of importance)} = \text{an important book}$$
$$(\text{중요한}\sim)$$

위와 같이 명사를 수식하기도 한다. 예문의 경우, vital이 부사라면 vitally가 되기 때문에 **of vital importance = vitally important**이다.

두 번째 문장은 that절이 수동태로 되어 있으므로 관계대명사 that에 선행사 help 를 대입해서 help <u>must be given</u> … (by S) → S <u>must give</u> help와 같이, give와 help의 의미상의 연결을 확인할 것.

네 번째 문장의 until은 접속사이고 절 속은 수동태로 되어 있다.

희생자는　일지도 모른다　필요가 있다　기다리다　을　숙련된　의사에 의한　치료

Vicitims may have to wait(for skilled medical attention)
S　　　　　　V

까지　　할 수 있다　수용되다　에　　병원

[**until they can be taken** to a hospital
(S)　　(V)　(수)

다른　　구급　　센터

or other emergency center].

of구를 형용사로 바꿀 수 있는 예로는 of ability = able(능력이 있는), of courage = courageous (용기가 있는), of use = useful(유용한다), of value = valuable(가치가 있는) 등이 있다.

연습 70. 다음 글에서 밑줄 친 부분을 해석하시오.

> The novel is based on the behavior of human beings as they appear in everyday life, and it is not quite accidental that <u>it came into vogue during the eighteenth century when man was regarded as of central importance in the universe.</u> The novel is an offshoot of humanism.

어 구 the novel 소설　everyday 일상의　accidental[æksidéntl] 우연한　come into vogue 유행하다　offshoot 파생물　humanism 인간주의

힌트 첫번째 문장의 전반부에 있는 as they …life라는 절이 is based를 수식한다고 생각하면 의미가 통하지 않지만, they가 human being을 가리키고 as절이 human being을 수식하는 것으로 파악하면 ‘일상생활에서 나타나는 인간’ 이 되어 의미가 통한다(→98과). 후반부의 it은 형식주어이고 that절이 그 구체적인 내용이다. that절을 검토하면 when이 the eighteenth century를 선행사로 하는 관계부사이므로 when …universe는 형용사절이다. as 다음에 있는 of …importance는 형용사 역할을 하는 보어로 작용한다. in the universe가 importance를 수식하기 때문에 of 이하는 ‘우주에 있어서 중심적인 중요성을 지닌다’ → ‘우주에서 가장 중요한’ 이 된다. of importance = important.

“of + 추상명사”는 형용사로 바꿀 수 있다

동격의 **of**는 '즉', 뒤에서부터 해석하면 '〜라는' [명사·명사구문의 파악]

> It is part of the U.S. American culture that people should be kept at a distance, and that contact with another person's body should be avoided in all but the most intimate situations. <u>Because of this social **convention of dealing** with others at a distance</u>, U.S. Americans have to place much reliance on their distance receptors, their eyes and ears, for personal communication.

어구

contact 접촉   but 〜을 제외하고   intimate[íntəmit] 친밀하다   convention 관습   deal with 〜(사람)과 접촉하다   place reliance on 〜을 신뢰하다

분석

"명사 + of + 명사"의 형태를 자주 보게 된다. 대부분은 '〜의'라고 해석하면 되지만 때에 따라서는 어딘가 어색한 경우가 있다. 이럴 때에는 **of** 전후의 의미상의 관계를 살펴보는 것이 중요하다.

첫번째 문장의 part of the 〜 culture는 어떨까?

It is part (of the U.S. American culture)
S(가) Vi C M

and
[that people should be kept (at a distance)],
S (진)→① (S) (조) (V)(수) (M)

[that contact (with another person's body)
(등접) S (진)→② (S)

should be avoided (in all (but the most intimate) situations)].
(조) (V)(수) (M) (M)

'미국 문화의 한 측면'이 되며, 이 "명사 + of + 명사"의 of는 '〜의'라고 해도 별 문제 없다. 이 문장은 It 〜 that의 형식주어구문이고, and로 연결되는 두 개의 that절이 공통 관계를 이루고 있다. the most intimate situations라는 것은 '가장 친밀하게 접촉할 수 있는 상황', 즉 키스와 포옹 등을 할 수 있는 상황.
자, 밑줄 부분. 여기에도 "명사 + of + 명사"가 있다. social convention of dealing 〜의 부분인데, 이 of를 '(타인과) 접촉하는 것의 사회적 관습'이라고 하면 무슨 뜻인지 애매모호해진다. 이것을 '(타인과) 접촉한다는 사회적 관습' 이라고 하니 의미가 좀더 자연스럽다.

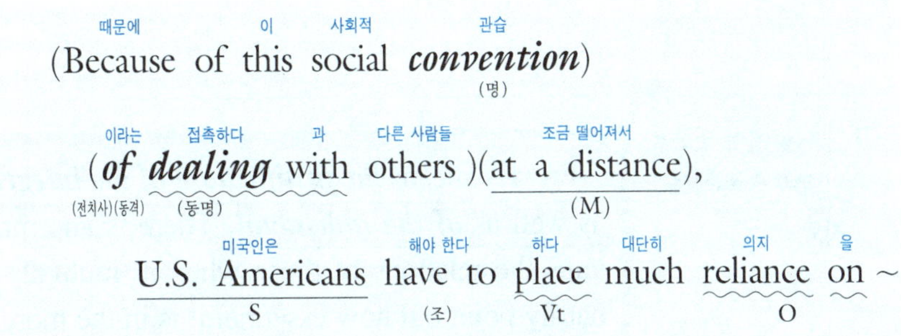

이 of가 이른바 "동격의 of"로, 그 전형적인 예가

the name of Tom / the habit of getting up early
    N①   N②   N①   N②

등이다. N②는 N①을 좀더 구체적으로 표현한 내용이 된다. 이 경우 The name is Tom.이나 Tom is the name.과 같이 N①과 N②를 be동사로 연결할 수 있다. 이 **of**를 앞에서부터 해석하면 '즉', 뒤에서부터 해석하면 '라는'이 된다.

연습 71. 다음 문장에서 밑줄 친 부분을 해석하시오.

> The thing that is common to all sufferers from stress —whether the overstress of the high-pressured life or the under-stress of boredom and frustration —is a feeling of not being in control of your life.

어 구

sufferer 괴로워하는 사람　high-pressured 압박이 강해지는　boredom 지루함　frustration 욕구 불만　be in control of ~ 을 자유롭게 할 수 있다

힌트 ☞

대시 앞부분에서 that은 관계대명사의 주격이고 things가 선행사이다. common to ~ '~에 공통되다'. sufferers (from stress) '스트레스가 원인인 시달리는 사람들' → '스트레스가 원인으로 시달리는 사람들'과 같이 의미를 연결한다. The thing의 술어동사가 두 번째 대시 다음에 있는 is이기 때문에 전체 골격은 The thing is a feeling.　포인트는 a feeling of not being ...으로, '~이 아니라는 느낌'이라고 하면 의미가 자연스러워진다. 즉, 느낌의 내용을 설명하는 being ...과 feeling을 연결하는 것이 이 동격의 of이다. 대시 사이에 삽입된 부분에서는 over-stress와 under-stress라는 명사가 S, O, C 중에서 어떤 역할을 하는지 살펴본다. whether절은 S, O, C, 명사의 동격절 중 어느 것도 아니기 때문에 양보의 부사절이며, whether(it is)와 같이 생략되어 있다. it은 from 다음에 있는 stress를 받는다. or가 whether절 속에 쓰여서 whether A or B 'A이건 B이건 간에'가 되는 것에도 유의한다.

동격의 of는 '즉', 뒤에서부터 해석하면 '~라는'

72 "명사 + of + 명사"의 VS/VO 관계

[명사 · 명사구문의 파악]

☐ 다음 글에서 밑줄 친 부분을 해석하시오.

> Privacy means ***the justification of the integrity of the near group*** *as well as **of the individual.*** There is an emotional tone that sustains the relations of those who are mutually congenial. We need hardly point out how essential it is in the more intimate relations of man and woman, where intrusion is treachery.

integrity 완전한 것   sustain ~을 유지하다   mutually 서로   congenial [kəndʒíːnjəl] 마음이 맞는   intrusion 침해   treachery[trétʃəri] 배신

of라는 전치사의 정체는 of 전후에 있는 명사끼리의 의미적 관계를 통해서 결정된다. 특히 이 과에서는, 'N① + of + N②'에서 N①과 N② 사이에 VS 또는 VO 의 관계가 성립하는 경우를 살펴보겠다.

of 앞의 N①과 관련이 있는 동사, 형용사가 있는 경우에 대해서 주목한다. 첫번째 문장의 of 앞에 있는 명사에는 각각 동사, 형용사가 있다. 첫번째 of의 전후에 있는 명사는,

$$\begin{array}{ccc} \text{the justification} & \text{of} & \text{the integrity} \\ \text{N①}\downarrow & & \text{N②}\downarrow \\ \text{justify} & & \text{the integrity} \\ \text{Vt} & & \text{O} \end{array}$$

와 같이, N① + of + N②→Vt[타동사] + O[목적어]의 관계에 있다. '완전함의 정당화' → '완전함을 정당화하다' 이다. 또 두 번째 of 전후에 있는 명사에는,

$$\begin{array}{cccc} \text{the integrity} & \text{of the near group} \\ \text{N①} & \text{N②} \\ \text{the near group} & \text{is integral} \\ \text{S} & \text{Vi} & \text{C} \end{array}$$

과 같이, N① + of + N②→V[술부](Vi + C) + S의 관계가 있다. '친밀한 집단의 완전함' → '친밀한 집단이 완전한 것'이 된다. of 앞에 있는 명사가 자동사 역할을 하는 좋은 예는 the rise of the sun이 The sun rise.가 되는 경우이다.

$$\begin{array}{cccccc} \text{사생활은} & \text{을 의미하다} & & \text{정당화하는 것} & \text{을} & \text{완전한 것} \\ \text{Privacy} & \text{means} & & \textit{the justification} & \textit{of} & \textit{the integrity} \\ \text{S} & \text{Vt} & & & \text{O} \end{array}$$

$$\text{as well as} \begin{cases} \textit{of the near group} \\ \textit{of the individual.} \end{cases}$$

두 번째 문장의 who절은 당연히 those를 수식하는 관계사절이다. 그리고 세 번째 문장의 how절 속에 있는 it은 문장의 흐름으로 보아 privacy이다.

We need hardly point out [how essential it is (in ~ relations)(of man and woman), [where intrusion is treachery]].

need는 to를 수반하지 않은 채 hardly 앞에 와 있으므로 조동사이다. how절은 감탄문의 내용으로 되어 있으며, 대구를 이루는 man and woman은 무관사이다. 관계부사 where의 선행사는 relations이다.

> Some resistance remains. A few developing countries severely restrict or prohibit the use of English, viewing its spread as "cultural imperialism." In Bangladesh, parliament passed a bill replacing English with Bengali in official work.

어구

severely 엄격하게   restrict ~을 제한하다   prohibit ~을 금지하다
view + O + as ~ O를 ~로 간주하다   replace *A* with *B* A를 B로 바꾸다

힌트 ☞

두 번째 문장의 골격은 (A few ...) countries severely $\begin{cases} \text{restrict} \\ \text{or} \\ \text{prohibit} \end{cases}$ (the) use로

developing은 countries를 수식하는 형용사이므로 '개발도상(의) 나라(들)'. 후반부에 있는 viewing은 분사구문으로 파악하면 무리가 없다. and view '그리고 ~을 ~라고 간주하다'. 포인트는 (the) use of English이다. use[ju:s]를 동사 use[ju:z]로 바꾸고, of 를 떼어내면 use English라고 할 수 있으므로 이 of는 목적격 관계의 of이다. its spread 는 내용상 it(= English) spreads이기 때문에 '그것(= 영어)이 보급되는 것'. 세 번째 문장의 replacing을 분사구문으로 간주하면 '법안을 (하나) 통과시켜서 영어를 벵골어로 …' 가 되어 버린다. 법안을 통과시키는 것에 초점이 맞춰지므로, 여기에서는 bill(법안)에 대한 형용사적 수식어로 파악해서 '영어를 ~ 하는 법안' 이라고 한다(→64과).

사생활은 개인뿐만 아니라 친밀한 집단의 (독립성이라는 점에서) 완전함을 정당화하는 것을 의미한다(개념이다). (그 말에는) 서로 마음이 맞는 사람들과 맺은 관계를 유지한다는, 감정에 호소하는 논조가 있다. 우리가, 사생활이 남녀보다 더 친밀한 관계 – 거기에서 간섭(침해)은 배신이다 – 에 있어서 어느 정도 필수불가결한가를 지적할 필요는 거의 없다.

연습 72. 다음 글에서 밑줄 친 부분을 해석하시오.

문제69
문을 열면, Vernon Berry가 얼굴에 미소를 띄우고 한 손엔 커다란 책을 들고서 작은 정원을 거닐고 있었다. 오랜 경험을 통해서 그는 원하지 않는 사람에게 책을 팔아 넘기는 방법을 알고 있었다. 그는 굵고 멋진 목소리를 지녔으며, 능란하게 말을 잘 했다. 그는 사람을 웃게 만들 수 있었다. 그는 청결하고 옷차림이 훌륭하였다. 그는 사람들이 금방 마음에 들어 하는 사람 중의 한 사람이었고, 그는 그것을 알고 있었다. 요컨대 그는 성공한 사람이었다.

문제70
소설은 일상 생활에서 나타나는 인간의 행동에 기초하고 있으며, 인간이 우주에서 중심적인 중요성을 갖는다고 생각한 18세기 동안 소설이 유행한 것은 결코 우연이 아니다. 소설은 인본주의의 파생물이다.

문제71
스트레스-압박이 강한 생활이 원인인 과잉된 스트레스이건, 따분함과 욕구 불만이 원인인 과소한 스트레스이건 간에-에 시달리는 사람들 모두에게 공통된 것은 자신의 생활을 생각대로 할 수 없는 감정이다.

문제72
다소 저항이 남아 있다. 몇몇 개발도상국들은 영어의 보급을 '문화제국주의' 로 간주해서 영어를 사용하는 것을 엄격하게 제한하거나 금지하고 있다. 방글라데시에서는 국회가 공무에 쓰이는 영어를 벵골어로 바꾸는 법안을 통과시켰다.

명사 · 명사구문의 파악

73~77

73 가정법에서는 '사실'과 '시제'를 파악한다

[가정법의 파악]

Will war and peace continue to be rivals? Nuclear power can be used for the betterment of man or against him. The greatest hope of mankind lies perhaps in this very paradox. ***If*** all the earth's resources ***were utilized*** for peaceful purposes, a great deal of human wants and sufferings ***would disappear***.

어구 nuclear power 원자력   betterment 향상   against ~에 불리하게   paradox 모순   resource 자원   utilize[júːtəlàiz] ~에 이용하다   wants 빈곤

이 과부터는 가정법에 대한 것이다. 먼저, 가정법에 대해서 학습해 보자.

$$\text{If} + \text{S} + \text{동사과거형} \sim, \ \text{S} + \begin{Bmatrix} \text{would} \\ \text{could} \\ \text{should} \\ \text{might} \end{Bmatrix} + \text{동사원형} \cdots$$

위와 같이, 현재 또는 미래의 일에 대해서 (조)동사의 과거형을 사용해서 '만일 ~라면, …일텐데' '~라면(좋을텐데)' 라는 감정을 나타내는 것을 '가정법 과거' 라고 한다. 사실과 다르다든지 실제에는 있을 수 없다든지 있어도 가능성이 희박한 것에 대한 가정, 상상, 원인을 표현한다.

마찬가지로 과거의 사실에 대해서 '만일 (그 때) ~였다면, …일텐데' 라고 가정하기 위해서 사용되는 것이 '가정법 과거완료' 이다. If절에는 "had + 과거분사", 귀결절에는 "would/could/should/might + have + 과거분사"를 사용한다. 따라서 가정법처럼 보이는 표현이 눈에 띄면, '언제' '어떤 사실' 을 근거로 하는지 파악할 필요가 있다.

먼저 첫번째 문장에서 '전쟁과 평화는 계속 경쟁자의 관계에 있을 것인가' 라고 기술하고, 두 번째 문장에서는 그 예로서, 원자력은 서로 대립적인 입장에서 이용될 수 있다고 말하고 있다. 세 번째 문장에서는 이 모순에 대해서 '인류의 희망은 그 모순 속에 있을지도 모른다' 라고 기술하고 있다. 그리고 이 과의 핵심인 네 번째 문장. '주절에 있는 조동사의 과거형' 은 가정법 과거(완료)라는 신호이다.

[*If* all the earth's resources ***were utilized*** (for peaceful purposes)], a great deal of human wants and sufferings ***would disappear***.

If절에 있는 과거형 were utilized, 주절에 있는 would(조동사 과거) + disappear(원형)에 유의한다. '현재의' 사실과는 다르지만 '만일 ~'이라는 감정을 먼저 파악한다. 그 사실이라는 것은 '현실에서는 모든 지구상의 자원이 평화적인 목적에 이용되는 것이 아니기 때문에, 빈곤과 고통이 존재한다' 이다. 따라서 필자는 가정법 과거를 이용해서 '만일 모든 자원이 평화적인 목적에 이용된다면 (좋을텐데)' 라는 소망을 담고 있다.

연습 73. 다음 글에서 밑줄 친 부분을 해석하시오.

> If our ancestors were brought back to life in the late twentieth century, they would surely think that the world was governed by a powerful new religion. They would see shining buildings reaching up to the sky, the old churches and shrines hidden in their shadows.

어구

ancestor[ǽnsestər] 선조   bring + O + back to life O를 부활시키다   late 말기의 govern ~을 지배하다   religion 종교   shrine[ʃrain] 성당

힌트 ☞

첫번째 문장의 가정법 과거 were brought …는 in the late twentieth century (20세기 말에)에서 알 수 있듯이 미래에 대한 가정이다. 주절의 surely는 문장을 수식(→100과)하므로 '반드시 …' 라고 해석한다. think의 목적어인 that절의 was는 would think가 갖는 가정의 의미가 영향을 미친다는 것을 시사한다. 여기에 is를 사용하면 '현실에 그렇다' 가 돼 버린다. 따라서 that은 접속사이다. 두 번째 문장의 would see는 첫번째 문장의 if절을 염두에 둔 가정법이다. 문장의 골격을 나타내면

would see {(shining) buildings reaching ~, '건물이 닿아 있다(것을 볼 것이다)' (the old) {churches and shrines} hidden ~. '교회와 성당이 가려져 있는 것을 (볼 것이다)' 가 된다.

 **74** **'있을 것 같다'에서 '거의 없다'까지의 were to** [가정법의 파악]

□ 다음 글에서 밑줄 친 부분을 해석하시오.

> I am confident that if a teacher *were to* ask his pupils to make regular reports on himself he would discover that many unexpected details were blocking his effectiveness. Habits of dress, mannerisms of speech, intonations of voice—things easily corrected, but obstacles of importance when they are not—would be revealed to him.

confident 확신해서 make a reports on ~에 대해서 보고하다 effectiveness 효과 mannerism 버릇 obstacle[ábstəkəl] 장해 reveal ~이 드러나다

다음 문장을 살펴보자.

If the sun *were to* rise in the west, I would not change my mind.

(설령 태양이 서쪽에서 뜨는 일이 일어난다 해도 나는 마음을 바꾸지 않을 것이다.)

'태양이 서쪽에서 뜬다'라니 '있을 수 없는' 일이다. "were to"는 이 '있을 수 없는' 일에 대해서 사용되는 가정법 과거의 용법인데, 예문에서는 어떨까?

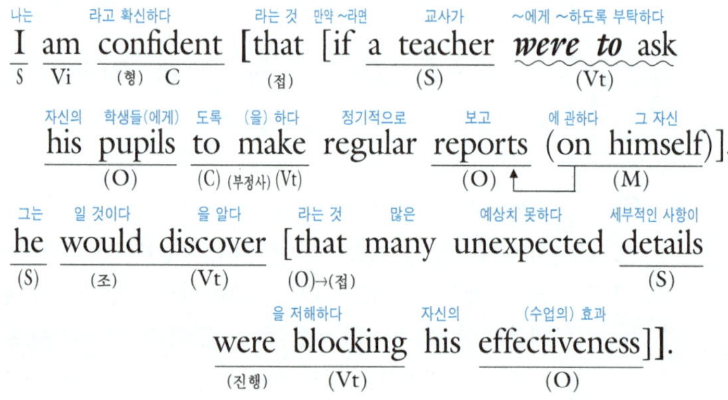

저자는 다분히 교사들에게 자신을 점검하라고 권유하고 있는 것 같은데, "were to"는 이 경우, '있을 것 같은' '있어도 좋은' 일에 대해서 사용되고 있다고 보는 것이 자연스럽다. "were to"의 내용은 미래에 관한 표현이고, 그 용도는 '있을 수 있는 것'에서 '거의 없는 것'까지이다.

$$\underset{\text{S ①}}{\underline{\text{Habits of dress}}}, \underset{\text{S ②}}{\underline{\text{mannerisms of speech}}}, \underset{\text{S ③}}{\underline{\text{intonations of voice}}}$$

—things easily corrected, but

obstacles (of importance) [when they are not (corrected)]—

would be revealed (to him).

대시 부분에서는 "of + 추상명사"(→70과), not 바로 다음의 생략(→44과), they = things easily corrected를 파악한다. 그리고 포인트는 조동사의 과거형 would를 발견하는 것이다. '조동사의 과거형은 가정법 과거(완료)라는 신호'이다. if절에 호응하는 형태이며 술어동사가 가정법 과거로 되어 있다.

연습 74. 다음 글에서 밑줄 친 부분을 해석하시오.

> People often ask me why I choose to spend so much time in Korea. <u>If I were to answer that it is because I need certain rare documents that can be obtained only in Korea, most people would accept this as a reasonable explanation.</u> To be more exact, however, I need extremely few documents that are not available in the university library, and it is more convenient for me to use this library than any in Korea.

어구

choose to *do* ~하고 싶어하다   obtain ~을 얻다   accept + O + as ~O를 ~라고 인정하다   to be more exact 좀더 정확히 말하면

힌트 ☞ 첫번째 문장의 문형은 ask me [why I … Korea]이고, why절은 간접의문문(명사절)이다. 두 번째 문장에서 if절의 문형은 I were to answer [that it is [because I need … Korea]]이고, because절의 that은 documents를 선행사로 하는 관계대명사의 주격이다. were to 는 가능성이 있는 일에 대한 가정을 시사한다. it은 why절의 내용을 가리킨다. 세 번째 문장은 however부터 해석한다. To be … 는 독립부정사(→63과)이다. that은 관계대명사의 주격이다. I need … library를 직역하면, '나는 대학 도서관에서 입수할 수 있는 극히 적은 문서를 필요로 한다'. 후반부는 than (it is … for me to use) any (library) in Korea와 같이 보충해 넣어서 파악한다. and 뒤에 있는 it은 for me to use …를 내용으로 하는 형식주어이다.

75 "**as if**"의 본래의 의미는 "～라면 ～처럼"

[가정법의 파악]

❑ 다음 글에서 밑줄
친 부분을 해석하
시오.

> When I try to explain why I am happier in Seoul I generally begin with a series of negatives. <u>In Seoul I am not worried even if I walk down a dark street late at night.</u> <u>In Seoul the subway cars are not defaced with graffiti or filled with people who look **as if** they might suddenly resort to violence.</u>

어구

begin with ～에서 시작하다   a series of 일련의   negative 부정문   defaced + O + with ～ O의 표면을 ～으로 더럽히다   resort to ～에 호소하다

"as if ～"를 접속사로 판단해서 '마치 ～처럼' 이라고 했다.

　　① He talks [as if he knew everything].

　　② He talks [as (he would talk) [if he knew everything]].

② '그는 모든 것을 알게 되면 말한 것처럼' → ① '모든 것을 아는 것처럼' 이 된다. 이와 같이 "as if ～"는 as와 if 사이에 he would talk이 생략된 표현이다. 이 과의 포인트는 이 "as if ～"의 내부 구조를 파악하는 것이다.

그러면 예문으로 가 보자. 첫번째 문장에서, 저자는 '왜 서울에 있는 편이 행복한가를 설명할 때, 일련의 부정문(negatives)으로 시작한다' 라고 서술하고 있다.
그리고 두 번째 문장은,

에서는　　서울　　나는　　걱정하지 않는다　　　　비록 ～하더라도
(In Seoul) I am not worried [even if
　M　　　　S　　　　V　　(수)　　　　　(접)

나는　걷는다　　　을　　　　어두운 거리　　늦게　　　밤
I walk (down a dark street) late (at night)].
(S)　(Vi)　　(전)　　　　　　　　　　　　(M)

으로 되어 있다. "even if"는 '비록 ～하더라도' 이다.
세 번째 문장의 후반부에 "as if"가 있다. if는 의심의 여지 없이 가정법의 조건을 나타낸다. 이 문장에서는 as와 if 사이에 they would look이 생략되어 있다. '폭력에 호소할지도 모르게 되면 보일 것처럼' → '폭력에 호소할 것처럼' 이 된다.
"as if ～"가 "as though ～"로 표현되는 경우도 있다.

(In Seoul) the subway cars are not defaced (with graffiti) or filled (with people)

[who look [**as if** they might suddenly resort (to violence)]].

왜 서울에 있는 편이 행복한가를 설명할 때, 대체로 나는 일련의 부정문부터 사용한다. 서울에서는 밤 늦게 어두운 거리를 걸어도 걱정하지 않는다. 서울에서는 지하철의 차량들이 낙서로 더럽혀져 있지 않으며, 마치 갑자기 폭력을 휘두를 것 같은 생김새의 사람들로 가득 차지도 않는다.

"as if~"가 '언제'의 일을 나타내고 있는가를 파악하는 것이 중요한 포인트이다. 여기에서는 look이 기준이 되고, as if절이 가정법 과거이므로, '(조금 있으면) 폭력에 호소할 것처럼'이 된다. 그러면 다음의 예문을 비교해 보자.

The police <u>treat</u> me **as if** I **were** a criminal.

as if I **had been**

"as if" 문장이 가정법 과거라면 '(지금)범죄자처럼', 가정법 과거완료라면 '(이전)범죄자였던 것처럼'이 된다. 즉, 가정법 과거는 기준시와 동일한 시제를 나타내고, 가정법 과거완료는 기준시보다 앞선 시제를 나타낸다.

연습 75. 다음 글에서 밑줄 친 부분을 해석하시오.

<u>Americans view time as being tangible, almost as if it were something that could be touched.</u> They can spend it or save it. In some ways, they treat it like money. In fact, in English, there is an expression "Time is money."

[어 구]

view + O + as ~ O를 ~로 간주하다   tangible[tǽndʒəbəl] 실제적인   save 저축하다   treat ~을 취급하다

[힌트]

두 번째 문장의 후반부에는 as they(=Americans) would view ... tangible if it were ...와 같이 '그들은 …을 유형이라고 간주할 것이다'가 숨어 있다고 볼 수 있다. tangible 앞에 있는 being은 분사이다. if절 속의 it은 time을 가리키고 that은 something을 선행사로 하는 관계대명사의 주격이다. 관계사절 속의 조동사가 과거형인 could인 것은 가정의 의미가 that절에도 영향을 미치기 때문이다. 두 번째 문장의 or가 연결하는 것은

They can spend it or save it

이다. 세 번째 문장의 like는 money를 목적어로 취하는 전치사이고 like money '돈처럼' '마치 그것이 돈인 것처럼(=as if it were money)'는 treat를 수식한다. "Time is money."는 expression에 대한 동격절이다.

"as if"의 본래의 의미는 "~라면 ~처럼"

185

⑦⑥ "*if~*"를 대신해서 조건을 나타내는 명사, 부정사 에 유의 [가정법의 파악]

❏ 다음 글에서 밑줄 친 부분을 해석하 시오.

> Francine and I are married now forty-six years, and I *would* be lying *to say* that I have loved her for any more than half of these. Let us say that for the last year I haven't, let us say this for the last ten, even. Time has made torments of our small differences and tolerance of our passions.

make *A* of *B* B를 A로 만들다 torment(s) 고통 difference(s)[dífərəns] 의견 차이 tolerance[tálərəns] 인내심 passion(s) 정열

이 과에서는 '현재 시제의 술어동사 속에 섞여 있는 조동사의 과거형은 가정법이 라는 신호' 라고 기억해 둔다.

<pre>
      Francine   와   나는   결혼했다   지금(벌써)   46년간
      Francine and I are married now forty-six years,
              S   V   (부사)   M

      그리고 나는 될 것이다 거짓말을 하다 라고 말한다면
      and I would be lying to say
      (등접) S (가과)   (Vi)   (부정사) (Vt)

            내가   을 사랑해 왔다   그녀
      [that I have loved her
  (O)→(접속사) (S)   (Vt) (완) (O)

        조금이라도 길게   보다 반   이
      (for any more than half (of these))].
           (부사)   (M)
</pre>

조동사의 과거형인 would가 눈에 띈다. would가 현재(완료)시제와 함께 쓰였다면 if가 없어도 가정법이라고 생각하면 된다. 그런데, 가정법이라면 조건은? 조건이 될 법한 것은 to say이다. to say = if I said라고 하면 조건의 형태를 갖추게 된다. 예문의 to say는 현재시제 문장의

You are kind **to say** so. (그렇게 말해 주시다니 친절하시군요.)

와 같은 용법으로 부사적인 역할을 한다. 명사적 용법의 부정사도 가정법의 조건 을 나타내는데, 그 예로,

(형식주어)
It would be wise to say so. (그렇게 말하면 현명할 것이다.)

등이다. 부정사 이외에도 명사가 조건을 나타내는 경우가 있는데, 그럴 때에는 다음과 같이 명사가 주어로 쓰이는 경우가 많다.

A man of sense would not do such a thing. (양식이 있는 사람이라면 그런 일은 하지 않을 것이다.)

두 번째 문장으로 넘어가 보자.

Let us say [that (for the last year) I haven't (loved her)],
let us say this (for the last ten), even.

이 경우, let us say는 '고백하는 분위기'를 나타낸다. 그리고 세 번째 문장에서는 and로 연결되는 공통 관계를 발견할 수 있다.

Time has made { torments (of our small differences)
and { tolerance (of our passions).

연습 76. 다음 글에서 밑줄 친 부분을 해석하시오.

> Already computers can perform mathematical functions in a short time that human mathematicians would require a lifetime to duplicate. Computers can also work without the likelihood of error. That, however, doesn't mean that computers are "smarter" than mathematicians.

어구 — perform (업무 등) 실행하다 function 기능 mathematician 수학자 lifetime 일생 duplicate ~을 되풀이하다 likelihood[láiklihùd] 가능성

힌트 — 첫번째 문장의 that은 관계대명사의 목적격이다. 이것은 to duplicate '~을 반복하다'의 목적어가 필요하다는 점에서 알 수 있다. 포인트는 that절 속에 있는 would의 용법이다. 이른바 소극적인 추측이라면 '수학자가 같은 것을 하는 데에 일생이 걸린다(고 생각되다)'가 되어, 실제로 '같은 것을 할 가능성'을 인정하는 것이 된다. 컴퓨터의 이용을 전제로 한 논조이기 때문에 조건을 나타내는 가정법 과거라고 생각해야 한다. 조건에 해당하는 것은 would require의 주어인 '수학자라면'이다. that의 선행사는 functions이다. 두 번째 문장의 of는 '틀릴 가능성' '틀리는 경우가 있을 수 있다'라는 주격 관계를 나타내는 of이고, 내용은 Error is likely.이다. 세 번째 문장의 that은 첫번째 문장과 두 번째 문장의 내용을 정리한 것이다.

"if~"를 대신해서 조건을 나타내는 명사, 부정사에 유의

187

77 조건절이 되는 부사구에 주의
[가정법의 파악]

> The electric light bulb, which we take for granted, ***would not have been*** possible without the work of the American scientist Thomas Edison, nor ***would*** much of the dyeing and drugs industries ***without*** the work of the English chemist Perkin.

어구

electric light bulb 전구   take + O + for granted O를 당연하다고 여기다
possible 있을 수 있다   work 노력   industry 산업   chemist 화학자

분석

앞 과에 이어서 if절을 대신해서 조건을 나타내는 표현에 대해서 검토하면서 가정법을 마치도록 하자. 현재완료에는 '현재', 과거완료에는 '과거의 어느 시점'이라는 기준시가 있는 것과 마찬가지로 가정법에도 기준시가 있다. 저자가 글을 쓰고 있는 시점이 기준이 되는 '현재'이다.

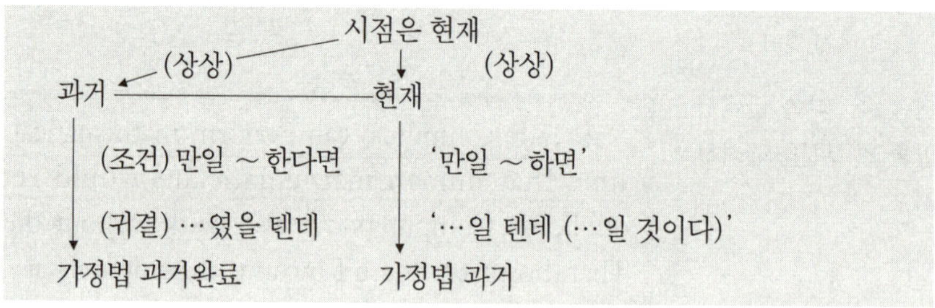

지문에 would not have + 과거분사라는 가정법 과거완료의 귀결 형태가 쓰이고 있기 때문에 상상되는 내용은 과거의 일이라고 할 수 있다.

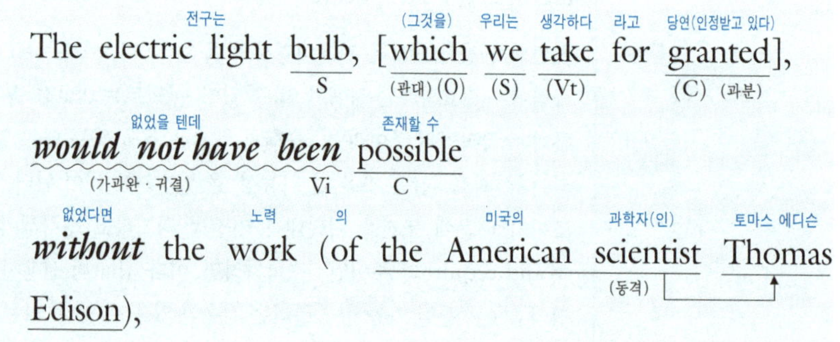

if에 해당하는 조건은 "without ～"이라는 부사구 외에는 없는 것 같다. without

= but for인데, 절로 바꿀 때에는 귀결절의 시제를 확인한 다음, "without ~"이 "if it were not for ~"와 "if it had not been for ~" 중 어느 것인지를 판단하는 것이 포인트이다. 이 경우는 귀결절이 would not have been(가정법 과거완료)이기 때문에 그에 맞추어 '과거의 사실에 대한 가정·상상'이라고 파악해서 "if it had been for ~"로 바꿀 수 있다.

nor 이하가 약간 이상하다. nor는 접속사로서 and ~ not의 의미인데, 단어, 구, 절 중에서 어느 것을 부정하고 있는 것일까? 전치사구를 ( )로 묶으면 nor would much (of ~)(without ~)이 남는다.

The bulb   would not have been   possible (without ~)
S   V   C

┌ not ┐
and ... not   would   much   (of ~)   생략(?)   (without ~)
S   V + C

이 되며, nor 이하는 and much (of ~) would not (have been possible) (without ~)과 같이 파악할 수 있다. nor 뒤에 절이 따라오면 "nor + (조)동사 + S"의 도치가 일어나고 조동사에 직결하는 동사의 본체가 생략되는 것(→42 과)을 알 수 있다.

전구는 - 우리는 당연히 있어야 하는 것으로 생각하지만 - 미국의 과학자 토마스 에디슨의 노력이 없었다면 존재할 수 없었을 것이고, 염료 및 약품 산업의 대부분도 영국의 화학자 파컨의 노력이 없었다면 있을 수 없었을 것이다.

연습 77. 다음 글에서 밑줄 친 부분을 해석하시오.

> Franklin could have made a fortune merely by patenting his inventions, but he refused to do so. He believed that new ideas should be used to benefit all people.

어구   make a fortune 재산을 모으다   patent[pǽtənt] ~을 특허화하다   refuse ~을 거절하다   benefit ~의 이득이 되다

힌트 ☞   첫번째 문장에 있는 could have made는 but 뒤에 he refused '그렇게 하는(= 부를 축적하다)것을 거부했다'가 이어지기 때문에 가정법과거완료이다. 조건에 해당하는 부분은 by patenting his inventions로, '자신의 발명품을 특허화하는 것을 통해서' '자신의 발명품을 특허화하면'이라고 해석한다. 문장 전체는 '발명품을 특허화하면 재산을 모을 수(= 부자가 될 수) 있었을 텐데'이다.

문제73 만약 우리의 선조가 20세기 말에 환생한다면, 반드시 그들은 세상이 강력하고 새로운 종교에 지배당하고 있다고 생각할 것이다. 그들은 빛나는 건물이 하늘에 닿아 있고 낡은 교회와 성당이 그 그늘에 가려져 있는 것을 보게 될 것이다.

문제74 사람들은 자주 내가 왜 그렇게 오랜 기간을 한국에서 보내고 싶어하는지 묻는다. 만약 내가 한국에서밖에 입수할 수 없는 진귀한 자료가 필요해서 라고 대답하면 대부분의 사람들은 이 대답을 이치에 맞는 설명이라고 인정할 것이다. 그러나 좀 더 정확하게 말하면 대학 도서관에서 입수할 수 없는 자료 가운데 내가 필요로 하는 것은 극히 적고, 대학 도서관을 이용하는 편이 한국의 어느 도서관(을 이용하기)보다도 편리하다.

문제75 미국인은 시간을 거의 마치 만질 수 있는 물건처럼 유형으로 간주한다. 그들은 그것을 사용하거나 저축한다. 어떤 관점에서 그들은 (시간을) 돈처럼 취급한다. 사실, 영어에는 '시간은 금이다' 라는 표현이 있다.

문제76 수학자라면 평생 걸릴만한 수학적 기능을 이미 컴퓨터는 단시간 내에 수행할 수 있다. 컴퓨터는 또한 틀릴 가능성 없이 기능할 수 있다. 그러나 그 때문에 컴퓨터가 수학자보다 유능하다고는 할 수 없다.

문제77 프랭클린은 단지 자신의 발명품을 특허화하는 것만으로도 부자가 될 수 있었을 것이다. 하지만 그는 그렇게 하기를 거부했다. 그는 새로운 아이디어는 모든 사람을 위해서 이용해야 한다고 생각했다.

가정법의 파악

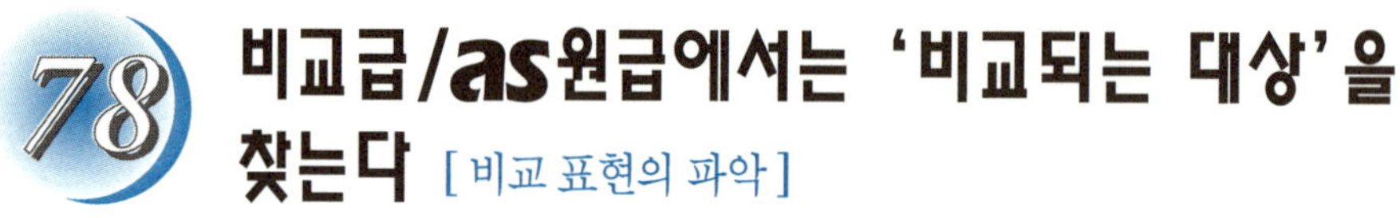

78 비교급/**as**원급에서는 '비교되는 대상'을 찾는다 [비교 표현의 파악]

> The saying "Early to bed and early to rise, makes a man healthy, wealthy, and wise," which has been attributed to Benjamin Franklin, American statesman and all-around genius, <u>has greatly strengthened the superstitious belief that sleep is **more restful** before midnight.</u>

[어구] saying 속담　wealthy 풍요로움　be attributed to ～의 작품으로 생각되다
statesman 정치가　genius[dʒíːnjəs] 천재　superstitious 미신적인　belief 신념

비교급이나 "as ～"를 발견하면, 단지 기계적으로 '보다 ～' '같은 정도로 ～' 등으로 해석하고 끝내는 경향이 있는데, 뒷부분에 비교되는 대상이 없으면 해석이 자연스럽게 되지 않는다.

이것은 "비교급 + (than ～)"이나 "as + 원급 + (as ～)"에서 ( )부분이 생략되는 경우이며, 이런 경우에는 무엇과 비교하고 있는지를 문맥을 통해서 파악하는 것이 문장의 구조를 이해하는 기술이다.

예문은 한 문장으로 되어 있는데, 너무 길다. 먼저 S와 V를 찾아보자.

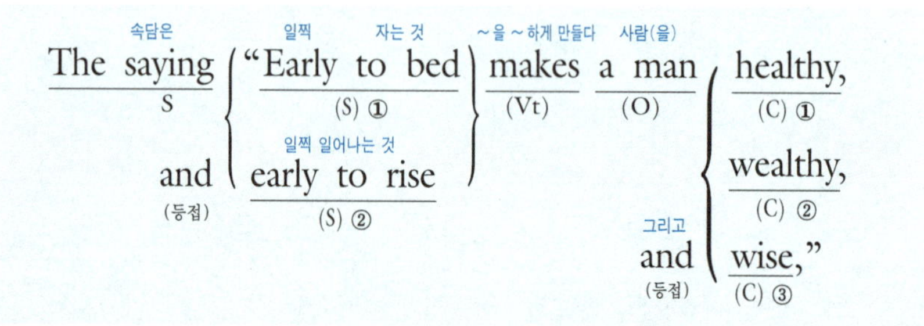

여기에서 The saying(속담)과 "　"의 내용이 동격 관계를 이루고 있다. "　" 안의 절이 그 속담이다. '일찍 자고 일찍 일어나다'가 하나의 개념으로 간주되기 때문에 3인칭 현재 단수형 동사인 makes가 쓰이고 있다.

이 뒤에 있는 which는 관계대명사의 계속적 용법이고, which부터 genius까지가 삽입절이다. 그러고 보니 S는 The saying이고 V는 has ～ strengthened이다.

해 석

'일찍 자고 일찍 일어나는 것이 사람을 건강하고 풍요롭고 현명하게 만든다.'라는 말은 미국의 정치가이자 다재 다능했던 벤자민 프랭클린이 한 말이라고 할 수 있는데, 한밤중 이전에 수면을 취하는 것이 그 이후보다 훨씬 더 휴식을 얻을 수 있다는 미신을 크게 강화시켰다.

연습 78. 다음 글에서 밑줄 친 부분을 해석하시오.

어구

힌트 ☞

크게 　　~을 강화시켜 버렸다 　　　　 미신적 　　 신념
has greatly strengthened the superstitious belief
　　　　　　　　Vt (완) 　　　　　　　　　　　　　　　O

　　라는 　수면 　은 　되다 　휴식(적)
[that sleep is _more_ _restful_
(동격) (접속사) (S) (Vi) 　　　　(C)

이전이 　　　 한밤중 　　　보다도 it = sleep 이후 　한밤중
(before midnight) [_than_ it is (after midnight)]].
　　　　　　　　　　　　　　　(생략)

이 과의 하이라이트는 동격의 that절(→47과) 속에 있는 more restful이라는 비교급을 파악하는 것이다. **more**와 호응하는 **than**~이 생략되어 있다. 그렇다면 than에 뒤따르는 '비교 대상'을 문맥을 통해서 찾아낼 수밖에 없다. 절의 주어가 sleep이고 than 뒤에서 생략된 주어 역시 sleep이라고 생각되므로, 동일 물건(사람)에 관한 상태 비교가 된다. 다시 말해서 '수면은 다른 무엇보다도 restful'이 아니라 '수면은 한밤중 이전이 ~ 보다도 restful'이라고 하면, 한밤중 이전(before midnight)과 비교되는 것은 after midnight이라는 것을 짐작할 수 있다. than 뒤에 (= sleep) is after midnight을 보완해 넣으면 형태가 정리된다.

> Like many native Italians, my parents were very open with their feelings and their love — not only at home, but also in public. Most of my friends would never hug their fathers. I guess they were afraid of not appearing strong and independent. But I hugged and kissed my dad at every opportunity — nothing could have felt more natural.

native 태생의　　hug[hʌg] ~을 끌어안다　　independent 자립한　　opportunity 기회　　feel ~(사물이) ~라는 느낌을 주다

첫번째 문장의 Like는 Italians를 목적어로 수반하는 전치사이기 때문에 '이탈리아인처럼'이 된다. be open with '~에 대해서 노골적으로'. 대시 뒷부분은 not only A but also B 'A뿐만 아니라 B도'라는 상관어구로 중점은 B에 있다. 두 번째 문장의 would는 과거의 습관, 회상을 나타낸다. 세 번째 문장에서 전치사 of의 목적어는 appearing이라는 동명사이다. not이 appearing을 부정하기 때문에 직역하면 '건실해서 독립해 있는 것처럼 보이지 않다'. 네 번째 문장의 대시에 연결되는 부분에서 could have felt는 '만일 ~ 라면'이라는 조건이 있기 때문에 '느낄 수 있었을 텐데'가 아니다. He cannot have been sick. '그는 아팠을 리가 없다'를 참조. 과거형 could에는 소극적인 느낌이 담겨 있다. 직역하면 '좀더 자연스럽게 보이는 것이 있을 리가 없었을 것이다'. 비교급 뒤에 (to me) than to hug and kiss my dad ... '…아버지를 끌어안고 키스할 정도'와 같이 보완해서 파악하는 것이 포인트.

비교급 / as원급에서는 '비교되는 대상'을 찾는다

193

명사를 **zero**로 만드는 **no** + 비교급 → 최상급

[비교 표현의 파악]

> Manners are not a demonstration of weakness, but a sign of common sense. Manners are mankind's way of saying, "Let's not fight unless we have to"—and there may be **no higher** wisdom than that, in business, in love and marriage, in the transactions of everyday life.

어구 manners 예의 범절   demonstration 표현   common sense 상식   wisdom 지혜   transaction[trænsǽkʃən] 처리

분석 nobody, none에서 no는 'zero'를 의미한다. 'zero의 사람 → 사람이 없다'이다. 'zero의 돈을 가지고 있다 → 돈을 전혀 가지고 있지 않다'가 된다. 왜냐하면, 'no'가 명사를 zero로 만들기 때문이다. 그러면 예문의 두 번째 문장, and 이하에 주목해 보자.

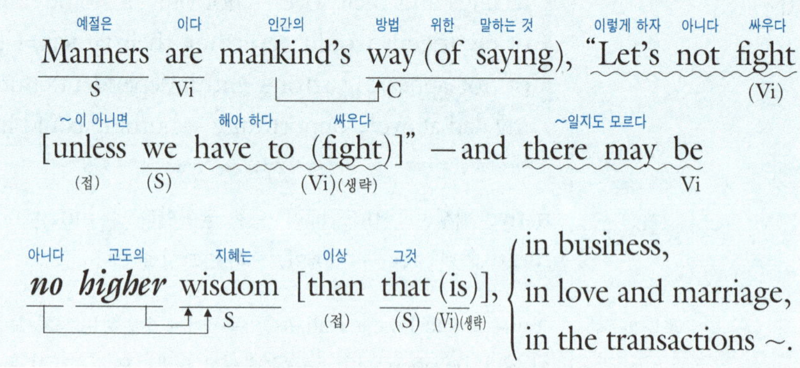

there may be no higher wisdom than that, ~에서 'no'가 부정하는 것은 무엇일까? there ...가 존재(~이 있다)를 나타내는 표현이므로 wisdom의 존재가 어떤 것인가를 설명할 생각인가 보다. no는 명사 wisdom을 수식하는 형용사로써 'zero의 wisdom → wisdom이 없다'라고 말하고 있다. no는 직접적으로 'that'보다는 higher한 wisdom(의 존재)을 zero로 만들기 때문에 no wisdom may be higher than that으로 바꿔도 좋고, 최상급을 사용하면,

that may be the highest wisdom, ~

가 되어, 실질적으로 that = saying, "Let's not ~ to"가 가장 훌륭한 지혜라고

말하고 있다. "명사를 zero로 만드는 no + 비교급"은 최상급으로 바꿀 수 있다. 예를 들면,

There is <u>no better</u> policy <u>than</u> honesty.

→Honesty is <u>the best</u> policy. (정직은 최선의 정책)

이 된다.

have to의 to는 대부정사(→20과)로, to=to fight이다. unless '~아닌 한, ~ 때 외에는' = if ...not, except when ...이다.

자, 순서가 뒤바뀌었지만 첫번째 문장도 도해해 보자.

여기에서는 "not A but B"(→8과)(A가 아니라 B)와 "목적의 of"(→72과)를 파악한다.

예절은 허약함을 나타내는 것이 아니라 양식을 표현하는 것이다. 그것은 인간이 '해야 할 경우를 제외하고는 싸우지 않도록 하자' 라고 표현하는 방법이다. 업무, 연애, 결혼 생활, 일상 생활의 처리로서, 그것(불필요한 싸움의 포기를 표명하는 것)만큼 훌륭한 지혜는 없을지도 모른다.

연습 79. 다음 글에서 밑줄 친 부분을 해석하시오.

> To have friends in foreign countries is a great source of joy and as one grows older one tends to travel not to see famous places but to visit these friends. <u>There is no greater pleasure for a *kukjein*.</u>

어구 source 원천 tend to *do* ~이라는 경향이 있다

힌트 첫번째 문장의 후반부에 있는 접속사 as는 in proportion as '~에 따라서' 라는 의미. 주어인 one은 '(자신을 포함해서) 사람은' 이라는 느낌. not을 발견하면 일단 but을 찾는다 (→8과). 두 번째 문장은 There is <u>no</u> <u>greater</u> pleasure for a ...(than to visit these friends)와 같이 보완해서 파악하며, 실질적으로는 To visit them is the greatest pleasure for a ... 와 같다. them → these friend → To visit <u>friends</u> in foreign countries와 같이 연결시킨다. these friends = one's friends in foreign countries 또는 the friends (whom) they have in foreign countries.

□ 다음 글에서 밑줄 친 부분을 해석하시오.

> A Presidential slip of the tongue, a slight error in judgment — social, political, or ethical — can raise a storm of protest. <u>We give the President more work **than** a man can do, more responsibility **than** a man should take, more pressure **than** a man can bear.</u> We abuse him often and rarely praise him. We wear him out, use him up, eat him up.

slip 실수   slight 사소한   ethical[éθikəl] 도덕상의   a storm of ~ 폭풍과 같은 ~abuse ~을 활용하다   wear ~out ~을 소모시키다

비교급과 함께 쓰이는 than 그리고 동등 비교 "as~as ..."의 뒤에 있는 as는 접속사이지만, 뒤따르는 어구와의 관계 속에서 S, O, C의 역할을 하는 경우에는 관계대명사로 이해하는 것이 문장의 구조를 깔끔하게 파악하는 기술이다. 예문에서는 두 번째 문장에서 than을 발견할 수 있는데, 그 전에 첫번째 문장부터 정리해 보자. 대시 속에 or는 '~이겠지'라는 양보의 분위기를 지닌다(→99과).

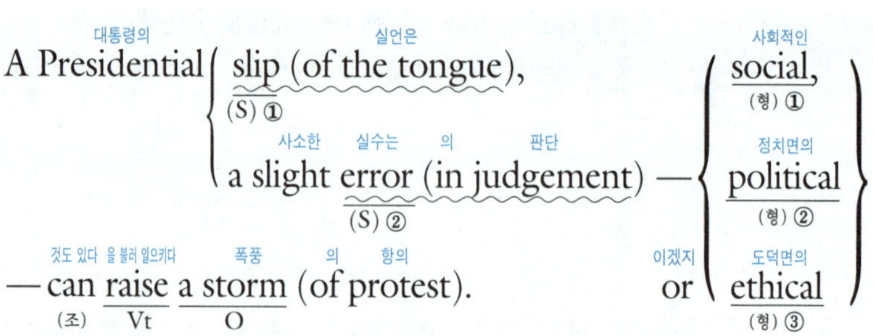

다음은 두 번째 문장인데, 먼저 문형을 파악해 보자.

We give the President more work

까지로, S + V + IO(직접목적어) + DO(간접목적어)의 문형을 이루고 있다. 또 the President(IO)를 공통어로 해서 콤마로 연결되는 세개의 (more +) DO의 공통 관계가 성립한다. 따라서 각각의 than 이하는 별개의 절이 된다. 이러한 절 속의 동사 do, take, bear는 모두 목적어를 필요로 하는 타동사인데, 실은 그 역할을 than이 몽땅 짊어지고 있다.

대통령이 실언을 한다든지 조그마한 판단의 실수 — 사회, 정치, 도덕 중의 어느 하나(의 실수)겠지 — 를 범하면 요란한 비난의 목소리가 높아질지 모른다. 우리(국민)는 대통령에게 완수할 수 없을 정도의 업무와 짊어질 수 없는 책임과 견딜 수 없을 정도의 압력을 가한다. 우리는 때때로 그를 부려먹고 좀처럼 칭찬하지 않는다. 우리는 그를 굉장히 피곤하게 만들며, 끝까지 이용하고, 먹어치운다.

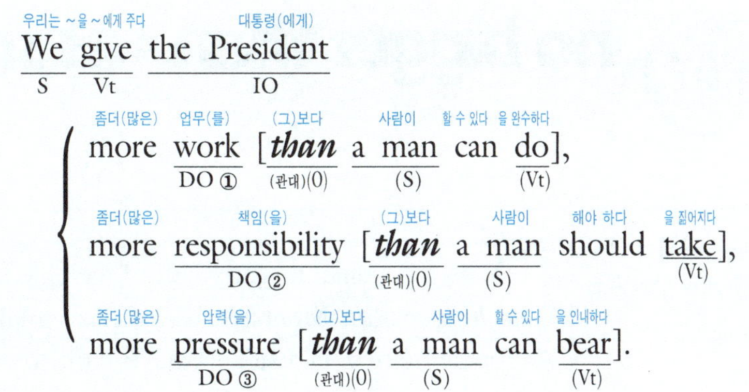

이 more와 관련이 있는 than은 관계대명사이다. than 앞에 있는 명사가 선행사인데, 명사가 없는 경우에는 비교급 자신이 선행사가 된다. 이 문장에서는 각각 work, responsibility, pressure가 선행사이다.

연습 80. 다음 문장에서 밑줄 친 부분을 해석하시오.

> As we congratulate ourselves on a world becoming increasingly democratic, we should recall that several times before in the past century it seemed that democracy had won universal acceptance, but the acceptance was much less trustworthy than had been imagined.

어구 congratulate oneself on ~을 기뻐하다   democratic 민주주의적   recall ~을 회상하다   acceptance 용인   trustworthy[trʌ́stwə̀:rði] 들어맞다

힌트 ☞ 첫번째 문장의 종속절 속에 있는 접속사 as는 '~ 할 때, ~하면서' 라는 뜻으로, 주절과 종속절이 동시인 것을 나타낸다. 동명사인 becoming의 의미상의 주어가 a world이므로, '(어디에 있어도, 하나의) 세계·지역이 점차적으로 민주주의적으로 되어 가는 것을 기뻐하다' 가 된다. becoming을 분사로 간주하면 on의 목적어는 world밖에 없으며, '…하고 있는 세계를 기뻐하다' 가 되어 의미의 중점이 world에 놓이게 되기 때문에 흐름이 부자연스러워진다. 주절은 should recall [that ... imagined]. but 뒤에 접속사 that을 넣으면 the acceptance 이하도 recall의 목적어인 것이 훨씬 명확해진다. but의 앞부분 it seems that '…라고 느껴졌다' 에 주목(→49과). but 뒤에 있는 than이 포인트이다. than had been imagined라고 파악하면 문장의 구조를 쉽게 이해할 수 있다. than은 trustworthy를 선행사로 하는 관계대명사로서 less에 연결된다. much는 비교급을 강조하므로 '훨씬, 매우' 라고 해석한다.

□ 다음 글에서 밑줄 친 부분을 해석하시오.

> With a population nearly half of the U.S.'s squeezed into an area **no bigger than** Montana, Korea has virually no room left in its crowded cities. Developers have built towering skyscrapers and even artificial islands in the sea, but the space crunch keeps getting worse.

어구

population 인구   squeeze A into B A를 (B의 속으로) 억지로 밀어넣다 virtually[vә́ːrtʃuəli] 사실상   the ~ crunch ~의 위기   keep doing 계속 ~ 하다

분석

A is no bigger than B.

이라는 문장을 살펴보자. 이 경우 no는 big을 부정하는 동시에 '차이(A가 B보다 크거나 B가 A보다 크다)'를 부정하고 있다. 도식화하면,

no bigger than

이 된다. no가 차이를 부정하는 것은 I am 3 years older than you.에서 3 years 를 'zero' 즉 "no"로 바꾸면 '차이가 없다'가 되는 것을 알 수 있다. 따라서

A is no bigger than B. = A is as small as B.

가 되며, 결과적으로 A와 B는 차이가 없고 같다는 의미가 된다. 더욱이 big을 부정해서 small의 방향으로 접근해 가는 것이다. 핵심 사항을 일반적인 형태로 정리해 보자.

"no + 비교급 + than" → "as + 반의어의 원형 + as"

그러면 첫번째 문장의 콤마까지, no bigger than에 주목해 살펴보자.

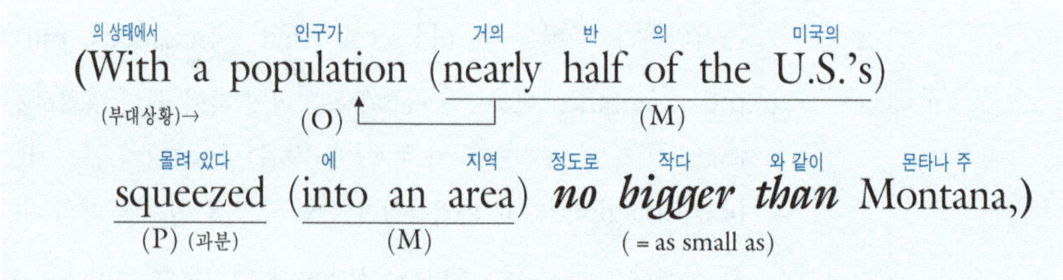

With + O + P(과거분사)는 'O가 P의 상태로'라는, 부대상황의 with인 것을

먼저 확인할 것(→69과). 그리고 이 과의 포인트인 no bigger than Montana인데, 이것은 'Montana가 크다니 당치도 않다'가 전제가 되므로, as small as Montana라고 할 수 있다. 즉, 'Montana와 같은 정도로 좁다'라는 의미가 되는 것이다.

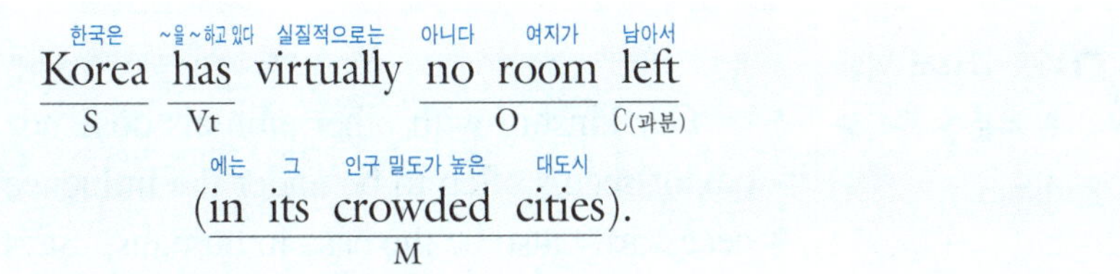

have가 상태를 나타내는 표현이므로, have + O + C를 직역하면 'O를 C의 상태로 하다'이다. O와 C 사이에는 SV의 관계(→6과)가 성립하니까 No room is left. '남겨진 여분의 토지가 없다'가 되겠다.

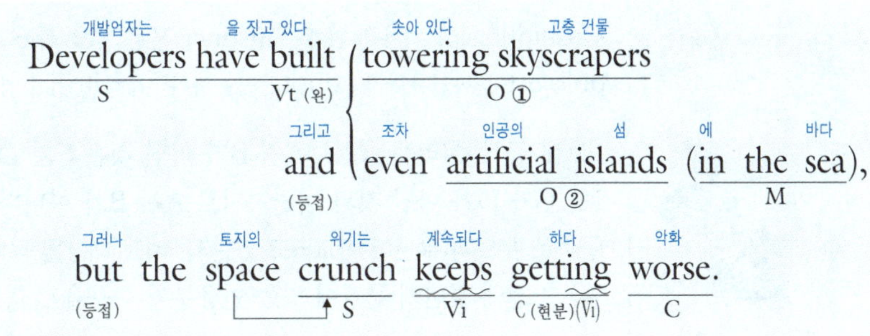

연습 81. 다음 글에서 밑줄 친 부분을 해석하시오.

해 석

미국의 인구 반 정도가 몬타나 주 정도의 좁은 국토에 몰려 있고, 인구가 과밀한 한국의 대도시에는 토지가 거의 남아 있지 않다. 개발업자는 치솟은 고층 건물과 바다에 인공섬까지 만들고 있지만 토지 위기는 계속되고 있다.

By the 1820s the ratio between the sexes in America had evened out in the East and South, but the old imbalance followed the frontier.
Thus the male-female ratio in California in 1865 was three to one, in Colorado no less than twenty to one.

어구

ratio 비율 sex 남(여)성 even out 균형이 잡히다 imbalance 불균형 follow ~의 뒤를 따르다 frontier 변경지 thus 때문에

힌트 ☞ 첫번째 문장은 the ratio … had evened out. 두 전치사구 between … sexes와 in America가 ratio를 수식한다. 두 번째 문장의 콤마 전후를 비교해 보면
the male - female ratio in California in 1865 was three to one,
in Colorado no less than twenty to one.이 되어, 생략된 부분을 발견할 수 있다(→44과). no less than은 as many (much) as와 마찬가지로 뒤에 숫자가 오기 때문에 '20이나 (많은 수)'가 된다. 위의 해석에서는 '결과'로서 '20 : 1에까지 육박하다'라고 했다.

no bigger than = as small as

199

'고래 공식'은 '말은 물고기다'와 비교하는 공식 [비교 표현의 파악]

☐ 다음 글에서 밑줄 친 부분을 해석하시오.

"Our kinship with other animals dose not mean that if their behavior seems often to be under the influence of instincts, this must necessarily also be the case in humans," says an anthropologist. He quotes one authority who has written: "There is **no more** reason to believe that man fights wars because fish or beavers are territoral **than** to think that man can fly because bats have wings."

어구

kinship[kínʃip] 가까운 관계   instinct 본능   be the case 들어맞다   anthropologist 문화인류학자   quote 인용하다   territorial 영역적인 습성이 있는

'고래 공식'이라는 것은 'A가 B가 아닌 것은 C가 D가 아닌 것과 마찬가지' 또는 'C가 D가 아닌 것과 마찬가지로 A는 B가 아니다'로 해석되는 구문이다. 이 구문은 무엇과 무엇이 비교되고 있는지, 비교 대상을 정확하게 파악하는 것이 요령이다. 그 전에 첫번째 문장에 있는 인용부의 구문을 살펴보자.

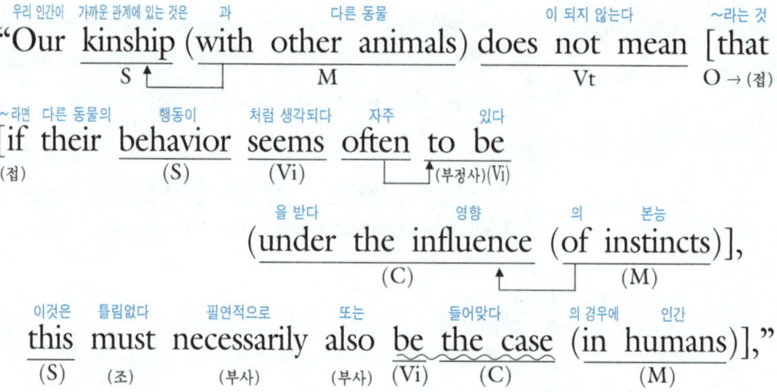

if절의 often은 to be 바로 앞에 있으므로 seems가 아니라 to be를 수식하고 있으므로 주의.

자, '고래 공식'이라는 것은,

A whale is **no more** a fish **than** a horse (is a fish).

에서, A (고래는 어류이다)와 B (말은 어류이다)의 비교를 일컫는다. B는 진실성

'우리 인간이 다른 동물들과 가까운 관계에 있다고 해서 다른 동물의 행동이 본능의 영향을 받을 때가 많다고 생각되는 경우 필연적으로 인간의 경우에도 이것이 들어맞는다고는 할 수 없다' 라고 어느 인류학자가 말했다. 그는 권위있는 말을 인용하는데, 거기에는 '인간은 전쟁을 하지만 그것이 어류와 비버가 테리터리적 습성을 지니고 있기 때문이라고 믿는 이유가 아닌 것은 박쥐에게 날개가 있기 때문에 인간도 날 수 있다고 생각하는 이유가 아닌 것과 마찬가지이다' 라고 쓰여 있다.

이 zero이다. A는 '진실성이 zero'인 B와 비교해서 '비슷한 정도로 진실성이 적다' → B와 '마찬가지로 진실하지 않다' 라는 내용이 된다. 해석하면, '고래가 어류가 아닌 것은 말이 어류가 아닌 것과 마찬가지' 또는 '말이 어류가 아닌 것과 마찬가지로 고래는 어류가 아니다' 가 된다.

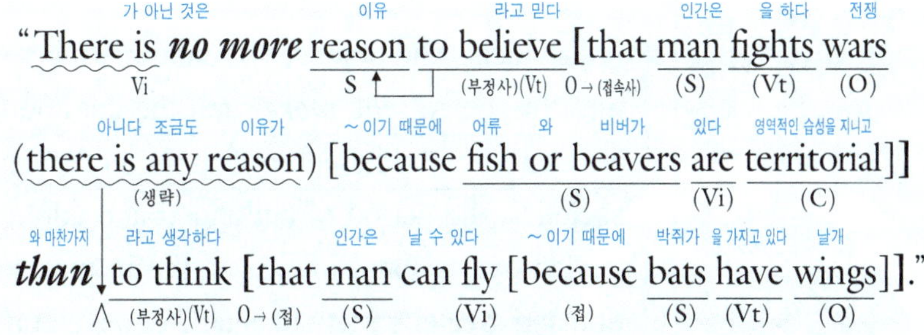

than의 뒷부분과 비교해서…라고 파악하는 것이 포인트이다.

연습 82. 다음 글에서 밑줄 친 부분을 해석하시오.

A man like Kasparov studies chess constantly and has memorized large numbers of openings, closings, and midgame situations, so that in some respects he plays mechanically. A computer can, in principle. do this with greater memory capability and thus, eventually, out-match any human being. But this no more shows any real superiority than when it carries out vast numbers of mathematical operations si-multaneously.

어 구

opening · closing · midgame (체스의) 초반 · 종반 · 중반   in some respects 몇 가지 점에서는   in principle 이론적으로는   outmatch ~에게 이기다

힌트 ☞

첫번째 문장에서 전치사구인 like Kasparov는 man을 수식한다. large numbers of '상당히 많은'. so that ~ '그 결과 ~'. in some respects는, 내용상 '장면에 따라서는' 이라고 했다. 두 번째 문장에 있는 do this는 play mechanically이다. 세 번째 문장의 no more…than이 포인트. 다음과 같이 어구를 보완하면 의미가 분명해진다. this no more shows any real superiority (when it plays chess) '이것이 진정한 우월성을 나타내는 것이 아닌 것은' (this는 앞 문장의 내용을 가리킨다) than (it shows any real superiority) when it carries out… '컴퓨터가 …을 실행하는 경우와 마찬가지이다' (shows 앞에 있는 it은 앞 문장의 내용을 가리킨다.)

'고래의 공식'은 '말은 물고기다'와 비교하는 공식

□ 다음 글에서 밑줄 친 부분을 해석하시오.

> The ideals and practices of child rearing vary from culture to culture. In general, ***the more*** rural the community, ***the more*** uniform are customs of child upbringing. In more technologically developed societies, the period of childhood and adolescence tends to be extended over a long time, resulting in more opportunity for education and greater variety in character development.

어구 child rearing 양육 in general 일반적으로 uniform 획일적인 technologically 기술적으로 upbringing 가정 교육 adolescence[ædəlésəns] 청춘

분석 the가 부사라니?라며 놀라는 얼굴이 눈에 선하다. "the + 비교급~, the + 비교급…"의 the가 부사라는 걸 이해한다면, 비교급에 착 달라붙어 있는 이유가 납득이 될 것이다. 내용을 알지 못하는 상태에서 '~하면 할수록 한층 더…'라고만 달달 외우고 있으면, 실제로 해석할 때에는 의미가 통하지 않는 경우도 있다. 해석 없이는 기술도 없는 것이다.

① We have much the more (the는 '~정도로')

② We want much the more (the는 '그 만큼')

이 두 the + 비교급이 각각의 주어 앞에 나와서 다음과 같이 상관적으로 연결되어 의미를 이룬다.

The more we have,   the more we want.
└── 종속절 ──┘   └── 주절 ──┘

(주절이 앞에) We want (the) more, the more we have.

(가지면 가질수록 (그만큼 많이) 원하게 된다.)

두 번째 문장에는 the + 비교급이 두 개 있다. 앞부분인 종속절에는 V가 생략되어 있고, 주절에서는 문장의 리듬상 are(= V)가 S의 앞에 놓이는 도치가 일어나고 있다.

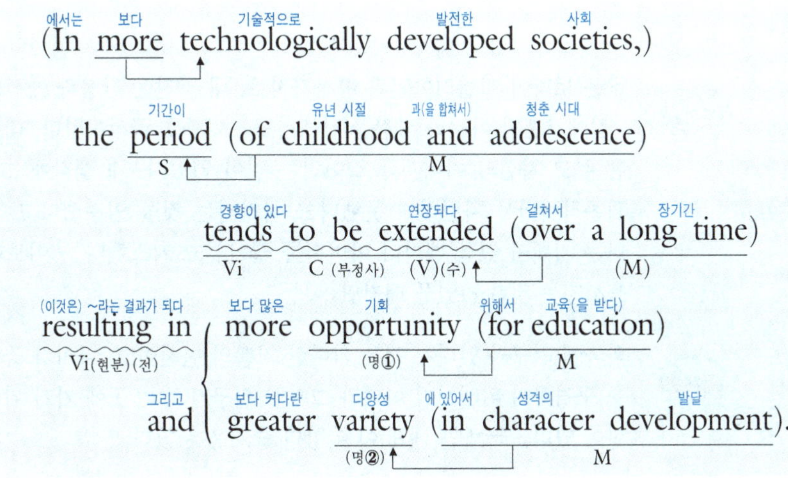

세 번째 문장의 resulting은 앞 절 전체를 의미상의 주어로 한 다음 관계대명사를 사용해서, which results (in ~)이라고 할 수도 있다.

more와 greater에 착안하면, in을 공통어로 하는 opportunity와 variety를 파악할 수 있다.

Look at the *context* of each word—the sentence that it's in, and the sentences that come before and after. Look to see if the word is repeated later in the text ; the more often it's used, the easier it is to understand.

look at ~에 주의하다   context 문맥   see (if~) (~인가 아닌가)를 확인하다
text 본문

대시 뒷부분은 context를 설명한다. sentence 뒤에 있는 that은 관계대명사의 목적격이지만, 내용면에서 It (= each word) is in the sentence. '그것은 (그) 문장 속에 있다'라고 파악한다. the sentence [in which it is] '그것이 (그 속에) 있는 문장'인데, 이는 in을 is 뒤로 옮겨서 the sentence [which it is in]으로 한 다음 which를 that으로 바꾼 것이다(→26과). come 뒤의 that은 관계대명사의 주격이고 선행사는 sentence이다. before와 after는 둘 다 부사이지만, '어떤 전후일까'를 파악하기 위해서 전치사로 가정하면 before and after the sentence that it's in이라고 할 수 있다. 두 번째 문장은 Look to see ... '…을 확인하기 위해서 잘 보라 → 잘 살펴서 …를 확인하라'고 했다. 세미콜론 뒤에 있는 두 개의 the는 부사이다. it은 world를 가리킨다.

"the + 비교급, the + 비교급"의 the는 부사

203

문제78 많은 토박이 이탈리아인과 마찬가지로, 내 양친은 감정과 애정의 표현에 있어서 – 집에서뿐만 아니라 사람들 앞에서도 – 아주 노골적이었다. 대부분의 내 친구들은 결코 자신의 아버지를 끌어안는 일이 없었다. 내 생각에 그들은 사람들에게 의존적이어서 자립하지 못했다고 여겨지는 것을 염려했다고 생각한다. 하지만 나는 기회가 있을 때마다 아버지를 끌어안고 키스했다. – 이보다 더 자연스럽게 느껴지는 것은 없었을 테지만.

문제79 외국에 친구가 있다는 것은 커다란 기쁨의 원천이고, 나이가 들어감에 따라 명소를 구경하기 위해서가 아니라 그러한 친구가 있는 곳에 가기 위해서 여행하는 경향이 있다. '국제인' 에게 이 이상의 즐거움은 없다.

문제80 세계가 서서히 민주주의적으로 되어 가는 것을 기뻐하는 경우, 이전 세기에는 때때로 민주주의가 세계적으로 받아들여졌다고 생각되기는 했지만, 그 받아들이는 방법을 생각했다기보다는 계속 믿을 수 없었던 것을 상기해야 한다.

문제81 1820년대까지 미국의 남녀 비율은 동부와 남부에서 비등했었는데, 이전의 불균형이 변경지를 따라 발생하였다. 그래서인지 1865년 캘리포니아에서의 남녀 비율은 3 : 1이었고, 콜로라도에서는 20 : 1에까지 육박하였다.

문제82 Kasparov와 같은 사람은 끊임없이 체스를 연구하고 상당수의 초반, 종반 그리고 중반의 상황을 외우고 있어서, 그 결과 장면에 따라서는 기계적으로 체스를 한다. 논리적으로 컴퓨터는 그보다 큰 기억 능력을 지녀서 기계적으로 체스를 할 수 있고, 그렇기 때문에 결국은 어떤 인간에게나 다 이긴다. 그러나 그렇다고 해서 컴퓨터가 정말로 우월하다고 할 수 없는 것은 그것이 방대한 수의 수학 연산을 동시에 실행하는 경우와 마찬가지이다.

문제83 각 단어의 문맥 – 그것이 쓰이고 있는 문장과 그 문장의 전후 문장 – 에 주의하라. 잘 살펴서 그 단어가 교재 속에서 반복되는지 그렇지 않은지 확인하라. 사용되는 횟수가 많으면 많을수록 그 만큼 그 단어는 이해하기 쉬운 단어이다.

비교 표현의 파악

복잡한 수식관계의 파악

84~85

관계사절에 숨어 있는 **SV**를 [ ]로 묶은 다음 문형을 파악한다 [복잡한 수식관계의 파악]

다음 글에서 밑줄 친 부분을 해석하시오.

> Boldness means a deliberate decision to bite off more than **you are sure** you can chew. And there is nothing mysterious about the mighty forces referred to. They are the hidden powers that all of us possess.

어 구

boldness 대담한   a deliberate decision 신중한 결정   bite off ~을 (이로) 물어서 끊다   chew 씹다   mighty 강력한   refer to (원조를 구해서) ~에 의지하다

분 석

예문으로 들어가기 전에, 다음의 예문 ①을 보자. was의 주어와 turned out의 주어는 무엇일까?

　① The man who I thought was a policeman turned out to be a thief.
　　　　　　　　　　　　　　　　V　　　　　　　　　　　V

먼저, 동사 thought가 was의 S가 될 리 없기 때문에 who가 was의 S임을 짐작할 수 있다. policeman은 was의 보어(C)이고 who절의 범위는 여기까지(→21과). 단지, I thought가 성가시다. 이것을 [ ]로 묶은 다음 문장에서 떼어내면,

　　The man [who was a policeman] turned out to be a thief.
　　　S　　(S)　(V)　　(C)　　　　V　　　　　C

가 되어, 문형이 확실해진다. 사실, ①의 형태의 문장은,

　② The man turned out to be a thief.

　③ I thought (that) he was a policeman.

이라는 두 문장이 합쳐진 것이다. ③의 he를 who로 바꾼 다음 man에 연결시키면,

　④ who I thought was a policeman
　　　└──────────┘he

이 되고, 이 절 속에서 I thought는 삽입절이라고 부르며, '경찰이라고 생각했던 남자가 사실은 도둑이었다' 라는 ①의 예문이 되는 것이다.
그러면, 예문의 밑줄 부분에 도전해 보자.

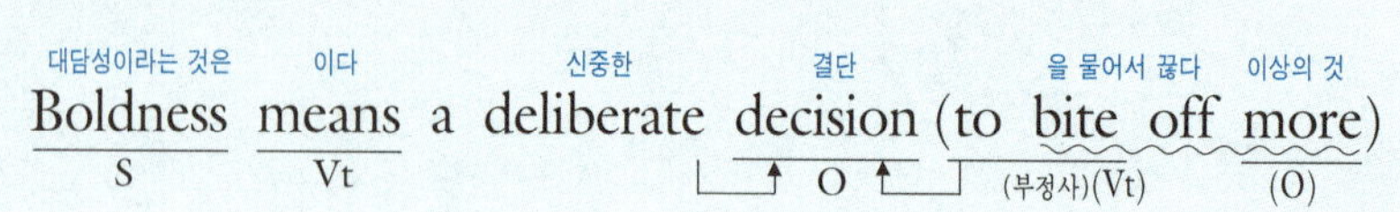

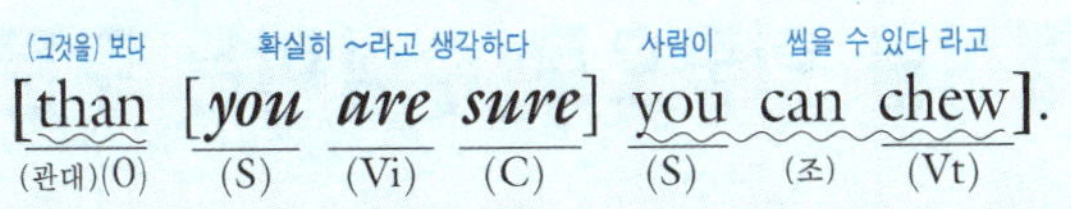

chew의 O가 필요하다. 관계대명사로 변신한 than(→80과)이 O에 해당하면, you are sure가 방해가 된다. you are sure를 [ ]로 묶어 보자. ~bite off more than you can chew '사람이 씹을 수 있는 이상의 것을 물다 → 사람이 자신의 능력 이상의 것을 떠맡다. 〈관용 표현〉'이라는 문장의 구성을 정확하게 파악할 수 있다. decision to ~ 는 '~ 하고자 하는 결단'이라고 하자(→57과).

해 석

대담하다는 것은 자신이 할 수 있다고 확신하는 이상의 임무를 떠맡기 위해서 신중한 결단을 내리는 것이다. 그리고 의지할 수 있는 강한 힘에 이상한 점은 전혀 없다. 그것은 우리 모두 지니고 있는 숨겨진 힘이다.

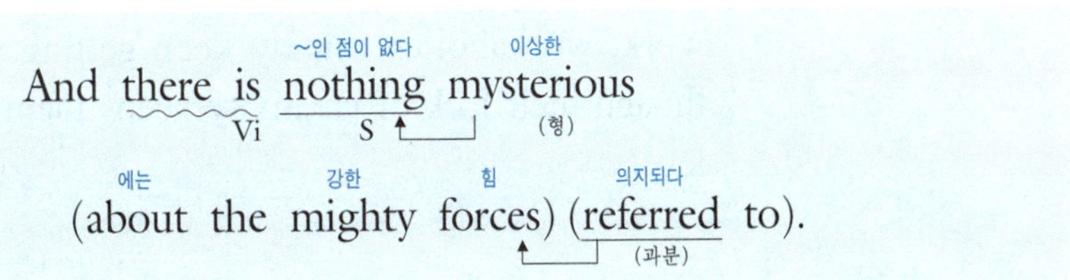

세 번째 문장의 They는 mighty forces를 가리킨다. that은 물론 관계대명사의 목적격이다.

연습 84. 다음 글에서 밑줄 친 부분을 해석하시오.

> I was not the best high school student, but still, there was one scholarship to New York University which my teachers thought I could win so that I could afford to go to college. New York University was looking for liberal arts students to take part in an experimental program called "The X Group."

어 구　still 그래도　can afford to *do* ~ 할 여유가 있다　liberal arts (대학의) 일반 교양 (과목)　experimental[ikspèrəméntl] 실험의　program 학과 과정

힌트 ☞　첫번째 문장에서 전치사구 to ...University는 scholarship을 수식하므로, '뉴욕 대학의 장학금'이라는 의미. which가 관계대명사인 것은 금방 알 수 있다. 포인트는 which my teachers thought I could win과 같이 SV를 찾아내는 것과 이 which가 목적격이라는 것을 파악하는 것(→23과)이다. win의 목적어는 which의 선행사인 scholarship이다. win a scholarship '장학금을 받다'를 which 앞으로 옮기면 알 수 있다. which [my teachers thought] I could win '내가 받을 수 있다고 선생님은 생각하셨다 (장학금)'과 같이 의미를 연결한다. so that ...college '내가 대학에 갈 수 있도록'은 win을 수식한다. 두 번째 문장의 to take part ...가 students를 수식하기 때문에, who would take part ... '...에 참가해 줄 (학생)'이 된다. called는 program을 수식하는 과거분사이다.

관계사절에 숨어 있는 SV를 [ ]로 묶은 다음 문형을 파악한다

85

선행사를 이중으로 수식하는 구문

[복잡한 수식관계의 파악]

□ 다음 글에서 밑줄 친 부분을 해석하시오.

> Workaholics are the people who always have more *to do* than they can ever complete. They work hard out of compulsion, and for them, work has the highest priority in life. Because of their hard work, workaholics usually keep getting promoted in business, though their lack of creativity keeps them from reaching the top levels.

어구

out of compulsion 강박 관념으로부터   priority[praiɔ́(ː)rəti] 우선   promote 증진시키다   keep + O + from *do*ing O에 ～시키지 않도록 하다

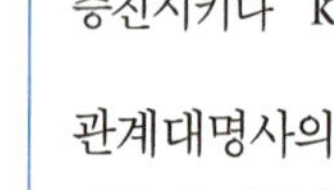

관계대명사의 선행사가 다른 어구나 관계사절의 수식을 받는 경우가 있다. 다음의 예문을 보자.

This is the best book [that I can think of] (to read).

to read를 관계사절 속에 삽입하면, '읽기 위해서 생각해 낼 수 있는 가장 좋은 책' 이 되어 의미가 불분명해진다. to read를 관계사절에서 따로 떼어 내어 별도로 book을 수식하게 하면, '이것은 내가 생각해 낼 수 있는 읽을 만한 가장 좋은 책 이다.' 가 된다. 이와 같은 이중 수식 관계를 '이중 한정'이라고 하는데, 이것을 찾아내려면 관계사절의 술어동사와 어구(여기에서는 to read) 사이에 어떠한 관련도 없다는 것을 꿰뚫어 보는 것이 포인트이다.

예문의 밑줄 부분에 주목해 보자.

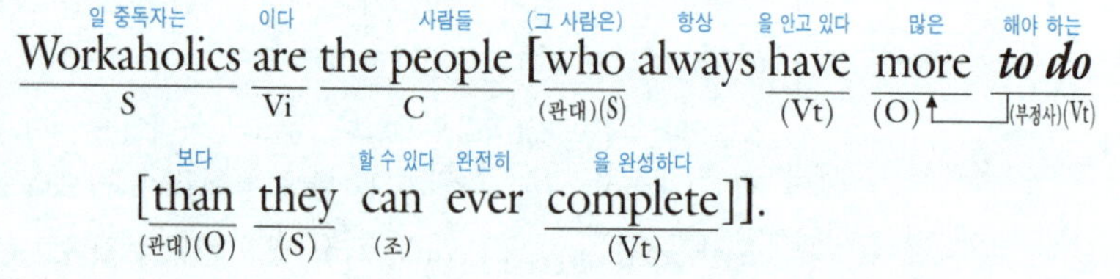

more의 원급은 much이기 때문에, have much(to do)는 '해야 할 많은 것(일)을 안고 있다'가 되며, to do는 more를 수식하고 있다(→56과). 그런데 이 to do와 관계대명사 than이 유도하는 절 사이에는 아무런 연관이 없다. to do는 than 이하가 별도로 호응하는 형태로서, '완전히 완성시킬 수 있는 것보다 많은 → 완전

히 완성시킬 수 없을 정도로 많은'과 같이 비교급 more를 수식하고 있다. 이중 한정은 문형을 확실하게 파악하고 어구와 절의 역할을 잘 살피면 드러나게 된다. 두 번째 문장의 구조는 단순하니까 건너뛰고, 세 번째 문장을 분석해 보자.

their lack of creativity는 They lack creativity.이다.

연습 85. 다음 글에서 밑줄 친 부분을 해석하시오.

> To find a wonderful book that has been lost for hunderds of years is an exciting discovery. But for the individual boy or girl, or man or woman, it is not more wonderful than to find a great book on a library shelf. <u>To hunt and find such a book is one of the great adventures which readers have that other people do not have.</u>

어구

exciting 흥분시키는   shelf 책꽂이   hunt ~을 찾다

힌트

첫번째 문장의 골격은 To find ... is ... discovery. 주부의 that은 book을 선행사로 하는 관계대명사의 주격이고, 술어동사는 has been lost이다. that절은 years까지. 두 번째 문장의 골격은 it is not more wonderful이며, it은 형식주어이고 그 구체적인 내용은 to find 이하이다. more than을 '~이상'이라고 해서는 안 된다. more than은 엄밀하게는 '초월해 있다' 라는 뜻이다. X is more than Y (X〉Y)의 부정은 X is not more than Y (X≦Y) 'X는 Y 이하' '많다고 해도 Y와 같다' 이므로, 본문은 '좋은 것은 아니다' '거의 비슷한 정도의 훌륭함' 이 된다. 포인트는 세 번째 문장에 있는 ①[which ... have]와 ②[that ... have] 두 관계사절의 의미를 연결하는 방법인데, ①은 adventures를 수식하고 ②는 adventures + [①]을 수식한다. '독서가가 하는 모험(중)에서 다른 사람들이 하지 않는 (커다란) 모험'.

문제84 나는 고교 시절 우등생은 아니었지만, 그래도 선생님은 내가 대학에 갈 수 있도록 장학금을 받을 수 있다고 생각하셨는데 그것이 뉴욕 대학의 장학금이었다. 뉴욕 대학은 'X그룹' 이라고 불리는 실험 프로그램에 참가할 일반 교양 학생을 모집하고 있었다.

문제85 몇 백 년 동안이나 행방 불명이었던 훌륭한 책을 발견하는 것은 가슴 뛰는 발견이다. 그러나 소년 소녀, 남녀 개개인에게는 도서관 책꽂이에서 저명한 책을 발견하는 것보다 좋은 일은 아니다. 이러한 책을 찾아서 발견하는 일은 다른 사람들에게는 아니지만 독서가에게는 커다란 모험 중의 하나이다.

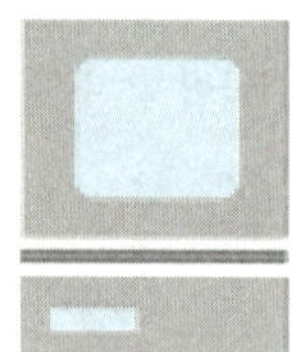

부정구문의 파악

86~88

86 **no**를 부정하는 방법

[부정구문의 파악]

In a survey of 13,000 people carried out by the American magazine *Psychology Today*, a compelling 79 per cent of those who were pet owners said that at some time their pet had been their closest companion. The fact comes as ***no*** surprise to practicing veterinary surgeons, who have been front-row observers of the subtle changes in their clients' relationship with their pets.

어구 survey 조사 carry out ~을 실시하다 compelling 주목할 수밖에 없는 come as a surprise 놀라게 되다 practice 개업하다 veterinary surgeon 수의사

명사를 부정해서 zero로 만드는 용법은 I have no mony.에서 볼 수 있다. 'zero의 돈을 가지고 있다 → 돈이 없다' 라고 파악할 수 있다(→79과). 그러면, He is no fool.은 어떤 의미일까?
이것을 검토하기 전에, 먼저 첫번째 문장부터 분석해 보자.

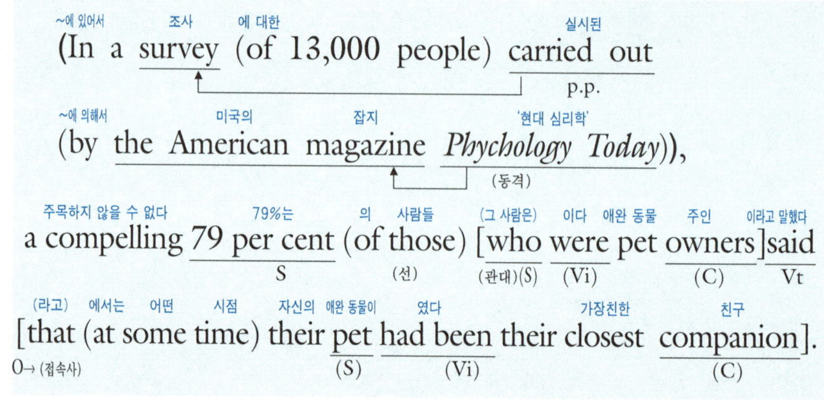

said가 과거시제이기 때문에 '시제 일치' 를 위해서 were, had been을 각각 '~이다' '~였다' 라고 해석한다. 두 번째 문장에 no가 있다. 이 no를 'zero → ~이 아니다' 라고 하면 의미가 불분명해서 곤란해진다. 이것은 He is no fool.과 같이 보어가 되는 명사를, 또 It is no easy task.와 같이 형용사를 '~인 것은 아니다' 로 부정해서 반대의 의미를 지니게 하는 no이다.

no fool `바보라니 당치도 않다` → `아주 현명하다`

no easy task `결코 편하지 않은 업무` → `굉장히 힘든 업무`

The fact comes (as ***no*** surprise) (to ~ veterinary surgeons),
‾‾‾S‾‾‾ ‾‾Vi‾‾

comes as no surprise ≒ is no surprise이기 때문에 as 뒤에 있는 surprise 는 보어적인 명사이다. no surprise는 `아무 것도 놀랄 필요가 없는` `아주 당연 한 것`이다.

[who have been front-row observers (of the subtle changes)
(관대)(S)   (Vi)(완)   (C)↑   (M)

(in their clients' relationship) (with their pets)].
        (M)   ↑   (M)

who 이하는 문맥상 부가적인 이유를 나타내고 있다. "of + 추상명사"에 붙은 `전 혀 중요하지 않은 것`과 `대단히 중요한 것`의 두 예를 통해서 `zero의 no`와 `반 대의 no`의 차이를 알 수 있다.

> It takes no great moral or spiritual qualities to feel sorry for a per-
> son who has fallen from a tremendous height, or has suffered a loss
> which cannot be replaced. We can easily put ourselves in his place,
> and feel sorrow for ourselves.

spiritual 정신적인   quality 장점   height 높은 지위   suffer (손해 등)을 입다
replace ~을 대신하다   feel sorrow for oneself 낙심하다

첫번째 문장 It taked O to *do*는 `~하는 데에 ~가 필요하다`라는 의미인데, 여기서 no 는 qualities가 아니라 great를 부정한다. no great = small, little `사소한, 대단하지 않 은`이라는 의미이므로 `동정하는 데에 대단한 도덕적, 정신적 장점이 필요하지 않다`라고 한다. or가 연결하는 것이 has fallen과 has suffered이므로, 구조는

```
 to feel sorry for a person ┌ has fallen from ... height,
            └[who           │        (V)
               (S)       or │ has suffered a loss
                            └   (V)      (O)
                                   ↑[which cannot be replaced]].
                                     (S)        (V)
```

who와 which는 관계대명사의 주격이다.

해 석

`현대 심리학`이라는 미 국의 잡지가 13,000명을 상대로 실시한 조사에 따 르면, 애완 동물을 기르 고 있는 사람들 가운데 주목할 만한 79%의 사 람들이 어떤 시점에서는 애완 동물이 자신의 가장 친한 친구였다고 대답했 다. 이런 사실이 개업 수 의사에게는 아주 당연한 것이다. 왜냐하면 고객과 애완 동물 사이의 관계가 미묘하게 변하는 것을 최 전선에서 관찰해 왔기 때 문이다.

어 구

힌트

87 '부정사＋**100%**'의 부분 부정을 놓치지 말 것! [부정구문의 파악]

> Viewed as a whole, Japanese society is **not very** efficient. Although the real income for each person is about the same as in the U.S. or the former West Germany, Japanese employees must work an average of 2,160 hours to earn that income ; Americans work only 1,980 hours, and West Germans a mere 1,640 hours.

[어구]

as a whole 전체로서　efficient[ifíʃənt] 효율적인　real income 실수입
average 평균　earn ~을 벌다

not 등의 부정어에 all이나 always 등이 연결되면, '모두가 반드시 ~라고 할 수는 없다'라는 의미의 부분 부정이 된다는 것, 여러분 모두 잘 알고 있을 것이다. 그 외에도 both '둘 다', every '모든', quite '완전히' 등 100%를 의미하는 대명사, 형용사, 부사와 부정어가 같이 쓰이면 '전부(항상)가 ~하는 것은 아니다 → 라고 할 수 없다'라는 의미가 되는데, 그만 깜빡하고 놓쳐 버리기 쉬운 부분 부정이 있다. 예를 들면, 예문의 밑줄 부분등을 '상당히 ~아니다' 등으로 해석하면 올바른 해석이 되지 않는다.

$$\underset{\text{(파분)}}{\text{(Being) Viewed}}\ \underset{\text{(M)}}{\text{(as a whole)}},$$

(Being) Viewed(보면) (as a whole)(로써 전체),

$$\underset{\text{S}}{\text{Japanese society}}\ \underset{\text{Vi}}{\text{is}}\ \textbf{\textit{not very}}\ \underset{\text{C}}{\text{efficient.}}$$

Japanese(일본의) society(사회는) is not(아니다) very(그다지) efficient(효율적).

very는 '100%'를 나타내는 부사는 아니지만 '상당히, 대단히, 매우'와 같이 정도가 아주 강한 부사이다. 이 very가 부정어와 연결되면 '상당히 ~아니다'가 아니라 '그다지 ~아니다'라는 의미가 된다. 따라서, '일본 사회는 상당히 효율적이지 않다'라고 해석해서는 안 된다. not ~ really도 '(사실은) 그다지 ~아니다'이다. Viewed는 분사구문이고(→68과), Japanese society가 의미상의 주어이다.

두 번째 문장 Although에 유도되는 종석절의 뒤에는,

전체적으로 봐서, 일본 사회가 그다지 효율적이라고는 할 수 없다. 개인의 실수입은 미국이나 이전의 서독의 경우와 거의 비슷하지만, 일본의 노동자들은 그 수입을 얻기 위해서 평균 2,160시간 일하지 않으면 안 되는 반면에 미국인은 불과 1,980시간, 서독인이 되면 단지 1,640시간 일하는 것에 불과하다.

일본의　　　노동자들은　해야 한다　일
Japanese employees must work
S　　　　　(조)　 Vi

평균해서　　　　시간　위해서　을 얻다　그　수입　반면
an average (of 2,160 hours) to earn that income);
　　　　　　　　　　　　　　　(부정사)(Vt)　　　(O)

미국인은　일한다　불과　시간
Americans work only 1,980 hours,
S　　　Vi　(부)

그리고　　서독인은　　일하다　단지 ~에 불과하다　시간
and West Germans (work) a mere 1,640 hours.
　　　S　　　　(생략)Vi　(=only)

라는 주절이 뒤따른다. Weat Germans 뒤에 work가 생략되어 있는 것을 눈치채셨나요(→44과)?

연습 87. 다음 글에서 밑줄 친 부분을 해석하시오.

> Not all new sports have managed to excite the public for long. In the nineteen-seventies, for example, skate-boarding became enormously popular with many children and teenagers. The number of accidents, though, was a cause of considerable concern to parents, and before more than a handful of skate-boarding rinks could be opened, the sport had virtually died out.

어구

managed to *do* 간신히 ~하다　be popular with ~에게 인기가 있다　a cause of concern 근심거리　considerable 상당한　a handful of 한 줌의

힌트

첫번째 문장의 서두는 Not이 all을 부정하는 부분 부정이기 때문에 '모든 새로운 스포츠들이 (…할 수 있다)인 것은 아니다'라고 한다. 두 번째 문장에서는 콤마 사이에 삽입된 for example을 먼저 해석한다. 세 번째 문장에서는 콤마 사이에 삽입된 though가 부사이므로 이것부터 해석해서 '하지만 사고의 수가…'라고 한다. before more than a handful of…could be opened '소수를 초과해서…이 개설될 수 있기 전에' → '극히 소수의…만 개설되는 사이에'

'부정사 + 100%'의 부분 부정을 놓치지 말 것!

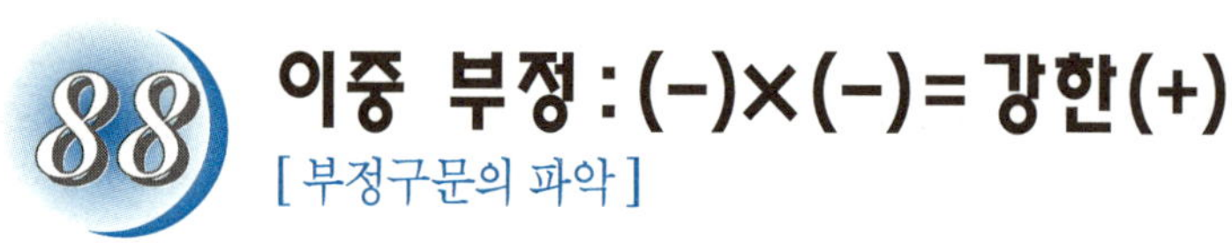

88 이중 부정 : (−)×(−)=강한(+)
[부정구문의 파악]

> There is **no** time, in all of a child's growing up, when he will **not**
> be seriously hurt if he feels that we adults are not interested in what
> he is trying to say.

어구 · seriously 심각하게 adult[ədʌ́lt] 성인 be interested in ∼에 흥미를 갖다

하나의 부정 표현을 다른 표현이 거듭해서 부정하는 형태를 '이중 부정' 이라고 한
다. 이처럼 부정어가 두 개 겹치면

$$(-) \times (-) = (\,+\,)$$

라는 수식이 성립하듯이, '긍정' 의 의미가 되는 것이다. 국어에서는 '∼ 하지 않
는 … 은 없다' 라고는 하지 않지만 영어에서는 예를 들어,

There is <u>no</u> rule <u>without</u> exceptions.

(예외 <u>없는</u> 규칙은 <u>없다</u> → 어떤 규칙이라도 예외는 <u>있다</u>.)

등으로 긍정의 의미를 강조하는 데 사용된다. 즉, 이중 부정은 단순한 '긍정' 이 아
니라, '강한 긍정' 을 의미하게 된다. 대표적인 구문으로는,

"never [not] ∼ without …"

'… 없이 ∼ 하지 못하다 → ∼ 라면 반드시 …' 가 있다.
지문의 앞부분에 주목해 보자.

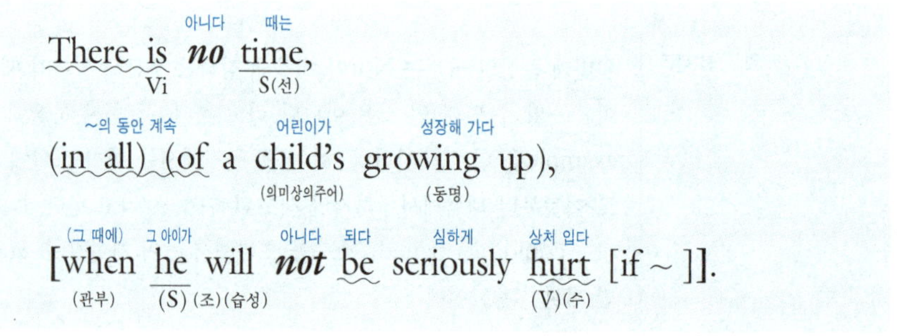

when은 관계부사이고, 선행사는 time이다(→31과). 그런데, time 앞에는 no
가, when절 속에는 not이 있다.

$$\text{There is no time [when} \sim \underset{(-)}{\text{not}} \cdots \text{].}$$
$$\underset{(-)}{} \qquad = (+)$$

'(어린이가) 심하게 상처 입지 않는(−) 때는 없다(−) → 어린이는 어느 때든지 (= 반드시) 상처입는다(+)' 라는 강한 긍정의 의미를 나타낸다.

if절은 will not be hurt를 수식하는 부사절. that절은 feels의 O이고, that절 속에 있는 what절은 전치사 in의 O이다. what절에서 what은 동사 원형 say의 O이다.

해 석

어린이가 성장해 가는 모든 과정에서 자신들이 말하고자 하는 것에 어른들이 관심을 나타내지 주지 않는다고 느끼면 언제라도 심한 상처를 받는다.

연습 88. 다음 글에서 밑줄 친 부분을 해석하시오.

> None of the things that now most need to be done for the world have much chance of working unless coupled with the control of population. By present indications our present population of 3.5 billions will have doubled by the end of this century.

어구

chance of 가능성   couple A with B A를 B와 연결(해서 생각)하다   work 잘 해 가다   control 억제   indication 전망   double 배가 되다

힌트 ☞ 첫번째 문장의 골격은 $\underset{S}{\text{None}} \dots \underset{V}{\text{have}}$ much chance '많은 가능성을 지니는 것은 아니다' 가 되는데, that은 things을 선행사로 하는 관계대명사의 주격이고 that절은 world까지이다. 부사적 종속절임을 알려 주는 신호인 unless 뒤에 unless (they are) coupled와 같이 S + be를 보완하면(→43과), '그러한 것 (= the things that…world)이 인구 억제와 연결되지 않으면' 이 된다. 전체 골격을 직역하면 '…연결되지 않으면… 중의 어떤 것도 많은 가능성을 지니지 못한다' 가 되므로 '…다' 라고 해석한다. chance of working은 chance [that they will work] '(그것들이) 잘 진행된다는 가능성' 과 같은 의미이고 (that은 접속사이고, that절은 chance에 대한 동격절), of는 '동격의 of' (→71과)이다. 두 번째 문장의 by는 '~ 에 의하면'. 문미의 by the end~ '~ 말까지는' 는 접속사이다. population of~ '~ 의(으로 구성되는) 인구' 라는 의미.

이중 부정: (−)×(−) = 강한 (+)

문제86 굉장히 높은 지위에서 추락했다든지 되돌릴 수 없는 손해를 입은 사람을 동정하는 데에는 커다란 도덕적, 정신적 장점이 필요치 않다. 우리는 쉽게 그런 사람의 입장이 되어서 낙심할 수 있다.

문제87 모든 새로운 스포츠들이 오랜 기간에 걸쳐서 대중을 열광케 한 것은 아니다. 예를 들어 1970년대에는 스케이트보드가 많은 어린이들과 10대들에게 상당한 인기가 있었다. 그러나, 부모에게 있어서 사고 수는 커다란 근심거리가 되었고, 소수의 스케이트보드 링크만이 개설되는 사이에 이 스포츠는 거의 쇠퇴해 버렸다.

문제88 세계를 위하여 지금 가장 이루어져야 하는 것이 모두 인구 억제와 연결된다면 잘 진행될 가능성이 크다. 현재의 전망으로, 현재의 35억 인구는 금세기 말까지는 2배가 될 것이다.

부정구문의 파악

도치구문의 파악

89~94

부정의 부사가 문두에 오면 어순에 주의

[도치구문의 파악]

> The American's attitude toward authority, rules, and regulations was the despair of government officials and strict supervisors. *Nowhere did he* differ more sharply from his English cousins than in his attitude toward rules, for where the Englishman regarded the observance of a rule as a positive pleasure, to the American a rule was at once an insult and a challenge.

어구 attitude[ǽtitjùːd] 태도 authority 권위 regulation 법규 the despair of ~ 의 두통거리 official 공무원 supervisor[súːpərvàizər] 관리자 at once *A* and *B* A이기도 하고 B이기도 한

도치는 어순이 변하는 것이다. 여러분이 자신 없어 하는 구문 중의 하나라고 생각한다. S + V → V + S, S + V + O → O + V + S와 같이 어순이 바뀐다. 도치구문을 꿰뚫어 보는 열쇠는 어순과 문형의 파악, 좀더 구체적으로 말하면 도치된 **SV**를 파악하는 것이다. 이 점을 염두에 두고 예문에 도전해 보자.

첫번째 문장은 평소처럼 '전치사 + 명사' 를 ( )로 묶는 기술을 사용하면 The American's attitude was the despair. '미국인의 태도는 골칫거리였다' 라는 S + V + C의 골격이 드러난다. 그리고 도치에 관해서는 두 번째 문장의 SV에 주목하라.

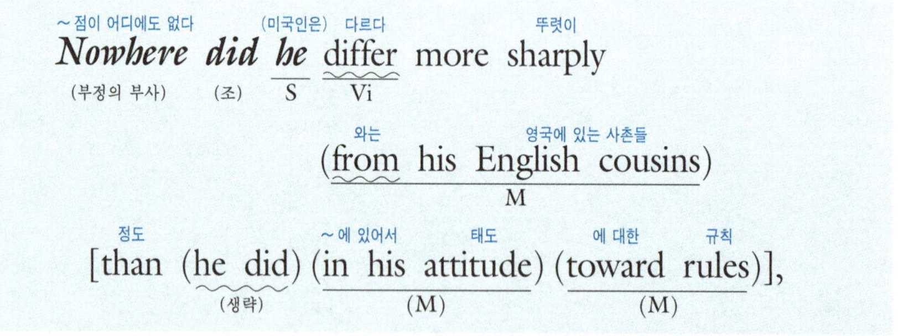

did he differ 부분에서 조동사 did가 S(= he) 앞에 나와서 도치되어 있다 . 이 도치가 일어난 원인은 부정의 부사 nowhere가 문두에 왔기 때문이다. 이처럼 부정의 부사가 문두 또는 절의 앞머리에 오면 be동사나 조동사가 주어 앞에 오는 도치가 일어난다. 일반적으로,

$$\left.\begin{array}{l}\text{Not} \sim / \text{Never} \sim / \text{Not until} \sim \\ \text{Seldom} \sim / \text{Little} \sim\end{array}\right\} \begin{array}{l}\text{be동사}+S+X / \\ \text{조동사}+S+V+X\end{array}$$

가 자주 볼 수 있는 도치로, 부정의 부사가 문두에 오면 도치가 아닌가 하고 의심해 보아야 한다. 그리고 S와 V의 위치, 어순을 집중적으로 파악하면 도치구문을 발견할 수 있다. 밑줄 부분을 일반적인 어순으로 바꾸면,

He did not differ more ~anywhere than ... not ~anywhere = nowhere '어디에도 ~없다 → 어떤 (점)에도 ~없다' 가 된다. than의 뒤에는 he did(= differed)를 보완한다.

연습 89. 다음 글에서 밑줄 친 부분을 해석하시오.

> Not until the school years do the deeper ties of friendship and genuine group belongingness begin to develop. The school offers an entirely new world of experiences for the child. Besides gaining new intellectual knowledge and skills, he must also learn to obey certain rules.

어구

tie 유대 관계   genuine[dʒénjuin] 진짜의   belongingness 소속 의식   gain ~을 얻다   learn to *do* ~할 수 있게 되다   obey[oubéi] (규칙 등)을 지키다

힌트

서두부터 Not until the school years do ... 로 어순이 이상하다. until이 전치사인지 접속사인지를 판단해야 하는데, 어쨌든 부사구/절이고 그 앞에 not이 붙어 있다. 골격은 Not (until ...) do the ... ties ... and ... belongingness begin to develop. 보통은 The ... ties ... do not begin to develop until the school years의 어순을 이룬다. '... 유대 관계와 ... 소속 의식은 취학 연령 전까지는 생겨나지 않는다' 이지만 '취학 연령이 되서야 비로소 생겨난다' 라고 하면 이해하기 쉽다. 두 번째 문장의 world of experiences는 '경험의, 경험으로 구성되다' 라는 의미이고, for the child '어린이를 위한' 은 experiences를 수식한다. 위의 해석에서는 world of experience 부분은 '경험을 준비하고 있다' 로 의역.

90

문두의 "**not only**"는 도치를 일으키는 주범

[도치구문의 파악]

❏ 다음 글에서 밑줄 친 부분을 해석하시오.

> Outside Central and South America, Great Britain was the main source of settlers. ***Not only could she*** provide plenty of emigrants, but her rulers and ministers tended to dislike ruling white colonies and did not stand in the way of their independence. The memories of the American War of Independence went deep.

어구

source 원천   provide ~을 공급하다   emigrant[éməgrənt] (외국으로 나가는) 이민   ruler(s) 지배자   stand in the way of ~을 방해하다

분석

도치가 일어나는 원인은 앞 과에서 설명했다. 즉, 부정의 부사(구)가 문두나 절의 앞머리에 오면 도치가 일어난다. 먼저 주어의 전후 관계에 주목하고, SV의 어순을 확인하면서 지문에 도전해 보자.

우선 첫번째 문장. S는 Great Britain이고, S + V + C의 어순에는 변화가 없다. 여기에는 '대영제국은 이주민의 주된 원천이었다' 라고 쓰여 있다. 그러면, 두 번째 문장. S는 she(= 영국)인데, 그 전후 부분에 주목.

  could(조동사) she (S) provide (원형)

임을 파악했는지?

$$\underset{(조)}{\overset{\text{~뿐만 아니라}}{Not}} \; only \; \underset{(도치)}{could} \; \underset{S}{\overset{\text{할 수 있었다}}{she}} \; \underset{Vt}{\overset{\text{영국은}}{provide}} \; \underset{O}{\overset{\text{을 공급하다}}{plenty \; (of \; emigrants)}}, \; \overset{\text{그러나}}{but} \sim$$

도치라는 것을 알았다면 원인을 생각해 보자. 문두에 나와 있는 어구, 여기에서는 Not only라는 어구가 있다 . 이것을 일반적인 어순으로 바꾸면,

  she coule not only provide ~ , but ...

가 된다. "not only ~ but (also)..."는 '~ 뿐만 아니라…도' 라는 상관어구이다. 이 not only가 문두에 왔기 때문에 도치가 일어난 것이다. **not only**야말로 도치의 주범인 것이다. but 이하도 도해해 보자.

중앙 및 남아메리카 이외 (지역)에서는 영국이 이민자의 주된 원천이었다. 영국은 다수의 이주민을 낼 수 있었을 뿐만 아니라 그 지배자와 대신들은 백인으로 구성되는 식민지를 통치하고 싶어하지 않았고 그들의 독립을 방해하지도 않았다. 미국 독립전쟁의 기억이 (마음)속 깊이(까지) 닿아 있었다.

$$\text{but her} \begin{Bmatrix} \text{rulers} \\ \text{and ministers} \end{Bmatrix} \text{(also)} \begin{cases} \text{tended to dislike ruling white colonies} \\ \text{and did not stand in the way (of their independence).} \end{cases}$$

그리고 세 번째 문장. 문장의 골격은 The memories went deep. '기억이 깊은 곳에까지 도달해 있었다'이기 때문에 도치된 부분은 없다.

연습 90. 다음 글에서 밑줄 친 부분을 해석하시오.

> Anyone who is dreaming of a trip to the moon can get a little foretaste of it by climbing about on the dead volcanic cones of Easter Island. <u>Not only does his own hectic world seem immeasurably distant, but the landscape can easily give an illusion of being on the moon.</u>

어구

get a foretaste of ~을 미리 경험하다　volcanic[valkǽnik] 화산의　cone [koun] (화산 등) 원추형의 것　hectic 분주한　immeasurably 끝까지 하지 않고

힌트

첫번째 문장의 who는 Anyone을 선행사로 하는 관계대명사의 주격이고 who절은 moon까지이다. anyone who를 한 단어로 하면 whoever '~인 사람은 누구라도'가 된다. 첫 번째 문장의 골격은 Anyone can get … foretaste (of it)이고, 이 it은 the moon을 가리킨다. by climbing …은 can get을 수식하는 전치사구이다. 포인트는 not only가 문두에 와서 does … world seem distant가 되는 어순이다. 조동사 does가 주어(라고 생각되는) world 앞에 나와 있다. 당연히 seem은 동사원형. not only와 상관 관계를 이루는 but(also)에 주목! illusion of being on the moon 부분의 of 이하는 '어떤 illusion'인가를 설명한다. of는 동격의 of(→71과). of 이하가 동격절이기 때문에 that he is on the moon '(자신이) 달에 있다는 (환상)'이 된다.

landscape can give … illusion '경치가…환상을 볼 수 있다 → 경치 덕분에…환상을 가질 수 있다'라고 한다.

# 91 문두에 있는 **"only +부사(구/절)"도 도치를 알리는 신호** [도치구문의 파악]

□ 다음 글에서 밑줄 친 부분을 해석하시오.

> As a result of my inexperience, I had the naive idea that artists just look at what is in front of them and copy it, getting better as they go along. ***Only recently have I learned*** that life does not copy itself on paper, and that to make, with lines and colors, an image that looks like something real, takes technique.

어구

inexperience 미경험   naive[naíːv] 소박한   better 보다 능숙한   go along 해 나가다   life 실물   technique 기교

앞 과에서는 not only가 문두에 온 도치구문에 대해서 설명했다. "only + 부사 (구/절)"도 도치를 일으키는 원인이 된다. "Only + 부사(구/절)" 가운데에서, 시간을 나타낼 때에는 대체로 '~이 되어서 비로소' '~이 되어서 겨우'라고 해석하면 무난하다.

먼저, 첫번째 문장부터 분석해 보자.

> 로서   결과   의   내가   미경험(인 것)   을 품고 있었다   소박한   생각
> (As a result) (of my inexperience), I had the naive idea
>   S   Vt   O
>
> 라는   화가   단지 ~만   보다   을   (~의 것)   이다   목전에   의   자신들
> [that artists just look at [what is (in front of them)]
> 동격→(접)   (S)   (부사)   (Vi)   (관대)   (Vi)   (전)
>
> 그리고   을 베끼다   그것   점점 숙달되어 가다   면서   그러가
> and copy it, getting better [as they go along]].
> (등접)   (Vt)   (O)   (분사구문) (Vi) (C)   (접)   (S)   (Vi)

that은 '격'이 없는 접속사이고 that절은 동격절이다(→47과). getting better 는 분사 구문이다(→67과).

자, 두 번째 문장. 이 과의 포인트이다.

> Only recently have I learned
>   부사   S   V(완)

가 보이는지? I(S) 앞에 있는 **have**가 learned와 결합해서 현재완료를 만들고 있다. "only + 부사"가 문두에 온 형태로, 도치가 일어나고 있다 .

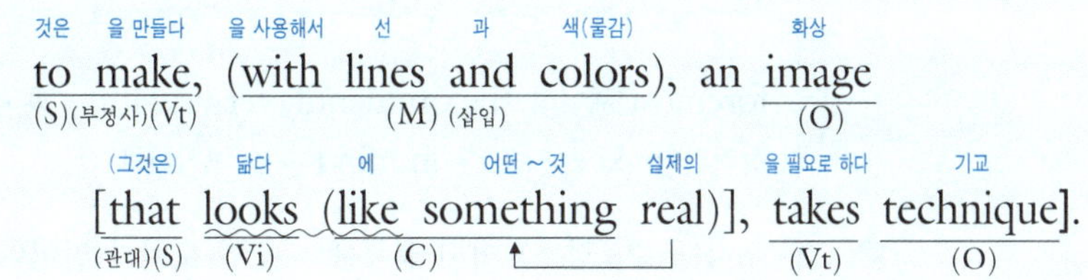

life does not copy itself '실물은 자기 자신을 모방하는 것이 아니다' 로는 의미를 파악하기 어려우므로, '단순이 실물을 보고 그리기만 해서는 잘 모사할 수 없다' 라는 의미를 담아서 해석한다.

콤마가 눈에 거슬리지만, have learned의 O가 되는 두 번째 that절의 골격은 To make takes technique.가 되는 것을 확인해 둔다.

> Americans have long accepted literacy as a supreme aim of schooling, but only recently have some of us who have done research in the field begun to realize that literacy is far more than a skill and that it requires large amounts of specific information.

accept + O + as + C O를 C로 간주하다   supreme 최고의   aim 목적
schooling 학교 교육   large amounts of 막대한   specific 특유의

전반부는 술어동사가 현재완료인 점에 유의해서 '(이제까지)…으로 받아들여 왔다' 라고 한다. 후반부 but 직후에 있는 only recently '최근에 와서야 비로소' 를 참고해서, 관계대명사의 주격 who로 시작되는 절의 틈새도 파악해 간다. begun은 과거분사이지만, 뒤에 to realize가 뒤따르기 때문에 begun to realize라는 VO의 관계가 성립한다. 이 경우 과거분사 begun은 조동사로서 have와 결합하는 술어동사이다. who의 선행사는 some (of us) '(우리 미국 국민 중의) 일부의 사람들' 이고, who절은 field까지인데, in the field (of education) '(교육의) 분야에서' 와 같이 보완하는 것이 좋다. realize의 목적어는 and로 연결되는 that literacy …skill과 that it (= literacy) …information의 두 명사절이다. 첫번째 접속사 that은 생략할 수 있지만, 두 번째 that은 종속절임을 명백히 해 주므로 그대로 둔다. far '훨씬' '매우' 는 more를 강조한다.

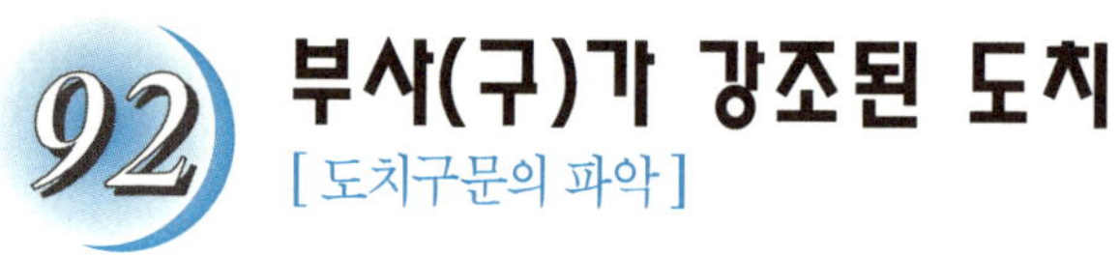

92 부사(구)가 강조된 도치
[도치구문의 파악]

> Because one of our foremost desires is to remain on friendly and cooperative terms with others we must keep their requirements firmly in mind : ***from this awareness of the things which please and displease the people round us*** come the beginnings of conscience.

어구 foremost 제일의 be on friendly terms with ~와 사이가 좋다 cooperative 협력적인 keep + O + in mind ~을 명심하다

부사(구)가 강조되어서 문두에 나오면 도치가 일어나는데, V + S로 나열되는 경우 S를 놓치는 경향이 있다. 예문에서 살펴보자.

$$\begin{array}{l} \text{[Because one (of our foremost desires) is to remain} \\ \qquad\text{(접)} \quad \text{(S)} \qquad\qquad\text{(M)} \qquad\qquad \text{(Vi) (C)(부정사)(Vi)} \\[4pt] \text{(on \{friendly, and cooperative\} terms) (with others) (,)]} \\ \quad\text{(C)} \end{array}$$

Because절은 종속절이다. 주절이 또 하나의 S V X로 이루어져 있으므로, we 바로 앞에 콤마를 찍으면 종속절과 주절의 단락이 명확해진다.

$$\text{we must keep their requirements firmly (in mind) :}$$
$$\quad\text{S} \quad\text{(조)} \quad\text{Vt} \qquad\text{O} \qquad\qquad\text{(부사)}$$

자, 콤마 첫부분은 전치사 from으로 시작되는데, 여기서부터가 이 과의 하이라이트 부분이다. SV를 찾아내기가 힘들다. which에서 us까지가 things에 대한 형용사절이다. 그 다음에 오는 come이 V가 되는데, 문제는 S이다. come 앞에 있는 this awareness (of things)는 전치사 from의 목적어이기 때문에 S일 리가 없다. S는 come 뒤에 있는 beginnings이다.

$$((\underset{\text{(부구)} \rightarrow}{\underbrace{\overset{\text{에 의해서}}{from} \quad \overset{\text{이렇게}}{this} \quad \overset{\text{의식하는 것}}{awareness}}_{M}}) \quad (\overset{\text{을}}{of} \ \underset{\text{(선)}}{\underbrace{\overset{\text{것}}{the\ things}}})$$

$$[\underset{\text{(관대)(S)}}{\underbrace{\overset{\text{(그것은)}}{which}}} \left\{ \begin{array}{c} \overset{\text{을 유쾌하게 만들거나}}{\underset{\text{(Vt)①}}{please}} \\ \\ and \quad \overset{\text{불쾌하게 만들다}}{\underset{\text{(Vt)②}}{displease}} \end{array} \right\} \quad \underset{\text{(O)}}{\underbrace{\overset{\text{사람들}}{the\ people}}} \ (\underset{\text{(M)}}{\underbrace{\overset{\text{의 주위의}}{round\ us}}})]$$

$$\underset{\text{Vi}}{\underbrace{\overset{\text{발생하다}}{come}}} \quad \underset{\text{S}}{\underbrace{\overset{\text{시작이}}{the\ beginnings}}} \ (\underset{\text{M}}{\underbrace{\overset{\text{의}\quad\text{양심}}{of\ conscience}}}).$$

우리가 중요시하는 바람 중의 하나가 타인과 호의적이고 협력적인 관계를 유지해 가는 것이기 때문에 그들이 바라는 것을 확고하게 명심해 두어야 한다. 이렇게 해서 우리 주위의 사람들을 유쾌하게도 불쾌하게도 한다는 것을 의식하는 것에서 양심이 싹터온다.

from과 의미상으로 결합하는 단어는 come이다. come from ~ 하면 쉽게 수긍할 수 있을 것이다. 즉, the beginnings ~ come (from this ...)라는 문장에서, from ... 이라는 부사구가 강조되어,

$$(\underset{M}{\underbrace{from\ this\ awareness\ ...}}) \quad \overset{}{\underset{V}{come}} \quad \underset{S}{\underbrace{the\ beginnings}} \sim$$

와 같이 문두에 나왔기 때문에 도치가 일어난 것이다. 이와 같이 부사(구)가 강조되어서 문두에 나오면 도치가 일어나는데, 주어가 대명사일 경우에는 도치가 이루어지지 않고 M + S + V의 어순이 된다는 것을 기억해 두자.

연습 92. 다음 글에서 밑줄 친 부분을 해석하시오.

> Almost a hundred and eighty years ago, a steam engine was used to pull a train. The first trains were so slow that one of them lost a race with a horse. But from these slow beginnings came our freight trains and our streamlined passenger trains that travel over a mile a minute.

어구

steam engine 증기기관　lose a race with ~ 와 경쟁해서 패하다　freight train 화물 열차　streamlined 유선형의

힌트 ☞

첫번째 문장은 used의 뒤가 to pull(pull은 원형)이므로 was used to pull a train '열차를 끌기 위해서 사용되었다' (used는 과거분사이고 to ... 는 목적을 나타내는 부사적인 부정사이다)라고 한다. 두 번째 문장은 so와 that에 유의(→52과)해서 해석한다. them은 the first trains '최초의 열차'를 가리킨다. 세 번째 문장은 골격인 SV를 찾는 것이 포인트. 시제를 갖는 술어동사(→1과)는 우선 came인데, 이것의 주어는 (from ... begin-nings)와 같이 전치사구를 정리하면 came 뒤에 뒤따르는 our freight trains와 our streamlined passenger trains라는 것을 알 수 있다. 전치사구가 문두로 나온 도치문이다. 주어가 길어서 뒤로 옮겨졌다. these slow beginnings = the first trains. 문미에 있는 that은 passenger trains를 선행사로 하는 관계대명사의 주격이다.

부사(구)가 강조된 도치

as / than 뒤에서 일어나는 도치

[도치구문의 파악]

□ 다음 글에서 밑줄 친 부분을 해석하시오.

In Europe, the concept of a regular rest is in large part linked to religion. First, it is written in the Bible that after creating the world in six days, God contemplated it, judged that it was good and then took a rest on the seventh day, the last of the week. <u>Since then, Sunday has been the day of the Lord for the Christians, *as is Saturday* for the Jews and *Friday* for the Muslims.</u>

어구

concept 개념   link + O + to ~ O를 ~와 결합시키다   contemplate ~을 물끄러미 바라보다   the Lord 신   Jew(s) 유태교인   Muslim(s) 이슬람교인

분석

지금까지는 부사(구) 등이 문 앞이나 절 앞에 왔기 때문에 도치가 일어났다. 이 과에서는 리듬을 중요시하는 영어의 특성으로 인해서 발생하는 도치에 대해서 알아보겠다.

예문의 밑줄 부분, 특히 as 이하에 주목할 것. SV를 발견했는지? V가 is인 것은 틀림없는데, 그러면 S는 무엇일까?

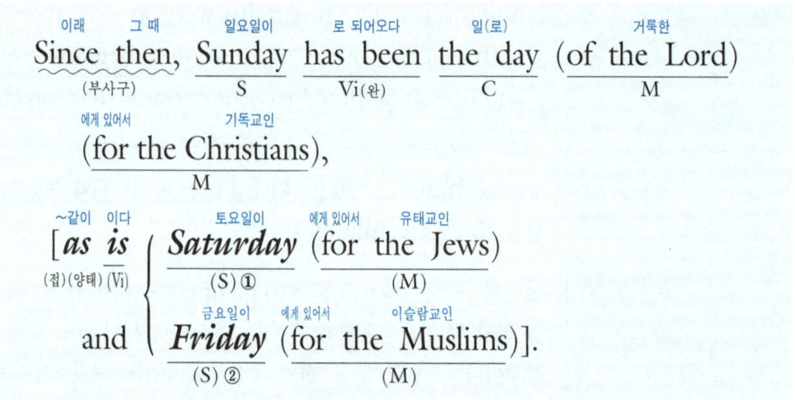

사실, S는 Saturday이다. 본래대로라면, as Saturday is (as + S + V)이지만, 경쾌한 리듬감을 살리기 위해서 **as is Saturday** (as + V + S)로 한 것이다. as는 양태의 접속사이고, be동사의 보어가 될 법한 the day of the Lord가 관용적으로 생략되어 있다. 이처럼 접속사 as와 than 뒤에는

as / than + be [대동사(do / does)] + S

의 어순이 되는 경우가 많다. 단, 가벼운 느낌을 주는 대명사의 주격이 S가 되는

유럽에서 정기적인 휴일이라는 개념은 종교와 크게 결부되어 있다. 먼저 성서에는, 신은 6일 동안 세계를 창조하신 후에 가만히 바라보시면 좋다고 판단하시고 한 주가 끝나는 7일째에 휴식을 취하셨다고 기록되어 있다. 그 때 이래로, 유태교인에게는 토요일이 이슬람교인에게는 금요일이 성스러운 요일인 것과 마찬가지로 기독교인에게 일요일은 성스러운 요일이다.

경우에는 as / than + S + V의 어순 그대로이다.

두 번째 문장도 분석해 보자.

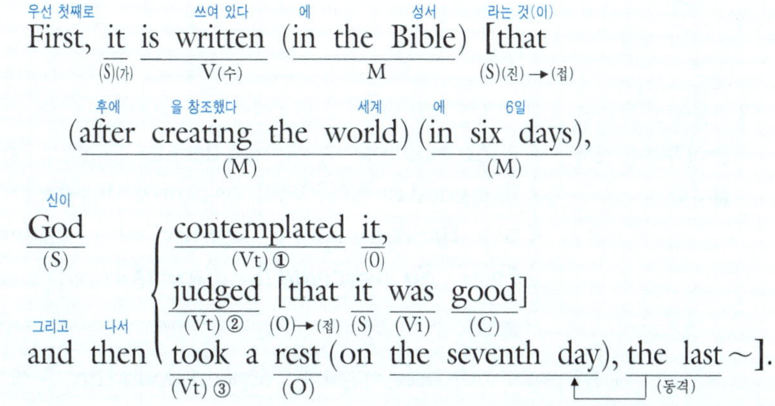

it ~ that의 가주어구문이다. God을 공통어로 해서 Vt①, Vt②, Vt③의 공통 관계를 이루고 있다.

연습 93. 다음 글에서 밑줄 친 부분을 해석하시오.

> There are millions of Hindus and Jains in India who, for religious reasons, will not eat meat. <u>The idea of eating beef is particularly abhorrent to them, as is the eating of pork to Muslims and Jews.</u> The Apache Indians will not eat fish, although edible trout are available in their streams.

어구

millions of 몇 백만 Jain 유대교인 abhorrent to ~에게 혐오감을 일으키다
edible[édəbəl] 먹을 수 있는 available 입수 가능한

힌트 ☞

첫번째 문장에서 who는 Hindus and Jains를 선행사로 하는 관계대명사의 주격이다. for religious reasons '종교적인 이유에서'가 술어동사 앞에 삽입되어 있다. will은 관습, 습성을 나타낸다(세 번째 문장의 will도 마찬가지). 두 번째 문장의 전반부에 있는 of가 동격의 of이기 때문에(→71과), Eating beef is ...abhorrent라는 문장을 만들 수 있다. 포인트는 콤마 뒷부분의 구조에 있다.

The idea of eating beef is particularly abhorrent to them,

    as   is the eating of pork   to Muslims and Jews

와 같이 나열하면 어구의 대응관계를 알 수 있다. as절의 is = is particularly abhorrent이고, as는 '마찬가지로'라는 의미의 접속사이지만, 문장의 리듬상 as VS의 어순으로 되어 있다. the eating of pork '돼지고기를 먹는 것'. of는 목적격의 of이다(→72과). 세 번째 문장의 끝에 있는 their는 The Apache Indians를 가리킨다.

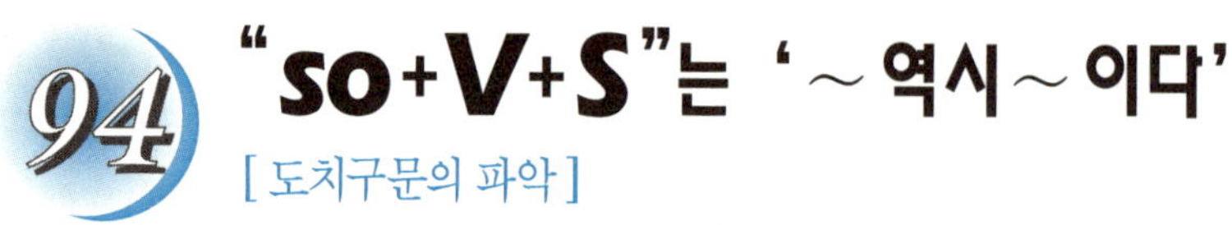

"SO+V+S"는 '～역시～이다'

[도치구문의 파악]

> An example : a woman decides to get a divorce and live alone. Is that good or bad? Well, of course, this depends upon one's perspective. Breaking up the "sanctity" of a marriage could be considered "bad". ***So*** also ***could the discomfort*** of periods of loneliness.

어구 get a divorce 이혼하다   depend upon (on) ～에 달려 있다   perspective [pəːrspéktiv] (편견이 없는) 시각 sanctity[sǽŋktəti] 신성   discomfort 불안

so라는 단어는 '그렇게' 또는 '그와 같이' 등의 의미를 지니는 대명사적인 부사로 알려져 있지만, 명사, 형용사, 동사를 대신하는 경우도 있다.

A : I like music.

B : <u>So</u> do I. (= I like music, too.)

에서 볼 수 있는 so가 이에 해당하며, "SO + (조)동사 + 주어"의 형태로 '～역시…이다'라는 의미를 이룬다. 여기에서 do는 조동사로 분류되는 대동사이다. 이 과의 포인트는 이 "so + (조)동사 + 주어"구문이다.

그러면, 첫번째 문장부터 살펴보자.

An example :

$$\underset{S}{\underset{\text{어느 부인이}}{\text{a woman}}}\ \underset{Vt}{\underset{\text{결정하다 것}}{\text{decides}}}\ \underset{(O)(\text{부정사})}{\underset{\text{을}}{\text{to}}} \begin{cases} \underset{(Vt)①}{\underset{\text{하다}}{\text{get}}}\ \underset{(O)}{\underset{\text{이혼}}{\text{a divorce}}} \\ \underset{}{\underset{\text{그리고}}{\text{and}}}\ \underset{(Vi)②}{\underset{\text{살다}}{\text{live}}}\ \underset{(\text{부사})}{\underset{\text{혼자서}}{\text{alone.}}} \end{cases}$$

이 문장 구조는 단순하다. 그리고 두 번째 문장은 '그것이 좋은가, 나쁜가', 세 번째 문장은 '이것은 사람이 사물을 보는 시각에 달려 있다'라는 내용이다. 네 번째 문장에는 가정법 과거 could가 쓰이고 있다.

$$\underset{S\ (\text{동명사구})\ (Vt)}{\underset{\text{을 깨뜨리는 것은}}{\text{Breaking up}}}\ \underset{(O)}{\underset{\text{신성함}}{\text{the "sanctity"}}}\ \underset{M}{\underset{\text{의(갖다) 결혼}}{\text{(of a marriage)}}}$$

could be considered "bad".

이 가정법 과거 could는 소극적인 추측(＝ 가능성)을 나타낸다.

이 과의 하이라이트인 밑줄 부분은 "So + (조)동사 + 주어"의 형태를 취하고 있다.

So also *could the discomfort* (of periods) (of loneliness).

(be considered "bad")

So는 앞문장의 내용 중에서 **could**와 결합되는 부분을 대신하고 있기 때문에, So ＝ could be considered "bad"이다. 즉, '불안 역시 나쁘다고 간주되는 경우도 있을 것이다'가 된다. also는 강조하기 위해 쓰인 것이므로 없어도 의미는 통한다.

연습 94. 다음 글에서 밑줄 친 부분을 해석하시오.

Songbirds typically lose up to half their body weight during a single crossing over a large lake. Up to 90 percent of the young songbirds that migrate die en route or at the wintering grounds. Sudden winds and open water claim many feathered victims. So does timing. Going too late brings the risk of storms ; too early means food may still be ice-locked.

어구

migrate (새 등이 정기적으로) 이동하다 en route 도중에 wintering grounds 겨울을 넘기는 장소 open water 결빙되지 않은 바다 claim ～을 일으키다

힌트

첫번째 문장의 골격은 Songbirds lose half…weight이고, 이 때의 half는 형용사이다. half of the body weight라면, 이 때의 half는 명사이지만 의미는 같다. 전치사구인 (over…lake)는 crossing을 수식한다. during…lake까지는 'a large lake의 위를 1회 건너는 사이에'이다. 두 번째 문장의 that은 songbirds를 선행사로 하는 관계대명사. [that migrate]와 같이 묶을 것. 두 번째 문장의 골격은 percent die…이다. 세 번째 문장은 claim…victims와 같이 파악해서 '(…때문에 새가) 희생된다'라고 해석한다. 포인트인 So + V + S는 Timing claims…victims, too라는 내용을 명확히 해 준다. 다섯 번째 문장의 후반부에 있는 too early는 going too early라는 의미이고, 구조는 means [(that) food may be ice-locked]이다. ice-lock은 '～을 얼음 속에 가두다'라는 의미.

"So+V+S"는 '～역시 ～이다'

문제89 취학 연령이 되어서야 비로소 보다 깊은 우정의 유대 관계와 진정한 집단 소속 의식이 생겨난다. 학교는 어린이를 위한 경험이 준비되어 있는 완전히 새로운 세계를 제공한다. 새로운 지적인 지식과 기능을 얻을 수 있을 뿐만 아니라 어린이는 정해진 규칙을 지킬 수 있게 된다.

문제90 달 여행을 꿈꾸는 사람은 누구라도 이스터 섬의 사화산 봉을 등정해서 약간은 달에 간 기분을 느낄 수 있다. 자기 자신을 흥분시키는 세계가 한없이 멀게 느껴질 뿐만 아니라 경치 덕분에 달에 있다는 환상에 쉽게 빠질 수 있다.

문제91 미국인들은 오랜 기간에 걸쳐서 읽고 쓰는 능력을 학교 교육의 최고 목적으로 받아들여 왔지만, 최근에 이 (교육의) 분야에서 연구해 온 우리들 (미국인) 중에는 읽고 쓰는 능력이 기술을 훨씬 넘어서는 것이고, 막대한 양의 특유의 정보를 필요로 한다는 것을 인식하기 시작한 사람들이 있다.

문제92 겨우 180년 전, 증기 기관은 열차를 끄는 데에 사용되었다. 최초의 열차는 너무 느려서, 그 중의 하나는 말과 경쟁해서 졌다. 그러나 이렇게 속도가 느린 초기의 열차에서 발달한 것이 현재의 화물 열차와 분속 1마일 이상으로 달리는 현재의 유선형 객차이다.

문제93 종교적인 이유에서 고기를 먹지 않는 몇 백만의 힌두교도와 자이나교도들이 있다. 그들은 쇠고기를 먹는다는 생각을 특히 혐오하는데 이것은 이슬람교도와 유태교도들이 돼지고기 먹는 것을 싫어하는 것과 마찬가지이다. 아파치 인디언들은 먹을 수 있는 송어를 강에서 잡아도 먹지 않는다.

문제94 우는 새는 일반적으로 커다란 호수를 1회 건너는 사이에 체중이 반으로 줄어든다. 이동하는 어린 우는 새의 90% 이상이 이동하는 도중이나 겨울을 넘기는 곳에서 죽는다. 새들이 많이 희생되는 원인은 돌풍과 영결되지 않은 바다이다. 시기의 선택도 원인이 된다. 너무 늦게 건너면 폭풍의 위험이 있고, 너무 이르면 모이가 아직 얼음에 갇혀 있을지도 모른다.

95 삽입된 **SV**를 문두로 옮겨서 주절로 내세운다

[삽입구문 파악]

□ 다음 글에서 밑줄 친 부분을 해석하시오.

> The human brain contains, ***I am told***, 10 thousand million cells and each of these may have a thousand connections. Such enormous numbers used to discourage us and cause us to dismiss the possibility of making a machine with human-like ability, but now that we have grown used to moving forward with great swiftness, we are becoming less pessimistic.

어구

cell 세포 connection 결합 enormous[inɔ́ːrməs] 막대한 discourage ~을 실망시키다 cause + O + to *do* O에게 ~시키다 dismiss ~을 물리치다 pessimistic 비관적인

분석

$$S,\ \underline{S{+}V},\ V{+}X.$$

의 형태로 콤마 사이에 들어가 있는 삽입절을 자주 볼 수 있는데, 이 과에서는 이러한 삽입절이 문장에서 갖는 역할과 해석에 대해서 알아본다. 삽입절을 발견하는 실마리는 전후에 있는 콤마이다. 삽입절로는, I think, I know 또는 it seems 등이 오는 경우가 많은데, 이들은 실질적으로 주절에 해당하는 삽입절이다. 이것을 파악하려면 우선 삽입절 S + V에 밑줄을 그어서 문두로 옮긴 다음,

$$S,\ \underline{S{+}V},\ V{+}X. \longrightarrow \underline{S{+}V}\ [\text{that } S + V + X].$$

의미가 성립하는지를 살펴보아야 한다. 예문의 밑줄 부분에서 확인해 보자.
먼저 콤마 사이에 삽입된 부분.

인간의　　두뇌는　　을 가지고 있다　　라고 듣다
The human brain contains, ***I am told***,
　　　　S　　　　Vt　　　　(삽입절)

100억의　　　　세포
10 thousand million cells
　　　　　　O

그리고　각각이　그의(세포의)　일 것이다　을 가지고 있다　1000의　　　전달망
and each (of these) may have a thousand connections.
　　　S　　　　　　　(조)　Vt　　　　　　　O

빨리 I am told를 문두로 옮겨서 문의가 성립하는지 살펴보자.

I am told ｛ (that) the human brain contains ～ cells
and ｛ (that) each of these may have ～ connections.

내가 듣기로, 인간의 뇌에는 100억의 세포가 있고 그(세포의) 각각이 1000의 전달망을 가지고 있을지도 모른다고 한다. 우리는 이러한 엄청난 숫자에 실망해서 인간에 필적하는 능력을 지니는 기계를 만들 수 있다는 생각을 버렸었다. 그러나 이제 막 세계가 맹렬한 속도로 진보해 가는 것에 익숙해졌기 때문에 예전만큼 비관적이지는 않게 되었다.

I am told를 주절로 내세우면 이것을 공통어구로 해서 연결되는 두 개의 that 이하의 절이 종속절이 되므로, 문장이 성립한다는 것을 알 수 있다.

두 번째 문장은 좀 긴 문장이다. 우선 such에서 콤마까지는,

$$\text{Such enormous numbers used to } \begin{cases} \text{discourage us} \\ \text{and } \text{cause us to dismiss } \sim \end{cases}$$

라는 공통 관계를 파악하는 것이 포인트이다. 그리고 but 이하는,

but [now that we have grown used to moving forward (with great swiftness)], we are becoming less pessimistic (than we used to be).

연습 95. 다음 글에서 밑줄 친 부분을 해석하시오.

> On our last trip to the United States, my son bought postcards at each of the cities we visited. These, he told everyone who asked, were his "pimentos" from his vacation. What he meant to say, however, was mementos — you know, not a small red pickled thing that goes into potato salad, but a souvenir that would help you remember and reminisce about a trip.

어구 mementos[miméntou] 기념품 souvenir 선물 reminisce 추억담을 말하다

힌트 첫번째 문장의 last가 '예전의'라는 의미의 형용사이므로, 동사 took를 수식하는 부사로 바꾸면 When we last took a trip to ...가 된다. we visited는 cities의 접촉절(→25과)이다. 두 번째 문장의 포인트는 These, he told everyone ...were ... → He told everyone [(that) these were ...]로 바꾸는 것이다. 세 번째 문장의 what은 관계대명사이고, 문형은 [What ... say] was mementos이다. 대시 뒤에 있는 you know는 '당신도 알잖아요, 저기 말이에요'라는 느낌. not ...but(→8과)를 간과하지 말 것. goes 앞에 있는 that과 would 앞에 있는 that은 각각 thing과 souvenir를 선행사로 하는 관계대명사의 주격이다. would는 소극적인 추측의 가정법 과거이다.

$$\text{help you (to) } \begin{cases} \text{remember} \\ \text{and } \text{reminisce about} \end{cases} \text{a trip}$$

라는 공통 관계를 파악할 것.

삽입된 SV를 문두로 옮겨서 주절로 내세운다

□ 다음 글에서 밑줄 친 부분을 해석하시오.

> Once a child receives a certain reputation among his classmates, their usual responses almost force him to maintain the same role, and it is very difficult, ***if not*** impossible, to reverse the early image.

어구   once 일단 ~하면   reputation 평가   response 반응   force + (사람) + to do (사람)에게 ~ 하도록 강요하다   reverse[rivə́ːrs] 뒤집다

분석   콤마 사이에 삽입된 if절 [(al)though절]에는 SV가 생략되는 경우가 자주 있는데, 그럴 경우 be동사뿐만 아니라 일반 동사도 생략의 대상이 된다. 예를 들면,

He seldom, **if ever**, eats breakfast.

(그는 아침 식사를 하는 일이 있다고 해도 거의 하지 않는다.)

이 문장에는 if (he) ever (does) '그는 있다(= 먹다)고 해도'와 같이 he와 does가 생략되어 있다. 이러한 if ~ 는 대체로 "even if"(~ 라고 해도)의 의미인 경우가 많으며, "if ever"(~ 한다고 해도)와 같이 관용화된 것도 몇 가지 있다.
자, 우선 once에서 콤마까지 살펴보자.

[Once a child receives a certain reputation (among his classmates)],

Once는 '일단 ~ 하면'이라는 뜻의 접속사이다. 이어지는 주절은 주어가 무생물이기 때문에 해석할 때 주의를 기울여야 한다.

their usual responses almost force him to maintain the same role,

무생물 주어는 부사로 바꾸고 목적어를 주어로 해서 해석하는 것이 기술이다. 또

삽입구문의 파악

236

O와 C 사이에 SV관계가 성립하므로 'O가 C하다'라고 해석한다. 자, and 이하가 이 과의 하이라이트이다.

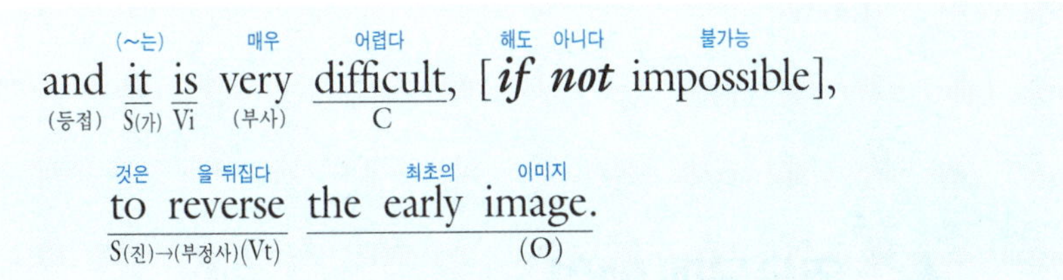

if not에서 생략된 부분을 보완하면 if (it is) not impossible이 되지만, "if not ~"(~아니라고 해도)과 같이 if와 not이 딱 달라붙어서 관용적으로 쓰인다. 삽입된 if~의 관용적인 부사구에는 if not과 if ever 외에도,

　　　"if only" (~뿐이라고 해도)
　　　"if any"/"if anything" (설령 있다고 해도)
　　　"if at all" ((조금이라도) ~라고 해도)

등이 있으니, 함께 모아서 정리해 두자.

이제 밑줄 부분으로 돌아가 보자.

　　　it is　　very difficult,
　　　if (it is)　not impossible,　} to reverse ~

라는 공통관계를 분석하면 문장 구조를 속 시원하게 파악할 수 있다.

해 석

급우들 사이에서 일단 어느 아이가 어떤 평가를 받게 되면, 급우들이 한결같이 보이는 반응 때문에 그 아이는 같은 입장을 유지해야 한다고 해도 좋을 정도로 최초의 이미지를 뒤집는 것은, 불가능하지 않다고 하더라도, 굉장히 어렵다.

연습 96. 다음 글에서 밑줄 친 부분을 해석하시오.

> The colors in grasslands are both brilliant and subtle. <u>Open space seems to stretch out indefinitely; indeed it can inspire an observer to feed, if only for a moment, that there are no bounds or limits on one's existence.</u>

어구

grassland 초원　subtle 미묘한　open 넓직한　stretch out 확대되다　indefinitely 무한히　inspire + O + to *do* O를 고무시켜서 ~하게 하다

힌트 ☞

첫번째 문장의 전치사구 (in grasslands)는 colors를 수식한다. '초원에 있어서 → 초원에서 볼 수 있는'. both A and B 'A이고 (또한) B'에 유의할 것. 두 번째 문장의 세미콜론 뒷부분에서 it은 open space를 가리키는데, '널찍한 공간을 보는 사람을…라고 느끼게 만들다'라는 것은 '널찍한 공간을 보는 사람은…라고 느낄 수 있다'라는 것이다. 콤마 사이에 삽입된 부분을 빼면 feel [that there …]의 관계가 분명해진다. 삽입부분은 feel을 수식하며, 절의 형태로 바꾸면 if he does (so) only for a moment가 된다. 대명사 does (so) = feels that … '설령 일순간일지라도(…라고 느끼다)'이다. that절은 or와 no를 연결해서 '(사람의 존재에는) 경계도 한계도 없다'라고 한다. one은 '사람'을 의미하는 대명사이다.

문제 95

우리가 예전에 미국을 여행했을 때, 내 아들은 우리가 방문하는 도시에서마다 엽서를 샀다. 물어보는 모든 사람들에게 아들은 이런 물건이 휴가의 '향신료' 예요, 라고 말했다. 그러나 아들이 말하려고 했던 것은 기념품 – 포테이토 샐러드에 넣는 소금물에 절인 작고 빨간 것이 아니라, 여행에 관한 것을 가슴에 새기고 추억담을 이야기하는 데에 도움이 되는 선물이었다.

문제 96

초원에서 볼 수 있는 색들은 매우 신선하고 또 뭐라고도 형언할 수 없다. 널찍한 공간이 무한히 펼쳐져 있는 것처럼 보인다. 실로 그 공간을 보는 사람은 일순간일지라도 인간의 존재에는 경계도 한계도 없다는 것을 느낄 수 있다.

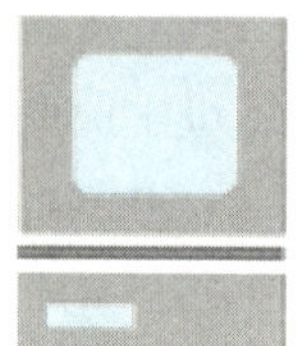

삽입구문의 파악

그 외 중요 표현

97~100

97 주절의 내용을 가리키는 관계대명사 **as**절

[그 외 중요 표현]

> When one person teaches another through speech or writing, this process is called learning by instruction. **As** we all know, however, we can gain knowledge without being taught. This is discovery, the process of learning something by observation, examination, or searching for facts, without being taught.

instruction 강의   observation 관찰   search for ~을 추구하다

관계대명사 as에 대해서는 이미 설명한 바 있는데, 여기에서는 콤마와 함께 쓰이는 as절, 이른바 as의 '계속용법'에 초점을 맞춘다. 예를 들어,

She suddenly laughs, **as** is often the case with her.
(그녀에게는 자주 있는 일이지만, 갑자기 웃기 시작한다.)

라는 문장에서 as는 앞절인 She ~ laughs를 가리킨다. as 대신에 which를 사용할 수도 있다. 이 예에서는 as가,

① S V X, as...

와 같이 주절의 뒤에 와서 주절의 내용을 가리키고 있지만,

② As..., S V X.   ③ S, as..., V X,

와 같이 주절(선행사)의 앞에 오거나 주절 속에 삽입되기도 한다. 이 as는 관계대명사이기 때문에 **as**절 속에서 주어, 목적어, 보어의 역할을 하며, '~이지만' 정도로 해석한다.

밑줄 부분인 As 이하의 문장에 주목하자. As가 주절의 앞에 나온 ②의 형태이다. 그렇다면 이 As는 as절 속에서 어떤 역할을 할까?

[*As* we all know], however, we can gain knowledge (without being taught).

As는 know의 O에 해당하고, As절은 주절인 we can ~의 내용을 가리킨다. 즉, '우리가 알고 있는 것이지만'에서 알고 있는 것은 we can ~이라는 것이다.

사람이 말 또는 문서를 통해서 다른 사람을 가르칠 때, 이 과정을 강의에 의한 습득이라고 부른다. 그러나 모두가 알고 있는 대로 우리는 배우지 않고도 지식을 얻을 수 있다. 이것이 발견, 바꿔 말하면 배우지 않고, 관찰, 조사 또는 사실을 추구하는 것을 통해서 무언가를 배우는 과정이다.

세 번째 문장도 분석하고 검토해 보자.

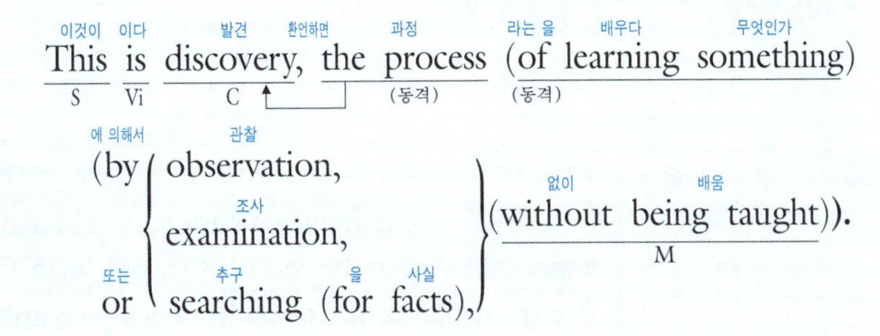

discovery와 the process of ~ 부분이 '발견, 바꿔 말하면 ~이라는 과정' 이라는 동격관계를 이루는 것과, by를 공통어로 하는 공통 관계를 파악하는 것이 포인트이다.

연습 97. 다음 글에서 밑줄 친 부분을 해석하시오.

> You may have experienced some kind of culture shock; but, <u>as is very well known, one of the big impacts of traveling abroad is the strong impression you receive when you come back home.</u>

어구　experience ~을 경험하다　impact[ímpækt] 충격

힌트 ☞　첫번째 문장의 may have + 과거분사는 현재에서 과거의 일을 추측하는 표현이기 때문에 '~을 경험했을지도 모른다' 라고 해석한다. 후반부에 있는 [as …known]절의 주어 as가 포인트인 관계대명사이다. 이 as가 가리키는 내용은 뒤에 나오는 one of…home 전체이다. 이 경우 as는 주격이다. [as is … known]는 '상당히 잘 알려져 있지만' → '상당히 잘 알려져 있다시피' 라고 해석한다. impacts of traveling abroad '해외 여행을 하는 것에 의한 충격'. 골격은 one … is … impression이고 you receive … home은 impression의 관계사절(→25과)이다. receive 뒤에 목적어가 없는 것이 눈에 띈다. 부사절인 when … home은 receive를 수식한다. '귀국했을 때 받는 (강한) 인상' 이다.

명사 뒤에 오는 **as**절은 명사를 제한한다

[그 외 중요 표현]

□ 다음 글에서 밑줄 친 부분을 해석하시오.

> In Britain the retirement pension, or 'old-age pension' **as** it is popularly called, may be received by any man from the age of sixty-five (provided he has made his weekly contributions to the fund) if he ceases to work, and by any woman from the age of sixty.

[어구]

retirement penson 퇴직 노령 연금   provided (that) + S + V ~라는 조건에서   contribution(s) 기부, 분담금

앞서 삽입된 관계대명사 as절의 용법에 대해서 알아보았다. 이 과의 포인트는 "명사 + as절"의 형태로 쓰이는 as절을 파악하는 방법이다. 밑줄 부분의 전반부를 살펴보자.

(In Britain) the retirement pension, or 'old-age pension'
에서는 / 영국 / 퇴직노령연금 / 즉 / 노령연금은
S (동격)

[**as** it is popularly called,]
같은 있다 / 혼히 / 불리고
(접) (S) (부사) (V)(수)

이 as절이 이 과의 주제이다. as절 속에는 3인칭 대명사나 그에 준하는 지시적 표현이 쓰이는 것이 특징이고, 이 때의 as는 접속사이다. 접속사 as는 보통 부사절을 유도한다. 그러나

old-age pension [as it is ~]

'혼히 불리고 있는 것 같은 노령 연금'

에서의 이 as절은 명사 'old-age pension'을 수식하고 제한한다. 그리고 it이 'old-age pension'을 가리키므로 전체적으로 '혼히 말하는 노령 연금'이라고 해석하면 문맥이 자연스러워진다.

이렇게 쓰인 as절의 용법에 대해서 정리해 보자.

This is Korea [as I see it today],

'[오늘 내가 본 (것 같은)] 한국'

위의 문장과 같이 as절 속의 대명사는 언급하는 사람(사물) 그 자체를 가리키며, 보통 "명사 + [as SVO]"나 "명사 + [as (S be) p.p.]"의 형태를 취한다. 이렇게 명사 뒤에 오는 as절은 명사를 제한하는 형용사절로서, '어떤 ~'일까를 의미한다.

영국에서 퇴직 노령 연금, 즉 흔히 말하는 '노령 연금'은 어떤 남성이든지 (국민 보험 기금에 매주 착실하게 보험료를 납부하고 있다는 조건은 있지만) 직장을 그만둘 경우, 65세부터, 또 어느 여성이든지 60세부터 받을 수 있다.

연습 98. 다음 글에서 밑줄 친 부분을 해석하시오.

$$
\text{may}\ \underset{\text{V(수)}}{\underbrace{\text{be received}}}
$$

$$
\text{and}\ \begin{cases} \underset{\text{M ①}}{\underline{(\text{by any man})}}\ (\text{from the age})\ (\text{of sixty-five})\sim, \\[2mm] \underset{\text{M ②}}{\underline{(\text{by any woman})}}\ (\text{from the age})\ (\text{of sixty}). \end{cases}
$$

지문의 V는 may be received이고 S는 the retirement pension이다. and가 be received를 공통어로 해서 by any man ~과 by any woman ~ 을 연결하는 공통관계를 이루는 구조이다.

분석할 때에는 생략했지만 문장 속의 ( )부분인 make a contribution은 본문 내용상 make a national insurance contribution으로, '국민 보험료를 지불하다' 라는 의미이다.

> Corporations as we have known them were created by men for men. After World War Ⅱ, America's veterans exchanged their military uniforms for factory clothing and gray suits, but military organization and rules of behavior continued to govern the business world. Since World War Ⅱ, however, the number of working women has increased 200 percent, and their presence is changing the nature of corporations in various ways.

어구

veteran[vétərən] 퇴역한 군인　　exchange *A* for *B* A와 B를 교환하다
organization 조직　continue to *do* 계속 ~하다　govern ~을 지배하다

힌트 ☞

첫번째 문장의 as we have known them 직전에 Corporations라는 명사가 있는 것에 주목한다. as절이 corporation을 수식하므로 '우리가 지금까지 알고 있는 회사' 라고 해석한다. were created (by men) (for men)을 직역하면 '남성에 의해서 남성을 위해서 만들어졌다'. 세 번째 문장은 however부터 해석한다. 문장의 골격은 ...number ... has increased (by) 200 percent '수는 200%(만큼) 증가했다', 즉 '세 배가 되었다' 이다. working은 women을 수식하는 현재분사이므로 '일하는 여성' 이라고 해석한다. 후반부의 골격은 ...presence is changing nature. 직역하면 '(일하는 여성의) 존재가 회사의 성격을 바꾸고 있다' 가 된다.

명사 뒤에 오는 as절은 명사를 제한한다

243

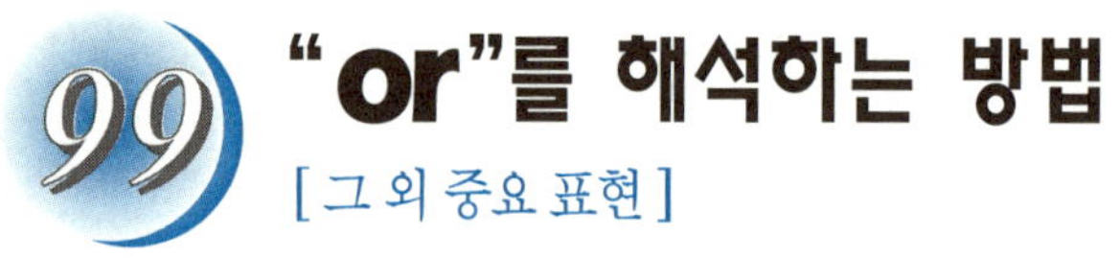

"**or**"를 해석하는 방법

[그 외 중요 표현]

> The paper currency appearing in the 19th century English novels consists of notes issued by individual banks and not by a central government authority. <u>In the 19th century virtually any bank, large **or** small, could issue its own notes representing a promise to pay, in gold, the stated amount to the bearer upon demand.</u>

currency 통화   consist of ~으로 구성되다   note 지폐   issue 발행하다
represent (문자로) 나타내다   stated 정해진   bearer[bɛ̀ərər] 지참인

등위접속사 or가 연결하는 "A or B"를 'A나 B' 'A 또는 B'라고 하는 것과 "not A or B"를 'A도 B도 아니다'라고 하는 것은 이미 알고 있을 것이다. 그러나 이것만으로는 해결할 수 없는 것이 콤마 사이에 삽입되어 있는

　　　S, A or B, V X.

와 같은 삽입 형태이다. 이 형태의 특징은 **A와 B가 의미상 대립 관계에 있다**는 것이다.

첫번째 문장을 보니, 문미에 and not ~이 있다. 이 and가 연결하는 것은 무엇과 무엇일까? not이 부정하는 것은 직후에 있는 단어(구/절)이다. V는 말할 것도 없이 현재시제인 consists이다.

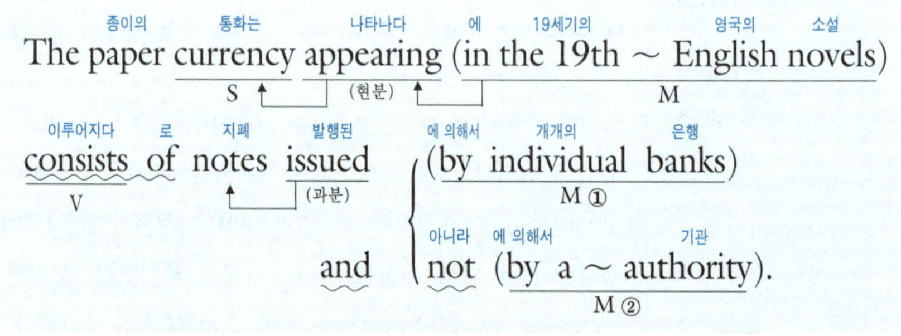

두 개의 by ~는 "not A but B"의 변형인 "B and but A"(→8과)에 의해서 연결되고 있다. 두 번째 문장의 SV는 bank(S) could issue(V)이고, 콤마 사이에 삽입된 "large or small"은 양보의 부사절 "whether A or B" 'A이든지 B이든지'가 축소된 형태이다.

19세기 영국 소설에 등장하는 지폐는 중앙 정부 기관(에 의해서)뿐만 아니라 개개의 은행에서 발행되는 지폐로 이루어져 있다. 19세기에는 대소에 관계 없이 대부분의 은행에서도 독자적인 지폐를 발행할 수 있었는데, 그 지폐에는 청구되는 즉시 지참인에게 소정의 금액을 금으로 지불한다는 약속이 명시되어 있었다.

(in the 19th century) virtually any bank, [(whether it is) large *or* small] could issue its own notes representing a promise (to pay, (in gold), the stated amount (to the bearer) (upon demand)).

삽입 부분을 절로 바꾸려면, bank를 받는 it을 S로 하고 large ～ 를 C로 간주해서 그 앞에 V인 is를 두면 된다. 첫번째 문장과 두 번째 문장의 ～ing은 둘 다 앞에 있는 명사를 뒤에서 수식하는 형태이다(→64과). 두 번째 문장처럼 ～ing의 길이가 길 때에는 뒤에서부터 해석하는 것도 한 방법이다. to pay '지불하다(는 것)'는 명사 promise를 수식한다. "A or B"가 관용구를 이루는 예로는 "rain or shine"이 있다.

연습 99. 다음 글을 해석하시오.

> To a European, money means power, the freedom to do as he likes, which also means that, consciously or unconsciously, he says: "I want to have as much money as possible myself and others to have as little money as possible."

어 구

mean ～을 의미하다   consciously 의식적으로   unconsciously 무의식적으로

힌트 ☞ 서두의 To a European을 원래의 자리로 돌려 놓으면 Money means power (to a European) '돈은 유럽인에게 있어서 힘을 의미한다'의 어순이 되는데, power에 관련된 표현이 뒤따르기 때문에 문두로 나왔다. the freedom … 은 power에 대한 동격절이다. as가 (～대로)라는 뜻의 접속사이므로, 형용사적인 부정사 to do…like는 '그가 좋아하는 대로 할 자유'가 된다. which는 power를 선행사로 하는 관계대명사의 주격이다. which means [that … he says: …]가 관계사절의 골격이다. that절의 포인트는 콤마 사이에 삽입된 부분에서 or의 전후에 있는 단어의 의미가 대립되는 것을 발견하는 것이다. 절로 만들면 whether he consciously or unconsciously does so가 된다. (does so는 say … 이다) 인용부에서 and가 연결하는 것을 살펴보면, want의 목적어는 to have…myself와 others to have…possible이라는 것을 알 수 있다(→35과). myself는 have를 부사적으로 강조하고, (I want) others to have as little money as possible을 직역하면 '다른 사람들은 가능한 한 적은 돈을 갖기를 원한다'.

□ 다음 글에서 밑줄
친 부분을 해석하
시오.

> ***Unfortunately***, for the past century some humanists have been at odds with technologists, viewing technology as a harmful force beyond their control — all the more intolerable because of its human origins. This attitude is part of the humanist's traditional focus on the past and unwillingness to embrace either the art or technology of the present.

[어구]

be at odds with ~와 사이가 좋지 않다 view + O + as + C O를 C로 간주하다 harmful 유해한 beyond one's control 제어하기 힘들다 embrace ~을 받아들이다

문두에 나와 있는 부사는 사정거리가 긴 부사로서 문장의 내용에 대한 화자, 필자의 판단을 나타낸다.

$$\text{부사 -ly}\quad \text{S V X.}$$

의 형태를 취하며, '~하게도'라고 해석하면 무난하다. 대체로 형식주어를 사용해서 "It is + 형용사 + that SVX"로 바꿀 수 있다. 예문을 보니, 서두에 Unfortunately가 있다.

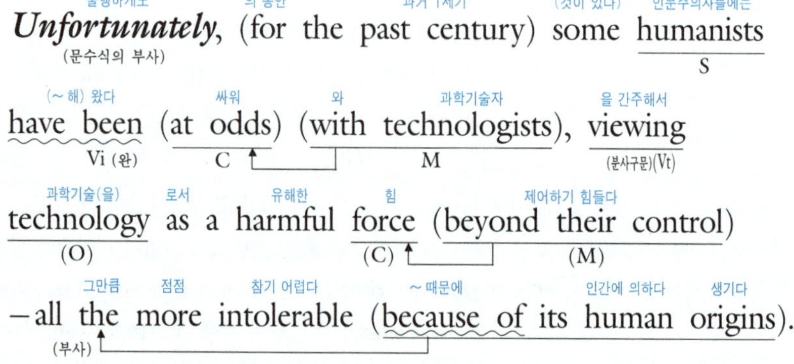

분사구문 viewing은 been을 수식하기 때문에(→67과) (they) have viewed로 바꿀 수 있다. '~라고 간주해서 [간주했기 때문에](싸워 왔다)' '(싸워서) ~라고 간주해 왔다' 정도로 해석한다. 여기에서 'the + 비교급'(→83과)은 because

~와 결합해서 '~이기 때문에 그만큼'이라는 의미를 이룬다.
두 번째 문장에서는 and와 or에 착안해서 공통 관계를 찾는다.

상관 접속사 "either A or B" 'A와 B 중에서 어느 것일까'는 unwillingness에서 not을 의미하는 접두사 un과 상호작용해서 'A도 B도 ~아니다'가 되므로 주의해야 한다. to embrace '받아들이고 싶다는'는 unwillingness를 수식(→57과)한다.

문수식부사는 He unfortunately made a mistake.와 같이 동사 앞에, 또 He made a mistake, unfortunately.와 같이 콤마로 표시해서 문미에 두는 경우도 있다.

연습 100. 다음 글에서 밑줄 친 부분을 해석하시오.

> Unfortunately, there are people who read a lot, but not well. To avoid becoming such a reader, we must consider the difference between learning by instruction and learning by discovery.

어구 avoid ~을 피하다   instruction 강의

힌트 ☞ 포인트는 서두에 있는 Unfortunately라는 문수식부사이다. 해석하면 '유감스럽게도'. 첫 번째 문장의 골격은 there are people이고, who는 people을 선행사로 하는 관계대명사의 주격이다. but은 (not) well과 무엇을 연결하는 것일까? 나열하면,
who read a lot,
but not well. a lot과 대응하는 부사 well '잘'은 동사를 수식하기 마련이므로 read라는 것을 알 수 있다. 즉, not = (do) not (read)이다. people who ...는 '많이 읽지만 잘 읽지 못하는 사람들'이다. 두 번째 문장의 부정사 To avoid ...는 목적을 나타내고(→ 62과), avoid의 목적어인 becoming은 동명사이므로 직역하면 '이러한 독자가 되는 것을 피하기 위해서'가 된다. 골격은 we must consider ...difference (between ...).이다.
S   V   O
between 이하는 difference를 수식하고 두 개의 by ~는 각각의 앞에 있는 동명사 learning을 수식한다.

"문수식부사 + SV"는 '~하게도'

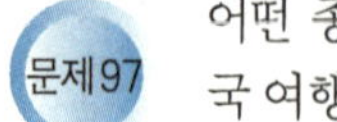

문제97

어떤 종류의 문화 충격을 이미 경험했을지도 모르지만, 잘 알려져 있다시피, 외국 여행의 커다란 충격 중의 하나는 귀국했을 때 받는 강한 인상이다.

문제98

우리가 지금까지 알고 있던 회사는 남성이 남성을 위해서 만들었다. 제2차 세계 대전 후, 미국의 퇴역 군인들은 군복을 공장 의복과 회색 양복으로 바꾸었지만, 군대 조직과 그 행동 규칙은 계속 실업계를 지배하였다. 그러나 제2차 세계 대전 이래 일하는 여성의 수는 200% 증가했고, 여성들의 존재에 의해서 회사의 성격은 다양하게 변하고 있다.

문제99

유럽인에게 있어서 돈은 힘, 즉 그가 좋아하는 대로 할 자유를 의미하지만, 그것〔힘〕이 있으면 의식적이든 무의식적이든 '자기 자신은 가능한 한 많은 돈을 갖기를 원하고, 다른 사람들은 가능한 한 돈을 가지 않기를 바란다' 는 것 또한 의미한다.

문제100

유감스럽게도 많이 읽지만 방법이 서투른 사람들이 있다. 이러한 독자가 되지 않으려면 가르침을 통해서 배우는 것과 발견을 통해서 배우는 것의 차이를 잘 고려하지 않으면 안 된다.

그 외 중요 표현

과	본문	연습		과	본문	연습
1과	四天王寺國際佛教大	東海大		41과	東京女子大	東北學院大
2과	東京經濟大	大阪工業大		42과	大手前女子短大	櫻美林大
3과	駒澤短大	專修大		43과	駒澤大	大阪産業大
4과	桃山學院大	文京女子短大		44과	東北大	立教女學院短大
5과	上智短大	千葉大		45과	南山短大	京都外國語大
6과	東京都立大	東北大		46과	松蔭女子學院大	立教大
7과	센터 試驗	神奈川大		47과	神戶女學院大	成城大
8과	神奈川大	梅花短大		48과	名城大	日本女子大
9과	同志社女子短大	德島大		49과	横浜國立大	東京成德短大
10과	櫻美林大	大手前女子短大		50과	青山學院女子短大	茨城그리스도教短大
11과	同志社大	玉川大		51과	明治學院大	平安女學院短大
12과	京都産業大	神戶女子短大		52과	關東學院大	專修大
13과	新潟大	東横學園女子短大		53과	上智大	東京電機大
14과	甲南大	神戶女子大		54과	工學院大	東京經濟大
15과	成城大	九州産業大		55과	千葉商科大	京都女子大
16과	大阪經濟大	同志社女子短大		56과	松蔭女子學院大	大阪女學院短大
17과	慶應大	神奈川大		57과	玉川大	跡見學園短大
18과	櫻美林大	成城大		58과	成蹊大	佛教大
19과	玉川大	松蔭女子學院短大		59과	山脇學園短大	立教大
20과	明海大	佛教大		60과	大妻女子短大	東京外語大
21과	日本女子大	櫻美林大		61과	神田外語大	昭和女子短大
22과	西南學院大	甲南大		62과	慶應大	明治大
23과	關西學院大	甲南大		63과	立命館大	慶應大
24과	九州産業大	獨協大		64과	明治學院大	關西學院大
25과	東北學院大	專修大		65과	關西大	國學院大
26과	獨協大	關西學院大		66과	津田塾大	神戶女學院大
27과	神戶女子大	立教大		67과	立教大	關西大
28과	早稻田大	平安女學院短大		68과	法政大	東北學院大
29과	青山學院大	山脇學園短大		69과	東京女子大	成城大
30과	東京女子大	跡見學園女子大		70과	松蔭女子學院大	成城大
31과	佛教大	東京經濟大		71과	關西學院大	同志社大
32과	關西大	國學院大		72과	西南學院大	이와키明星大
33과	駿河台大	京都外國語大		73과	神奈川大	慶應大
34과	成城大	北海道女子短大		74과	文教大	北海學園大
35과	同志社女子大	獨協大		75과	北海學園大	四天王寺國際佛教大短大部
36과	成蹊大	千葉商科大		76과	玉川大	神奈川大
37과	立命館大	實踐女子短大		77과	日本大	成城大
38과	大妻女子短大	上智大		78과	千葉大	産能短大
39과	京都産業大	大阪經濟大		79과	京都女子大	跡見學園短大
40과	早稻田大	同志社大		80과	名城大	明治大

81과	본문	關西學院大	연습	鶴見大	91과	본문	明治學院大	연습	東京電機大
82과	본문	慶應大	연습	神奈川大	92과	본문	日本女子大	연습	明海大
83과	본문	愛知工業大	연습	成城大	93과	본문	日本大	연습	慶應大
84과	본문	立教大	연습	跡見學園女子大	94과	본문	京都外語大	연습	愛知大
85과	본문	島根大	연습	成蹊大	95과	본문	關西外語大	연습	横浜國立大
86과	본문	千葉大	연습	小樽商科大	96과	본문	白百合女子大	연습	專修大
87과	본문	早稻田大	연습	成城大	97과	본문	東北學院大	연습	大阪電氣通信大
88과	본문	日本女子大	연습	神戶女子大	98과	본문	上智大	연습	慶應大
89과	본문	關西學院大	연습	岩手大	99과	본문	神戶女子大	연습	法政大
90과	본문	日本大	연습	明治大	100과	본문	大阪大	연습	東北學院大

지문 출제 대학

● Mini Max 영어 단어

나가사키 겐야 지음 / 홍현경 감수
변형판 / 247쪽 / 값 5,500원

스피드 연상을 이용한 연쇄 기억법. 어린아이가
단어를 배워 가는 과정과 같은 방식으로 영어단어
를 암기. 필수 접두어 학습을 통한 어려운 단어 체
계적 습득.

● Mini Max 영어 숙어

나가사키 겐야 지음 / 홍현경 감수
변형판 / 292쪽 / 값 5,800원

중요 숙어의 단문식 연쇄 기억법. 기본동사를 이
용한 구(句)의 활용. 전치사의 올바른 이해를 토대
로 시각적, 감각적으로 연쇄 연상하는 것을 통해
2500개의 필수 숙어 습득.